ÉTATS

FORMÉS EN EUROPE

APRÈS LA CHUTE

DE

L'EMPIRE ROMAIN

EN OCCIDENT.

Par M. D'ANVILLE, de l'Académie Royale des Inscriptions & Belles-Lettres, & de celle des Sciences de Pétersbourg; Secrétaire de S. A. S. M. le Duc d'Orléans.

A PARIS,

DE L'IMPRIMERIE ROYALE.

M. DCCLXXI.

AVERTISSEMENT

Dans lequel avec le titre des parties qui composent cet ouvrage, on trouvera une énumération des articles de subdivision en chacune de ces parties.

IL est très-commun de ne voir considérer en Géographie que deux objets très-écartés l'un de l'autre, l'antiquité, & l'état présent. La lecture de l'Histoire ancienne demande en effet des notions particulières sur les différentes contrées qui figurent plus ou moins dans cette Histoire ; & il est encore plus naturel, & comme indispensable à tous égards, de vouloir connoître ce qui par son existence actuelle doit nous devenir plus familier. Mais, n'envisager la Géographie que sous ces deux points de vue, c'est négliger un intervalle très-considérable, & passer brusquement sans liaison du premier objet au second, quoiqu'avec trop de diversité entr'eux, pour qu'il ne soit pas important de savoir, comment & par quelle révolution, un pareil changement s'est opéré sur la scène du Monde. Ce qu'on peut entendre sous le nom d'Antiquité, & même la moins reculée, ne descendant pas plus tard que le temps de la chute de l'Empire Romain en occident, c'est-à-dire la fin, ou à peu-près, du cinquième siècle de l'Ere Chrétienne, on doit sentir la nécessité d'avoir dans une époque intermédiaire l'image de l'état des choses en ce grand paſſage, & un âge mitoyen, duquel ce qui exiſte de nos jours dérive immédiatement. C'eſt ce que des Méthodes multipliées à l'infini, & qu'on lit dans le deſir d'apprendre de la Géographie, ne donnent point: & après avoir mis au jour un Traité d'ancienne Géographie, j'ai cru ne pouvoir mieux ſervir le Public, que d'y faire ſuccéder un ouvrage où l'on voye ſe former en Europe les États, qui ſe ſont élevés ſur les ruines de l'Empire d'occident. Les différentes parties qu'on a fait entrer dans ce plan, ſont bien celles dont il eſt plus intéreſſant de s'inſtruire.

Dans l'exécution de ce deſſein, on tire des faits hiſtoriques, auxquels le témoignage des actes ou monumens particuliers ſe joint quelquefois, la connoiſſance des grands changemens, que les invaſions de divers peuples apportèrent dans des contrées où ces peuples prirent établiſſement, & où s'élevèrent des puiſſances entre leſquelles ces contrées furent diviſées. L'étude & les recherches néceſſaires pour ſe mettre à portée de traiter cette matière, auroient formé un gros volume, ſi on n'avoit pas cru devoir ſe renfermer dans un cercle de circonſtances principales, ou plus importantes à mettre ſous les yeux du plus grand nombre des lecteurs. Les titres des différentes ſections entre leſquelles cet ouvrage ſe partage, & de leurs ſubdiviſions, donneront une idée générale de l'ordre & du plan qu'on y a ſuivi. Ces titres ſont en Latin, comme dans les textes dont ils ſe tirent, & l'altération que souffrent quelques noms de pays & de nations dans l'usage qu'on en fait actuellement, le veut ainsi. On ne se permettroit point de dire Burgundie, Vascogne, Langobards ; & il est toutefois indispensable de produire les noms originaux de *Burgundia*, de *Vasconia*, de *Langobardi*, sans devoir courir le risque d'être accusé d'affectation sur ce sujet. En convenant que le nom des Scots & des Écossois est le même, il ne s'ensuit pas qu'il fût convenable de l'employer indistinctement dans la dernière forme pour les premiers temps de la nation, comme pour le temps actuel. Voici donc la suite des titres dont il s'agit, avec le numéro des pages où les articles se font rencontrés dans le cours de l'impression.

PRÉLIMINAIRE. . . . . page   1

I. *GERMANIA.*   11

  ALEMANNI, & ALEMANNIA. . .   12

  FRANCI, & FRANCIA ORIENTALIS...   15

  SAXONES, & SAXONIA.   19

  FRISII, & FRESIA.   26

  THURINGIA.   27

  SLAVICÆ GENTES.   30

  POLONIA, & BOHEMIA.   40

  BOIOARIA.   44

vj   *AVERTISSEMENT.*

II. *FRANCIA.*	57
AUSTRASIA.	64
NEUSTRIA, & FRANCIA.	69
BRITANNIA.	76
AQUITANIA.	80
VASCONIA.	83
GOTHIA vel SEPTIMANIA.	87
BURGUNDIA.	92
PROVINCIA.	99
III. *ITALIA.*	105
GOTHI.	108
LANGOBARDI, & LANGOBARDIA.	113
FRANCI.	120
ITALIÆ REGNUM.	129
NORMANNI, & SICILIA.	133
IV. *HISPANIA.*	144
GOTHI.	149
ARABES vel MAURI.	152
LEGIO, & CASTELLA.	159
NAVARRA, & ARAGONA.	175
MARCHIA HISPANIÆ.	187
PORTU-CALLE.	192

V. *BRITANNIA*. . . . . , 197

   SAXONES, & ANGLI. . . . . : 201

   ANGLIA. 206

   DANI. 210

   NORMANNI. 214

   CAMBRO-BRITANNI. . . . . : 219

   SCOTIA. . . . . : 225

   HIBERNIA. 231

Tous les objets que renferme cet ouvrage se développant ainsi d'un coup d'œil, leur *série* ou énumération
en différens départemens, peut tenir lieu d'une Table,
dans laquelle l'ordre alphabétique détruiroit la liaison
& les dépendances que ces objets gardent entr'eux. Il
est de l'essence de cette matière, que la recherche de
ce que l'ouvrage peut contenir se porte sur ce qui est
royaume ou province, plutôt que sur quelques lieux en
particulier, qui n'y entrent qu'accidentellement dans
les districts auxquels ils appartiennent, & dont il faut
prendre lecture si l'on veut être instruit. Un Mémoire
tiré du volume XXX de l'Académie des Belles-Lettres,
& dont le fond a un rapport intime à notre objet en
général, est ici inséré par supplément.

Une Carte absolument nécessaire, mais qui devoit
être assez resserrée pour entrer dans un volume du
format *in-quarto*, ne fournissoit pas le champ que de-
manderoit un grand détail. Cependant, on peut dire

que les circonſtances principales ſont figurées dans ce
tableau, & que ſelon leur état le plus décidé entre des
variations que quelques parties ont éprouvées, elles s'y
développent aiſément. La comparaiſon qu'on pourroit
vouloir faire de cette Carte avec celle de la partie
occidentale de l'*Orbis Romanus* que j'ai publié, ſeroit
très-propre à mettre en évidence combien fut grand le
changement de l'état *Politique* dans la Géographie, par
les ſuites que la chûte de l'Empire Romain eut en cette
partie, qui a plus de droits que toute autre ſur notre
curioſité. Pour remarquer enſuite ce que le laps de
temps juſqu'à nos jours peut faire entrer dans l'étude
de la Géographie, c'eſt ce que ma Carte de l'Europe,
dont la première partie en deux feuilles renferme préciſément la France, l'Alemagne, l'Italie, l'Eſpagne, & les
Iles Britanniques, peut procurer, & même avec aſſez de
détail dans ſes poſitions, pour indiquer celles de quelques lieux, que la lecture de l'ouvrage fera rencontrer.

ÉTATS

ÉTATS
FORMÉS EN EUROPE
APRÈS LA CHUTE
DE
L'EMPIRE ROMAIN
EN OCCIDENT.

ECHERCHER les caufes de la décadence de l'Empire Romain, & de fa ruine entière dans la partie occidentale, avant la fin du cinquième fiècle de l'Ere Chrétienne, eft la matière d'une fpéculation très-propre à fervir ici de préliminaire. Il y avoit long-temps que le peuple dont la capitale étoit remplie, n'étoit plus ce PEUPLE ROMAIN, qui fier de la conquête du Monde, & s'eftimant au-deffus des rois, difpofoit des faifceaux, & de toutes les dignités: *qui dabat olim, imperium, fafces, legiones, omnia.* Une multitude oifive & légère ne s'inquiétoit d'autre chofe, que de recevoir des fecours alimentaires, & d'être

A

amufée par des fpectacles : *duas tantum res, panem, &*
circenfes. On fait que Juvénal s'en exprime ainfi, moins
d'un fiècle après le règne d'Augufte. Il fut trop dangereux fous plufieurs empereurs de fe diftinguer par
des talens fupérieurs dans le SÉNAT, pour que cette
compagnie pût conferver fon luftre & fon autorité.
Gallien, qui vit plus qu'aucun autre empereur s'élever
de toutes parts des ufurpateurs du titre impérial, crai-
gnant que le rang de Sénateur joint au commandement
des armes ne favorifât l'ambition dans ces entreprifes,
interdit la milice aux Sénateurs. Ce qui d'abord pouvoit révolter le premier corps de l'État, fut adouci
par le temps, & par de l'habitude à goûter un repos
qu'on avoit moins connu. Jufqu'alors on s'étoit fait un
devoir de joindre le mérite militaire & l'habileté dans
l'adminiftration des affaires civiles. La diftinction entre
l'épée & la magiftrature fut donc une chofe toute
nouvelle dans le gouvernement Romain. Il ne faudroit
point blâmer Conftantin d'avoir privé de l'une de ces
prérogatives les Préfets du Prétoire, dont le pouvoir
trop étendu avoit été fouvent funefte à leurs princes.

On remarque, qu'à la fuite des empereurs, auxquels
le nom de Céfar paffa par adoption, le plus grand
nombre fut étranger à l'Italie, où il femble néanmoins
que la fucceffion au rang fuprême auroit dû fe perpé-
tuer. Après avoir donné des chaînes à une grande
partie du Monde qui fût connu, cette contrée paroît
en quelque manière abâtardie. L'ancienne nobleffe

Romaine, & ces familles si distinguées dans les temps de la République, n'existent plus. La Pannonie, & quelques autres provinces aussi nouvelles, & barbares en ces temps-là par rapport à l'Italie, donnèrent à Rome des empereurs. Maximin, qui conspira contre Alexandre-Sévère, étoit Goth de naissance: Philippe, coupable du même crime à l'égard du jeune Gordien, étoit Arabe. La dignité impériale fut très-souvent à la disposition des légions; & il arriva même que des armées en différens départemens couvrirent en même temps de la pourpre, des Généraux qui cabaloient pour s'en faire revêtir. Le premier usage des forces de l'Empire entre les mains des concurrens, étoit de les employer à se détruire, au préjudice de ce qui convenoit au salut de l'État & des provinces. Trois empereurs avoient péri par le fer dans l'espace de cinq mois, lorsque Septime-Sévère fut élevé à l'Empire par des légions en Illyrie, & Pescennius-Niger par celles qu'il commandoit en Syrie. Sévère vainqueur de Niger, eut encore à combattre un autre compétiteur, Albin, qui avoit pris le titre d'Auguste dans la grande Bretagne. Ce que l'Empire avoit à souffrir de ces mouvemens de guerre civile en différentes parties, & qui se renouveloient selon les conjonctures, est aisé à concevoir. Ce fut une nécessité pour Claude second de se défaire d'Auréole, qui tenoit dans Milan, avant que de se porter contre les Goths, aussi formidables dans leur irruption, que l'avoient été les Cimbres, dans celle dont Marius avoit autrefois délivré l'Italie. Ajoutons, que le foldat légionaire fit périr plus d'une fois ceux qu'il avoit fait monter au premier rang, & un auffi excellent empereur qu'étoit Probus fut la victime d'une mutinerie du foldat. Aurélien ayant rendu de grands fervices à l'Empire, mais plus Général qu'Empereur, au jugement de Dioclétien, avoit été affaffiné, par la crainte que des gens à fon fervice avoient prife de la févérité de fon caractère.

Ne peut-on pas être étonné, de ce que dès le temps où Tacite écrivoit, c'eft-à-dire vers la fin du premier fiècle, les armées Romaines tiroient toute leur force des milices étrangères! *nihil validum*, dit-il, *in Romanis exercitibus, nifi externum.* On y diftingue poftérieurement des bandes de toute nation, & le nombre en paroît très-grand en feuilletant la Notice des deux Empires, qui repréfente l'état des chofes dans le cinquième fiècle. On y trouve des Germains, des Sarmates, des Scythes. Les Francs y paroiffent fous ce nom général de leur affociation, comme fous ceux qui diftinguent quelques-unes des nations qui en faifoient partie. Plu-fieurs de ces corps, quoiqu'étrangers, font placés fur des frontières. L'Italie eft fingulièrement remplie de Sarmates, en tout fon continent. Étoit-ce par impuif-fance, ou par relâchement fur fa propre confervation! La même nation occupe dans la Gaule divers endroits des Lionoifes, & de l'ancienne Belgique. Un vers de S.ᵗ-Paulin défigne précifément des Sarmates, & en qualité de milice, fous le nom particulier d'une nation, que l'ancienne Géographie connoît en Sarmatie: *Auxiliatores pateretur Gallia Chunos.* On avoit cru pouvoir tirer avantage des barbares pris en guerre, en leur faifant habiter différens cantons, comme Aufone le fait connoître dans fon poëme fur la Mofelle: *Arvaque Sauromatum nuper metata colonis,* en parlant de quelques terres entre le Rhin & Trèves, à la hauteur de Maïence. On n'avoit point prévu le rifque de voir ces nouveaux habitans faifir l'occafion de prendre les armes à la première invafion qui furviendroit. La richeffe & les agrémens, que ces nations forties de leurs contrées alors prefque fauvages, trouvèrent dans les provinces Romaines, leur en fit defirer la poffeffion. Il fortit d'entre ces étrangers des hommes, que du mérite perfonnel, & des talens élevèrent à des dignités, où l'ambition fait lever les yeux jufqu'à la première place. Stilicon, Vandale de naiffance, mais qui fe vit allié par des mariages à la maifon impériale, ne penfoit pas moins qu'à élever fon fils à l'Empire, lorfqu'Honorius crut devoir le faire affaffiner. Arbogafte, de la nation des Francs, avoit fait périr Valentinien II. Tout fembloit inviter les nations entières à attaquer une puiffance affoiblie par tant de vices dans fon gouvernement.

Conftantin eft accufé d'avoir contribué à la chute de l'Empire en occident, en quittant Rome, pour faire d'une nouvelle capitale qu'il avoit conftruite, fa réfidence; & il faut convenir que le centre des forces

& de leur activité dans un État très-vaste, étant tranfporté trop près de l'une de fes extrémités, l'autre
devoit demeurer fans chaleur & fans vie: L'attachement
que Rome confervoit pour l'idolâtrie, avoit rendu le
féjour de cette ville défagréable au prince. L'hiftoire
fournit un exemple de ce fanatifme du peuple de Rome
poftérieurement au règne de Conftantin, & fous celui
d'Honorius. Une nuée de barbares, formée au-delà du
Danube, de l'affemblage de diverfes nations, fondant
fur l'Italie, on imagina dans Rome fur ce que ces
barbares étoient païens, que Jupiter vouloit tirer vengeance de l'abolition de fes honneurs dans le capitole,
& les maux dont l'Italie entière étoit menacée dans une
pareille invafion étoient comptés pour rien. L'habileté
de Stilicon en détruifant cette multitude d'ennemis,
trompa les vœux des Romains, & les difpofitions qui
dominent les peuples felon les temps & les circonftances,
font à confidérer dans l'étude de l'hiftoire.

Cependant, Julien & Valentinien I furent réprimer
les barbares, & particulièrement les *Alemanni*, aux
incurfions defquels la Gaule étoit fort expofée. Il falloit
un empereur du mérite de Théodofe, pour que l'Empire parût raffermi dans tout ce qu'il comprenoit d'étendue. Selon le partage entre fes enfans, l'Orient dans les
mains de l'aîné fembloit prendre un rang de préférence
fur l'Occident. La conquête de l'Italie fur les Goths,
& de l'Afrique fur les Vandales, fous le règne de
Juftinien, vers le milieu du fixième fiècle, eft pour

l'Empire Grec en Orient l'époque du plus haut point de grandeur. Dans le siècle suivant, & sous Héraclius, la Syrie & l'Égypte furent enlevées à cet Empire par les premiers successeurs de Mahomet. Les Turcs Seldgiukides, qui ont précédé les Ottomans, se rendirent maîtres de l'Asie mineure vers la fin du onzième siècle, & leur établissement dans des terres qui avoient été de l'Empire, les fait appeler Seldgiukides de Roum par les écrivains orientaux. Car, les Grecs du bas-Empire vouloient être appelés Romains. Depuis ce temps-là, cet Empire ne fit que chanceler plus ou moins, jusqu'au moment de son extinction totale, & il n'est pas de notre sujet d'en dire davantage, puisque c'est l'Occident qui doit nous occuper.

Les grandes qualités de Théodose ne passèrent point à ses enfans. Honorius en Occident fut un prince foible, sans être vicieux. Sous son règne, vers la fin de l'an 406, les Vandales, les Alains, les Suèves, passant le Rhin, forcèrent les barrières de l'Empire, & la Gaule fut alors cruellement dévastée. Les Visigoths vinrent s'y établir quelques années plus tard, après avoir pris Rome, & dépouillé l'Italie. Les Bourguignons parurent en même temps. Le général Constance, à qui Honorius fit épouser sa sœur Placidie, veuve d'un roi des Visigoths, & qui fut père de Valentinien III, contraignit les Vandales, les Alains, & les Suèves, de passer en Espagne au-delà des Pyrénées. La tranquillité parut à peu près rétablie dans la Gaule,

où les Vifigoths, les Bourguignons, les Francs, &
quelques partis d'Alains occupèrent différens cantons
de pays, dans lefquels étant contigus à ceux qui étoient
demeurés aux anciens fujets de l'Empire, on s'habitua
à diftinguer ces différentes parties par les noms de
Romaines & de Barbares, ce qui eut lieu en Efpagne
comme dans la Gaule. Mais il eft à remarquer, que le
terme de *Barbare* dans cet ufage n'eut plus ce qui en
faifoit originairement une qualification défavantageufe.
Théodoric, roi des Oftrogoths, devenu maître de
l'Italie, & faifant des loix particulières & différentes pour
fes fujets naturels, & pour ceux qu'il avoit conquis,
donne aux premiers le nom de Barbares, en donnant
aux feconds le nom de Romains.

L'Empire d'Occident étoit compofé de deux de
ces grands départemens, qui dans l'un & l'autre Empire
étoient appelés *Diœcefes*, & dont l'établiffement ne
paroît pas antérieur au quatrième fiècle. Le premier de
ces départemens étoit celui de l'Italie, en y annexant les
provinces Illyriques jufqu'à la frontière fur le Danube,
& d'un autre côté l'Afrique. Le fecond comprenant la
Gaule, l'Efpagne, & la grande Bretagne, étoit gouverné
par le Préfet du Prétoire des Gaules, & la ville de
Trèves, où réfidoit cet officier fupérieur, ayant été
ruinée à diverfes reprifes dans les guerres, *quadruplici
everfione proftrata*, dit Salvien, le fiége de la préfecture
fut transféré à Arles par Honorius. La fin du règne de
ce prince, fous lequel la domination Romaine fouffrit

un

un ébranlement qui annonçoit sa ruine prochaine en Occident, est de l'an 423. Les secousses redoublèrent sous Valentinien III, prince adonné à ses plaisirs, & qui fut assassiné en 455, quelques mois après qu'il eut fait tuer Aëtius, par qui l'honneur des armes Romaines s'étoit soutenu en plusieurs parties de l'Empire, & surtout dans la Gaule. On voit ensuite une succession de huit empereurs, qui périssent ou sont déposés dans l'espace de vingt-un ans. Un Suève, nommé Ricimèr, disposa du titre impérial pendant quinze ans. Rome en 455 fut pillée par Genséric, roi des Vandales en Afrique, plus impitoyablement qu'elle ne l'avoit été en 410, par Alaric, roi des Visigoths. Enfin, un Romain, né en Pannonie, & nommé Oreste, qui avoit servi Attila en qualité de secrétaire lorsque ce roi des Huns fit invasion dans cette partie de l'Empire, revêtit de la pourpre son fils encore très-jeune, & qui portant comme propre le nom d'Auguste, fut appelé Augustule par les Romains. Mais, l'année suivante, ou en 476, Odoacre, roi des Hérules, entre en Italie, se saisit de la personne d'Oreste en prenant Pavie, & dépose Augustule sans lui ôter la vie. C'est ainsi que s'éteignit l'Empire Romain d'occident. Sa chute ne fit aucun bruit, elle ne pouvoit causer de surprise; ce fut le dernier soupir d'un corps, qu'une longue maladie avoit privé de tous ses ressorts. Il étoit réservé à la nation Françoise d'avoir un prince, en qui la dignité impériale fût renouvelée en Occident, & qui étendît sa domination à une grande partie

B

de l'Empire qui n'exiſtoit plus depuis plus de trois cents ans.

Les grands changemens que le renverſement de cet Empire fit en Europe, préſentent dans la Géographie une eſpèce de révolution, qui ſuccédant immédiatement à l'état des ſiècles qu'embraſſe l'antiquité, eſt l'objet qu'on ſe propoſe dans cet ouvrage. La Germanie, la France, l'Italie, l'Eſpagne, la grande Bretagne, y ſeront autant de parties diſtinctes, & traitées ſéparément. C'eſt de-là que les principaux États en ces parties paroîtront tirer leur exiſtence actuelle. Des faits recueillis dans l'hiſtoire, feront voir par quelles circonſtances ſe ſont formés ces États, dans l'étendue qu'ils ont priſe, & ſelon les diviſions qui les partagent. Cette manière d'en prendre connoiſſance comprendra environ huit ſiècles, depuis le cinquième juſqu'au douzième incluſivement, & il n'arrivera que rarement ſur quelques articles de deſcendre à un temps poſtérieur. La carrière eſt aſſez conſidérable, & par une grande variété dans les objets qui s'y rencontrent, on peut trouver de l'intérêt à la parcourir.

I.

GERMANIA.

L'EMPIRE ROMAIN en Occident ayant été détruit par des nations Germaniques, le pays d'où sortirent ces nations doit être notre premier objet.

La partie adjacente au Rhin étoit presque devenue province Romaine dans le premier siècle de l'Ere Chrétienne; *in formam penè stipendiariæ provinciæ redacta,* selon l'expression de Paterculus, qui avoit servi sous le commandement de Tibère dans le pays même. Les peuples y pouvoient être assez soumis pour paroître disposés à l'obéissance, non pas à la servitude: *satis domiti ut pareant, nondum ut serviant,* en appliquant ici la manière dont Tacite s'exprime sur des nations Britanniques de nouvelle conquête, & dans un cas à peu près semblable. L'amour de l'indépendance n'étoit point éteint dans le cœur des Germains; & par la division de leurs contrées, comme de la Gaule, en un grand nombre de cités ou de républiques, chacune d'elles en particulier ne pouvant se soutenir contre la puissance Romaine, l'union de plusieurs peuples confédérés pour un intérêt commun, forma dans le troisième siècle des corps de nation, capables non-feulement de réfifter à l'ennemi, mais encore d'envahir quelques parties d'un Empire, dont la foibleffe dans fon déclin annonçoit la ruine.

ALEMANNI, & ALEMANNIA.

LA première de ces Ligues fut celle des *Alemanni*, dont le nom ne commence à paroître dans l'hiftoire que du temps de Caracalla. Ce nom d'*Al-mann*, compofé de deux mots de l'idiome Tudefque, fignifie multitude d'hommes. Un hiftorien romain, cité par Suidas, & qu'on peut préfumer avoir vécu dans le temps, ou à peu près, dont nous parlons, fournit un témoignage pofitif de cette interprétation. Les *Alemanni* fe faifant connoître d'abord dans des terres voifines des fources du Danube, il y a des favans dont l'opinion les fait fortir de quelques aventuriers Gaulois, qui lorfque ce canton de pays fut évacué par les Marcomans retirés vers la Bohème fous le règne d'Augufte, occupèrent au rapport de Tacite, ce qu'on appela *Decumates agri*, parce que ces poffeffions furent affujetties au dixième de leur produit. On imaginera bien que ces Gaulois, qu'enveloppoient des Suèves, dont le nom fe trouve joint à celui des Alemans dans Procope (*Gothicor, I.*) auront fait corps avec une multitude d'hommes raffemblés, comme le nom que prit cette première affociation Germanique le donne à entendre. Le nom de Syabe, qui diftingue fpécialement cette partie de la Germanie, quoique celui de *Suevia* y eut été dominant prefque par-tout, doit faire croire que les *Alemanni* étoient plus Suèves que Gaulois. On lit dans Paul-Diacre *(lib. III, c. 18) Suevorum, hoc eft Alemanorum, gens ;* & ailleurs *(lib. II, c. 15) Suevia, hoc eft Alemannia.*

Les Alemans s'étendirent au nord, en occupant les deux rives du Mein ; & la rivière de Lohn, *Logana,* qui tombe dans le Rhin au-deffous du Mein immédiatement, paroît les avoir limités de ce côté-là. Ils eurent pour voifins pendant un temps, fur la droite du Mein, les *Burgundiones.* Mais, ils pénétrèrent du côté du midi dans la Rhétie, & en Helvétie. Les *Iuthungi,* dont Aurélien fit échouer l'entreprife qui menaçoit l'Italie, faifoient partie de la Ligue Alemande ; *Alamannorum pars, Italicis contermina tractibus,* dit Ammien-Marcellin *(lib. XVII).* L'hiftoire fait encore mention des Juthonges comme ayant été vaincus fur la même frontière, par Aëtius, fous le règne de Valentinien III. Il faut ajouter, qu'avant la ruine entière de l'Empire en occident, les Alemans avoient entamé la Germanie des Gaules, comme Sidoine-Apollinaire le fait entendre *(in panegyr. Aviti)* en apoftrophant la nation en ces termes : — *Rhenumque ferox Alemane bibebas*

> *Romanis ripis, & utroque fuperbus in agro,*
> *Vel civis, vel victor, eras.*

Le lieu de Tolbiac, aujourd'hui Zulpich, prefque à la hauteur de Cologne entre la Meufe & le Rhin, où la Ligue Alemande reçut un coup mortel de la part des Francs commandés par Clovis, fait voir jufqu'où cette ligue prétendoit dominer. Les *Alemanni* furent fujets de Thiéri, roi d'Auftrafie, fils de Clovis, & Theodebert, fils de Thiéri, acheva de les fubjuguer, comme on l'apprend d'Agathias, auteur contemporain. *Alemannia* fut donc une province de la monarchie Françoife; & dans cet état compofant un duché en Suévie, dans une partie de l'Helvétie, & dans ce qu'on appelle le pays des Grifons, fon nom s'étendit encore à ce qui, fur la gauche du Rhin, & en deçà par rapport à la France, eft connu dans le moyen-âge fous un nom particulier, celui d'*Elifatia.* C'eft ce qui autorifoit Guillaume le Breton, fous Philippe-Augufte, à dire, que l'Alémannie touchoit à la Vofge;

— *Vogefos tangens Alemannia fines.*

Dans les titres de donation du monaftère de Laurefheim, le nom d'*Alemannia* défigne un *pagus* ou canton, de grande étendue aux environs du Danube vers fes fources, comprenant une partie du cours du Nekre dans le Wirtenberg, & les terres des margraves de Bade en l'étendant jufqu'au Rhin, en même hauteur que celle des limites de la baffe Alface. Et nous remarquerons, que c'eft précifément dans ces terres que la Ligue Alemande a pris naiffance. Pour ce qui eft de l'ufage qu'on fait en France du nom d'Alemagne à l'égard de la Germanie, c'eft ce que peut avoir établi la contiguité de fituation la plus prochaine avec le pays

pays proprement Alémannique, où la langue Tudesque, que nous appelons Alemande, est l'idiome national. Mais, parce que ce nom n'est point le Teutonique (ou *Teutsch-land)* que la nation Germanique en général donne au pays qu'elle occupe, il est convenable ici, que le nom de Germanie soit employé préférablement à celui qu'il faut reconnoître pour très-impropre par l'étendue qu'on lui fait prendre.

FRANCI,
ET
FRANCIA ORIENTALIS.

PARLONS maintenant d'une autre Ligue, de laquelle est sorti le nom de nation le plus célèbre qui ait été depuis le nom Romain. Peu après qu'on a connoissance de la Ligue Alémannique, & dans ce que comprend également le troisième siècle, une nouvelle association de différentes cités paroît formée vers la partie inférieure du Rhin. Le nom qu'elle se donna, ou celui de *Franci,* étoit propre dans le langage Germanique à désigner la liberté, l'objet précisément de cette association. Toute autre recherche étymologique peut être rejetée. Ce que la Ligue précédente prit d'accroissement & de forces en peu de temps, put donner de l'ombrage à d'autres peuples voisins, & les guerres qui ont armé les Francs contre les Alemans, confirmeroient cette conjecture. Le nom de *Sicambri,* par lequel les *Franci* sont quelquefois désignés, feroit croire que ce fut dans l'ancien territoire de ce peuple, adjacent au Rhin, que la Ligue & le nom de *Franci* prirent leur origine. Les *Bructeri*, dont Tacite avoit parlé comme d'un peuple détruit par la haine de fes voifins, fe montrent néanmoins par un nouvel état d'exiftence, comme un des principaux dans la Ligue Françoife, & des premiers à paroître. Les *Attuarii*, les *Chamavi*, en faifoient partie. Mais, aucun nom ne fut auffi diftingué chez les Francs que celui des *Salii.* On fait que fous le gouvernement François, *terra falica* défigne un privilége d'ancienne poffeffion, & que d'être iffu des Saliens fut un titre de nobleffe.

La première mention qui foit faite des Francs dans l'hiftoire fe trouve dans Vopifque, en parlant de leur défaite près de Maïence, par Aurélien, alors fimple tribun, fous le règne de Gordien III, ou fous celui de Valérien ; car les opinions font partagées fur cette circonftance, mais qui ne peut varier que d'environ douze ans dans le milieu du troifième fiècle. Probus réprima les incurfions des Francs, dans une campagne qui peut être de l'an 277 ; & il fut, felon le même hiftorien, le premier des empereurs qui prit le furnom de *Francicus.* Une poignée de Francs, tranfportée jufque dans la Thrace, fur le bord du Pont-Euxin, par Probus, s'étant mife en mer, fe rendit dans la Méditerranée, dont elle courut les côtes, & arrivée dans l'Océan par le Détroit, on vit ces Francs aborder aux embouchures du Rhin, & rentrer dans leur pays. Zofime *(lib. 1, c. 71)*
& Eumène

& Eumène *(Panegyr. Conflantii)* rapportent cette expédition, qui avoit été précédée fous le règne de Gallien d'une entreprife par mer, dans laquelle la côte orientale d'Efpagne, & la ville de Tarragone particulièrement, fouffrirent de grands dommages. Les monumens de l'hiftoire Romaine renferment précifément tout ce qu'on peut favoir des Francs, avec plus ou moins d'avantage pour la nation, jufqu'à la chute de l'Empire en occident. Mais, on y voit des Francs de diftinction parvenir aux plus grandes dignités auprès des empereurs. On trouve des milices de plufieurs des nations de la Ligue Françoife, & notamment des Saliens, dans la Notice de l'un & de l'autre Empire. Quant aux établiffemens & à la domination, que des conquêtes procurèrent dans la Gaule à ce grand peuple Germanique, c'eft ce qu'il convient de réferver ici à ce qui doit concerner la France en particulier. En ne confidérant les Francs actuellement que dans l'étendue de la Germanie, le nom de *Francia,* que l'on trouve employé dès le quatrième fiècle, doit fe rapporter au pays qui s'étend du Rhin au Wéfer, borné dans ce qui eft au-delà du Wéfer par la Thuringe, dont il fera parlé dans la fuite. Si l'on avoit quelque indice, que des Frifons étoient en fociété avec les Francs, on pourroit étendre le pays jufqu'à la mer vers l'embouchure de l'Elbe, ce qui feroit autorifé par un paffage de l'anonyme de Ravenne *(lib. I)* qui dit, que la race des Francs avoit long-temps habité le pays que traverfe

.   C

cette rivière : *in patriâ Albis per multos annos lineam Francorum conimoratam.*

Cette France fortit de fes premières limites, en prenant fur les *Alemanni* ce que le Mein parcourt de pays depuis fa fource jufqu'à fon embouchure dans le Rhin ; & ce qui avoit été France auparavant fut envahi par les Saxons. Alors, le nom de *Francia* fe renferma dans les environs du Mein. Eginhard dans la vie de Charlemagne, veut que ce nom s'étende depuis la Saxe jufqu'au Danube, & d'occident en orient depuis le Rhin jufqu'à la Sala, ce qui y fait entrer la Thuringe. On diftingua cette France par le furnom d'*Orientalis*, & elle fut ainfi appelée *Auftria*, felon l'idiome Germanique, par rapport à ce qui étoit France dans l'étendue de l'ancienne Gaule ; & aux termes des annales dé Fulde, *Franconofurt* (Francfort) étoit le fiége principal du royaume oriental, *principalis fedes Orientalis regni.* Ce qui tire de cette France le nom de Franconie, entre les provinces actuelles de l'Empire Germanique, eft bien plus refferré dans fes limites. Il faut y joindre le pays Heffois, *Heffonum vel Hafforum*, & ce qui tient au Rhin en defcendant jufqu'à la Rure, comme ayant été occupé par une partie des *Ripuarii*, dont il fera parlé en traitant de la France. Ces cantons étoient unis par un intérêt commun à fe défendre contre les entreprifes des Saxons. D'un autre côté, ce grand diftrict bordant la Suévie, d'où la Ligue Alemande étoit fortie, s'étendoit vers le midi jufqu'au Wirtenberg, comprenant Heïlico - brunn , ou Hailbron fur le Nekre. Ses confins avec la Bavière paroiffent les mêmes qu'actuellement, à en juger par ce qu'on voit dans Otton de Frifingue, fous l'an 1105, que l'empereur Henri IV tenoit *Nurinberch* comme une place de fon duché de France, de même que cette ville & les terres de fon Burgraviat font encore partie du cercle de Franconie.

Au refte, il ne faut point être furpris de trouver, que le nom de *Francia Orientalis* foit employé d'une autre manière, & comme propre à défigner la Germanie entière. Il eft même très-convenable de voir, que les princes qui y ont régné, fans fe borner étroitement à ceux du fang de Charlemagne, foient intitulés *reges Francorum Orientalium.* Ce n'eft que depuis le treizième fiècle, qu'en Germanie le nom de France, auparavant d'ufage dans le titre de la royauté en cette partie de l'ancienne monarchie Françoife, s'eft perdu infenfiblement, pour ne plus appartenir qu'à nos rois dans ce qui avoit été France Occidentale.

SAXONES, & SAXONIA.

La première notion qu'on ait des Saxons eft dûe à Ptolémée, qui les place fur la droite de l'Elbe près de fon embouchure, & leur attribue des îles voifines du continent, comme font celles qui appartiennent au Danemark, vers l'entrée de ce que l'ancienne Géographie appelle la Cherfonèfe Cimbrique. C'eft de-là

que des pirates de cette nation, & peut-être de plusieurs
autres fous le même nom, partoient pour infester les
pays maritimes de la Gaule & de la grande Bretagne. Il
faut croire même, que ces armateurs firent quelques
établissemens fur les côtes, que par la foibleffe d'un
Empire qui penchoit vers fa ruine, il leur fut libre
de fréquenter, puifque dans les Notices Romaines du
quatre au cinquième fiècle, les rivages de la Belgique
& de l'Armorique, & celui de l'île Britannique qui
regarde ces parties de la Gaule, font appelés *Litus
Saxonicum.* Les Francs, qui coururent les mers dès
le règne de Gallien, étoient en fociété avec les Saxons
dans la révolte de Carausius contre Maximien, que
Dioclétien s'étoit donné pour collègue.

On ne fauroit dire, fi le pays Saxon en Germanie
étoit refferré dans fes premières limites, lorfque la
grande Bretagne abandonnée des Romains, appela des
Saxons & des Anglois, pour la défendre contre les
Piétes & les Scots, (ce qu'on peut croire être arrivé
vers l'an 428, comme on verra en traitant de la grande
Bretagne) ou fi ce pays Saxon avoit déjà pris quelque
étendue en deçà de l'Elbe. Car, il paroîtroit vraifemblable, que les établiffemens des Francs dans la Gaule,
en quelques parties de la Belgique, vers le milieu du
cinquième fiècle, furent dès-lors pour les Saxons une
première occafion de s'agrandir. Il eft cependant fingulier de trouver dans Witikind de Corvey, & dans
Adam de Brème (qui ont écrit, l'un fes annales, l'autre

fon hiftoire, dans le pays même) que des Saxons avec le fecours defquels Thiéri, roi d'Auftrafie, conquit en 531 la Thuringe, dont une partie leur fut cédée, étoient fortis de la Bretagne, abordant le continent de la Germanie à Hadelohé, aujourd'hui Hadelér, près de l'embouchure du Wéfer du côté de l'Elbe. Et il faut croire que la mémoire de ce fait s'étoit confervée chez les Saxons, puifqu'il eft également rapporté dans Eginhard, à qui une nation qui donna plus d'exercice qu'aucune autre aux armes de Charlemagne, étoit bien connue. Après cette expédition de Thuringe, on voit dans Paul-Diacre, que le roi des Lombards (Alboin) entrant en Italie l'an 568, étoit fuivi de vingt mille Saxons, avec leurs femmes & leurs enfans, felon la manière dont ces bandes de nation fe dépayfoient; & en traitant de la Thuringe, il paroîtra que ces Saxons fortoient précifément du canton qu'ils avoient acquis trente & quelques années auparavant, en fervant le roi d'Auftrafie.

Mais, en prenant du terrein, les Saxons poufsèrent jufqu'au Rhin, ou à peu près, comme s'en explique un poëte anonyme, qui du temps d'Arnoul, fucceffeur de l'empereur Charle le Gros, a compofé des faftes du règne de Charlemagne. Le cours du Wéfer, dans l'intervalle du Rhin & de l'Elbe, fit une diftinction de Saxons *Oft-fales*, & de Saxons *Weft-fales*, c'eft-à-dire orientaux & occidentaux. Le poëte chroniqueur fous l'an 772, s'en exprime ainfi:

—Weſtfalos vocitant in parte manentes
Occiduâ, quorum non longè terminus amne
A Rheno diſtat.

Cet établiſſement ne préjudicioit point au droit que
la monarchie Françoiſe pouvoit exercer ſur des terres,
qui avoient été le berceau de cette monarchie. Clotaire I, vainquit les Saxons revoltés, *rebellantes*, comme
s'explique l'auteur d'un ſupplément à la chronique de
Marcellinus-comés, mais ſans les ſoumettre. Charle-
martel & Pépin entrèrent également en armes dans la
Saxe, pour y faire reconnoître leur autorité. Mais, la
dévaſtation du pays pouvoit n'être qu'un châtiment
paſſager ; & une véritable conquête étoit réſervée à
Charlemagne, qui n'y parvint que la trente-troiſième
année depuis qu'il l'eut entrepriſe. Pour affoiblir une
nation, qui ne vouloit point connoître de joug, il en
diſperſa une partie en diverſes provinces de ſa domination : *tertius ex eis homo eſt tranſlatus*, ſelon les annales
de Fulde. Eginhard parle de dix mille Saxons tranſportés en Gaule. On pourroit croire que ceux qui
ſont appelés *Nemet-Saſſ* (ou Saxons Germains, comme
diſent les Slavons) & qui ont leur établiſſement dans
le comté de Scépus, au nord de la Hongrie, ſous le
mont Krapak, ſont une de ces colonies. Mais, on ſe
tromperoit en le croyant également des Saxons de la
Tranſilvanie, dont quelque partie a même pénétré en
Moldavie. Car, une eſpèce de chronique, inſcrite ſur
le mur d'une égliſe à Braſſow ou Cronſtat dans le fond

de la Tranfilvanie, porte fous l'an 1145, que ce fut Geiza II, aïeul du roi André, qui fit entrer les Saxons dans le pays. Cette remarque eft de quelque conféquence: elle fait voir, que c'eft mal-à-propos que dans quelques cartes on a fait entrer la Tranfilvanie dans les limites de l'Empire de Charlemagne. Au refte, la févérité dont ufa ce prince pour foumettre les Saxons, fut compenfée par une diftinction, qu'on ne voit point avoir été la même pour tous les peuples affujettis à la même domination. Eginhard témoigne, que le fouverain compofa en quelque manière avec eux; *conditione à rege propofitâ, & ab illis fubfcriptâ*, en les affociant à la nation Françoife, pour ne faire qu'un même peuple; *ut Francis adunati, unus cum eis populus efficerentur.* Cette prérogative chez les Saxons eft même expliquée en détail, par le poëte anonyme cité précédemment.

On voudroit favoir ce que veut dire le terme employé dans les dénominations d'Oft-fales & de Weft-fales, & que l'on trouve également dans les noms de quelques autres peuples, comme font les Taï-fales & Victo-fales, qu'il faut remarquer avoir été Scythes, & non Germains, & dont les premiers font connus comme ayant pris établiffement en France, fur la frontière du Poitou & de la Bretagne. On a de la peine à fe perfuader, que ce qui fe lit *falahi* dans les Capitulaires de Charlemagne, autrement *falahon*, ait du rapport au terme de *Feld* de la langue Tudefque, & qui fignifie plaine: *campi patentes*, dit Paul-Diacre,

qui ſermone barbaro Feld *appellantur.* C'eſt néanmoins
l'opinion qu'en ont eue pluſieurs Savans. On trouve
dans la chronique Loiſelienne, ſous l'an 775, que
les Saxons orientaux ſont appelés *Auſtre - leudi ;* & le
terme de *Leud* ou *Leod,* placé dans cette dénomination, & qui en langage Anglo-Saxon déſigne un peuple,
pourroit être regardé comme ſynonyme de celui dont
on recherche la ſignification. Une autre terminaiſon
dans le nom d'*Oſter-lingi,* que le poëte chroniqueur
dit être le même qu'*Oſt-vali,* le voudroit également.

Selon ce chroniqueur, les Oſt-fales & Weſt-fales
étoient ſéparés par un canton intermédiaire, que tenoient les *Angarii,* & aſſez étendu en longueur pour
atteindre vers le midi le pays François, & l'Océan
vers le nord :

> *Inter prædictos mediâ regione morantur*
> *Angarii, populus Saxonum tertius, horum*
> *Patria Francorum terris ſociatur ab auſtro,*
> *Oceanoque eadem conjungitur ex Aquilone.*

Il eſt très-vraiſemblable que ce nom d'*Angarii* dérivoit
de celui des *Angrivarii,* ancienne cité ou ancien peuple
Germanique, qu'on a lieu d'eſtimer avoir eu ſa demeure ſur le Wéſer, dans le voiſinage des Chéruſques.
Ces trois parties de la Saxe avoient été gouvernées par
des ducs, & le fameux Witikind, qui réſiſta ſi long-
temps à Charlemagne avant que de ſe ſoumettre, en
l'an 785, commandoit en Angrie, ſelon l'inſcription
de ſa tombe dans le lieu nommé Engern, comme on
peut

peut voir *in Monumentis Paderbornensibus* de l'évêque
Ferdinand de Furstenberg. Dans les temps postérieurs,
cette distinction des *Angarii* semble disparoître, comme
absorbée dans les deux précédentes, qui la renfermoient. Mais, outre ces trois districts, il en restoit
un quatrième dans la demeure primitive de la nation,
& au-delà de l'Elbe, où les Saxons sont distingués
par le nom de *Trans-Albiani,* autrement de *Nord-Al-
bingi.* Ils furent plus ou moins étendus ou resserrés,
selon que des nations Slavones dont nous parlerons,
& qui occupèrent les rivages de la Mer Baltique,
prirent de terrein. Dans ce district de la Saxe, *Ham-
maburg,* ou Hambourg, devint une ville principale dans
le lieu qu'occupoit un château nommé Hochbuchi;
& Louis le Débonnaire en 833 l'érigea en métropole,
pour gouverner l'Église chrétienne, chez les Danois,
les Suéones ou Suédois, & les Slaves, mais qui fut
unie à Brémen en 858, sous le règne de Louis, fils
de l'empereur Lothaire. Pour ce qui est de cette frontière à l'égard du Danemark, il fut stipulé par un traité
fait en 811, entre Charlemagne & Hemming roi des
Danois, que la rivière d'Eyder, *Egidora* ou *Egdora,*
serviroit de limite. Et cette limitation est la même dans
la description du royaume, qui fit le partage de Louis
le Germanique, fils de Louis le Débonnaire, comme
cette description est donnée par Witikind, abbé de
Corvey. Ce qu'on lit dans Helmold *(Chron. Slavon,
lib. 1, c. 8)* que Henri l'Oiseleur établit un margrave,

D

marchionem, dans Slefwick, n'eut lieu que du règne de ce prince; & l'Eyder fait encore la féparation de la Holface ou du Holftein, qui termine le cercle de la Baffe-Saxe, d'avec le duché de Slefwick.

F R I S I I, & F R E S I A.

LES Saxons avoient pour voifins les Frifons, dans la partie maritime. On connoît les *Frifii* dans les temps antérieurs, comme étant féparés des *Batavi* par le bras du Rhin qui en conferve le nom. Mais, cette ancienne frontière de la domination Romaine avoit été entamée par les Frifons, que l'on voit du temps de la race Mérovingienne s'étendre jufqu'à l'Efcaut. Les armes de Pépin d'Herftal, & vers l'an 728 celles de Charle-martel, réduifirent les Frifons, dont le duc nommé Ratbod fe réfugia chez les Danois. Il eft mention du duché de Frife dans les annales de Saint-Bertin, fous l'an 839: *ducatus Frefiæ ufque ad Mofam.* Cependant, les Danois ou Normans fe rendirent maîtres du pays dans le même fiècle. Les Frifons fecouèrent le joug au commencement du dixième; & Charle le Simple, qui domina quelque temps dans le pays qu'on appeloit en France l'Auftrafie, étendit en 913 au-delà du Rhin, le domaine de Thiéri, comte de Frife. Un canal nommé *Kinnem*, & qui donne encore actuellement le nom à un canton appelé Kinnemer-land, féparoit ce qui eft proprement Hollande d'avec ce qui eft Weft-Frife. Le nom de Hollande, tiré du terme Germanique

Hohl, n'eſt connu que depuis le onzième ſiècle, dé-ſignant une terre baſſe & creuſe. La Friſe citérieure à l'égard du canal dont on vient de parler, eſt appelée *Hæreditaria*, ayant été ſoumiſe à une ſucceſſion de princes, qui ont été comtes de Hollande. L'autre Friſe eſt diſtinguée par le terme de *Libera*, le peuple y ayant été laiſſé dans un état d'indépendance, ou d'immunité. Ce peuple ſe ſignala en défendant ſa liberté, par ſa réſiſtance aux entrepriſes des comtes de Hollande, & ne ſuccomba en 1297, qu'en perdant la place d'armes qui lui ſervoit de rempart, nommée *Verona* ou *Vronlegeiſte*, dont on retrouve l'emplacement à quelque diſtance d'Alcmar. Il y a des indices que la nation avoit occupé le rivage de la mer juſqu'à l'Elbe, & même au-delà juſqu'à l'Eyder. Et on peut attribuer à Charlemagne, dans les diſpoſitions qu'il fit après la conquête de la Saxe, d'avoir limité les Friſons par l'embouchure du Wéſer, comme l'Ooſt-Friſe le paroît aujourd'hui.

THURINGIA.

Avant que d'en venir à ce qui concerne des na-tions Slavones, dont les établiſſemens ſe font étendus à une très-grande partie de la Germanie, il faut parler de la Thuringe, qui paroît un royaume, quoique la mention qui en reſte dans les monumens hiſtoriques, ne s'offre que dans la durée d'un temps qui ne remplit pas un ſiècle. Les *Thuringi* ſont placés dans Procope

(Gothic. r) entre les *Burgundiones*, qu'ils avoient, dit-il, au midi, & les *Suevi* & *Alemanni*, qu'ils avoient au nord. Il eſt à propos de remarquer, qu'au temps où vivoit cet hiſtorien, *Burgundia* étoit une province dans les limites de l'ancienne Gaule. Mais, on peut n'avoir aucun égard à ce qu'il dit, que cet emplacement des *Thuringi* étoit une conceſſion qu'ils devoient à Auguſte. L'anonyme de Ravenne, auteur à peu près du même temps, nommant chez les Thuringes des rivières qui tombent dans le Danube, & notamment Regen, qui s'y rend vis-à-vis de Regens-burg ou Ratiſbone, nous conduiroit ainſi vers le Palatinat de Bavière. Dans les temps où il eſt ordinaire de voir des nations Germaniques répandues de différens côtés, & très-diſperſées, on ne feroit point ſurpris qu'un détachement de celleci fut très-écarté d'une demeure antérieure & principale. Le nom de *Theruingi* dans Eutrope *(lib. VIII)* & dans Ammien-Marcellin *(lib. XXXI)* ſemble ſe confondre avec celui des *Thuringi*. Ces hiſtoriens les font connoître ſur les bords du Tyras, ou Nieſter, au quatrième ſiècle, dans l'ancienne Dace de Trajan, où les Goths s'étoient établis; & quoiqu'entre les nations qui furent ſoumiſes ou aſſociées aux Goths, dans un empire qu'ils formèrent en cette partie de l'Europe, il y eut des Sarmates, le nom d'Athanaric, que porte le roi des *Theruingi* dans Ammien, & celui de Vitheric chez les *Grutungi*, leurs voiſins dans le même établiſſement, ſuffiſent pour indiquer des peuples Germaniques,

puifque ces noms font purement Tudefques. On trouve le même nom de *Theruingi* dans la Notice de l'Empire.

Il y a lieu de préfumer, que le canton de la Haute Saxe, auquel le nom de Thuringe eft refté, ne répond pas à toute l'étendue d'un royaume, qui fut en guerre avec des rois François; & il eft vraifemblable que des terres vers les fources du Mein, que quittèrent les *Burgundiones* au commencement du cinquième fiècle, pour entrer dans la Gaule, firent un accroiffement à la Thuringe. On fait par notre hiftoire, que ce pays avoit un roi du temps de Childéric, fils de Mérovée. Ce royaume fut conquis par Thiéri, fils de Clovis, & roi d'Auftrafie. Les Saxons qui avoient pris part à cette conquête, furent mis en poffeffion de ce qui fe diftingue par le nom de Nord-Duringen, & que fépare du refte de la Thuringe une rivière nommée Unftrut, que la Sala reçoit fur fa rive gauche. C'eft de ce canton que fortirent des Saxons, dont nous avons dit qu'Alboin fut accompagné en Italie, & voici ce qui le fait connoître. Les terres qu'ils évacuèrent furent remplies par des Suèves, que les rois Clotaire & Sigébert y firent paffer, au rapport de Paul-Diacre *(lib. 1, c. 4)*: & en effet un *pagus*, fur la gauche de la Sala, au-deffous de l'Unftrut précifé- ment, eft défigné dans le moyen-âge par le nom de *Suabe* ou *Suavia*.

La partie méridionale de la Thuringe, *Sut-thuringia*, & que l'on remarque être appelée *Thuringia* d'une manière spéciale sous la domination Françoise, entre l'Unstrut & une grande forêt, appelée *Hartz* (ou Hercynie) fut annexée au grand duché de la France orientale, & le témoignage d'Eginhard, en portant les limites de cette France jusqu'à la Sala, comme nous l'avons rapporté, y est formel. On trouve néanmoins des ducs particuliers en Thuringe, à commencer du règne de Dagobert premier. Une nation Slavone, les Sorabes, dont il sera mention dans l'article suivant, bornoit la Thuringe vers l'orient, en étant séparée par la Sala. Cette province partagée en plusieurs domaines, avoit au commencement du onzième siècle un comte, nommé Louis le Barbu, duquel descendoit Louis, troisième du nom, qui fut déclaré Land-grave (c'est-à-dire comte provincial) de Thuringe, par l'empereur Lothaire second, dans le douzième siècle. C'est à cette partie de l'ancienne Thuringe que convient proprement le titre de Land-graviat.

SLAVICÆ GENTES.

LES nations Slavones que renferme la Germanie, font forties des Sarmates de l'antiquité, dont le vaste pays féparoit ce qui étoit Germanie d'avec les contrées Scythiques de l'Afie. Un même fond de langage est commun à ces nations, n'étant varié que par la différence des dialectes. Le nom est *Slavi* plutôt que *Sclavi;* & fur ce qu'il tire fon origine d'un terme du langage national, *Slowa* ou *Slava,* auquel est attachée une idée de gloire ou de nobleffe, felon le témoignage de Balbinus *(Epit. rer. Bohemic, lib. I, c. 10)* on croiroit le reconnoître dans la terminaifon d'une infinité de noms propres, *Slaws* ou *Slaus*, & particulièrement chez les princes. Il feroit abfurde de penfer, qu'une très-puiffante nation eut affecté un nom ayant rapport à l'efclavage, comme quelques-uns l'ont imaginé, d'après une manière d'écrire & de prononcer ce nom qui n'eft pas correcte, quoiqu'il fe life ainfi dans Jornandés & dans Procope, qui les premiers en font mention, ce qui peut bien être une faute des copiftes d'un temps poftérieur. La connoiffance de ce nom fait qu'on a peine à voir, que dans des écrivains de nos jours, les Slaves, ou Slavons foient appelés Efclavons ; & il eft convenable dans un ouvrage comme celui-ci, de revendiquer à cette dénomination fa véritable leçon. Les Italiens ont dit *Schiavi*, par une même altération des deux confonnes initiales SL, que celle de CH, qui chez eux fe prononce en *Chi*, en difant Chiaro pour Claro, Chiufi pour *Clufium*, Chiana pour *Clanis*, &c. Des efclaves qui étoient Slaves de nation, ont donné lieu d'appliquer un nom national à leur état & condition.

Les Slaves ont paru en Germanie fous un autre nom, & connu plus anciennement, qui eft *Venedi*. On le trouve dans Tacite, mais en témoignant ne pouvoir décider fi ce peuple eft Germanique, ou bien Sarmate : *Germanis an Sarmatis adfcribam, dubito.* Ptolémée connoît les

Vénédes en Sarmatie, comme adjacens à la Mer Baltique, défignant une partie de cette mer entre le midi
& l'orient par le nom de *Sinus Venedicus*. Quelque
reffemblance avec le nom de *Vindili* ou *Vandali*, a
donné lieu de les confondre, quoique la différence
de langage, Tudefque d'un côté, Slavon de l'autre,
très-propre à diftinguer des nations, & qui prévaudroit
fur des narrés hiftoriques ou des témoignages contraires
en apparence, dût empêcher de s'y méprendre. C'eft
néanmoins ce qui peut avoir fait entrer le nom des
Vandales dans les titres du roi de Danemark, en vertu
des conquêtes que firent les Danois dans le douzième
fiècle, en des cantons où des Vénédes s'étoient établis.

L'émigration des nations de l'intérieur de la Germanie, Vandales, Bourguignons, Lombards, & autres,
pour fe répandre dans les provinces de l'Empire Romain, donna toute liberté à des bandes de nations
Slavones d'occuper des terres évacuées & fans défenfe.
Comme il ne conviendroit point ici d'entrer dans le
détail de tout ce qu'on trouve de peuples compris en
général fous le nom de Slaves, on ne parlera que des
principaux, en omettant ceux qui paroiffent plus obfcurs.
Sur la côte de la Mer Baltique, les *Obotriti* ou *Abotriti*,
fe préfentent les premiers, & fort éloignés en cette
pofition d'une autre bande de la même nation, établie
fur le bord du Danube, dans la baffe Hongrie limitrophe des Bulgares, & de qui l'empereur Louis le Débonnaire reçut des devoirs d'obéiffance en 824. Ceux

dont

dont il s'agit ici fe donnèrent à Charlemagne, & le fervirent dans la guerre contre les Saxons du nord de l'Elbe, dont les terres leur furent abandonnées, & qui après avoir été tranfportés en France, obtinrent de Louis le Débonnaire la liberté de retourner dans leur patrie. Les *Wagiri*, qui étoient Slaves, demeurèrent cantonnés dans ce qu'on appelle Wagrie, où la ville principale peu éloignée de la mer, a pris le nom d'*Aldenburgk*, c'eft-à-dire la vieille ville. Les Obotrites occupèrent le Meklbourg, du moins en partie, ayant une ville nommée *Mikilinburgk*, comme on lit dans Helmold. Leur nom dans quelques fiècles poftérieurs paroît même s'étendre jufqu'à l'Elbe vers le midi, & à la petite rivière de Pène vers l'orient. Les *Polabi* étoient contigus, & ainfi appelés comme adjacens au cours de l'Elbe, dont le nom eft *Labe* chez les Slaves, & précédé en cette dénomination d'un terme de leur langue, qui défigne une fituation immédiate ou adhé-rente. *Racifburgk*, felon Adam de Brème & Helmold, ou Ratzbourg, étoit le chef-lieu chez cette nation.

Au-delà des Obotrites, les *Wilzi*, autrement *Wela-tabi*, du nom qu'ils fe donnoient eux-mêmes, habitoient le continent qui regarde l'île de Rugen, comme Hel-mold s'en explique. Cette île avec une lifière en terre-ferme, appartenoit aux *Rani*, dont il eft à propos de remarquer que le nom fe retrouve dans Pline comme propre à une nation de l'ancienne Sarmatie. *Arkona*, ou *Orekund*, dont il eft mention comme d'une place

très-forte, & qui étoit fituée fur le rivage de Rugen
le plus élevé vers le nord, fut détruite par Woldemar,
roi de Danemark, en 1168; & la mer en 1309 fit
perdre à l'autre extrémité de cette île une partie de fon
étendue. Les Wilz paroiffent adjacens aux embouchures de l'Oder; & il eft remarquable, que dans ces
temps, & en ces quartiers reculés, & peuplés de nations qui n'étoient point encore civilifées, il foit parlé
d'une ville très-confidérable, fréquentée des étrangers
en grand nombre, entre lefquels des Grecs font
nommés, où le Chriftianifme n'avoit point pénétré
lorfqu'Adam de Brème écrivoit fon hiftoire des églifes
du nord, mais où Saint Otton, évêque de Bamberg,
fe rendit en 1128. Le nom de *Julinum* qui eft donné
à cette ville, s'eft confervé dans celui de Wolin, l'une
des îles que forme l'Oder par fes trois embouchures.
On peut eftimer avec quelque fondement, que la
domination de Charlemagne s'étendit fur les Wilz, à
dater de l'an 789. Mais, on ne peut dire avec Égin-
hard, que d'une manière vague, & plus avantageufe
qu'il ne convient en rigueur, que ce prince ait reculé
les limites de fon Empire jufqu'à la Viftule, puifqu'en
fixant des bornes à un évêché pour l'établiffement du
Chriftianifme chez les Slaves, il s'arrête à la rivière
de Pène, *ubi Pene fluvius currit in mare Barbarum.* Et il
en fut de même pour limite, dans l'érection d'un fiége
métropolitain à Hambourg fous Louis le Débonnaire.
Ce qui eft ultérieur ne fit un accroiffement réel au

royaume de Germanie, que fous les princes Saxons, dont le premier, ou Henri l'Oifeleur, trouva les Obotrites écartés de l'obéiffance, à laquelle il les contraignit de fe foumettre. Le nom de Poméranie ne s'étendit que plus tard à la partie qui eft citérieure à l'égard de l'Oder.

Une nation très-puiffante, les *Retharii* ou *Redarii*, qui felon la chronique de Sigébert fous l'an 931, armèrent deux cents mille hommes contre Henri l'Oifeleur, à leur très-grand défavantage, devoient occuper un efpace confidérable entre l'Elbe & l'Oder, au midi des Wilz & des Obotrites. Une ville nommée *Rethré*, à environ quatre journées de Hambourg, au rapport d'Adam de Brème, étoit chez cette nation le centre de l'idolâtrie ; & le nom de Star-gard, à l'extrémité du Meklbourg, vers la frontière actuelle de Poméranie, pourroit fonder une conjecture fur l'emplacement de cette ville, vu que ce nom défigne l'ancienne ville du pays, dans l'idiome propre à ce pays même, ou le Slavon. Les *Sorabi* compofoient une autre grande nation, qui placée fur l'un & l'autre bord de l'Elbe, étoit féparée de la Thuringe par la Sala. Une armée envoyée par Charlemagne en 806, foumit les Sorabes. Le gouvernement du pays fut confié à un comte commandant en Thuringe, & qui dans les annales de Fulde, fous les années 848 & 872, eft appelé *Dux Sorabici limitis*. Le duc tenoit fes plaids, ou rendoit la juftice aux Sorabes, dans un lieu nommé

Sartava, que l'on croit retrouver sous le nom de Shartau, un peu au - dessous de Magdebourg, sur la droite de l'Elbe. Si ce canton dans la Saxe est aujourd'hui ce qu'on connoît plus particulièrement sous le nom de Saxe, c'est que les Sorabes l'évacuèrent pour se retirer en Pologne ou en Bohème, vers le milieu du douzième siècle, pressés alors par Henri le Lion, duc de Saxe & de Bavière, & par Albert l'Ours, comte d'Ascanie, que l'empereur Conrad III investit de la Marche de Brandebourg. On fit passer dans le pays des familles Flamandes & Hollandoises, & un canton situé le long de l'Elbe jusqu'à la frontière de Bohème prit le nom de *Flamen-gaw.*

L'expulsion des Sorabes par les Saxons fit donner le nom de Marche orientale à la Misnie & à la Luface, dont le nom vulgaire de Laufitz vient de *Lufici* ou *Lufitzi,* comme on lit dans Dithmar de Merfbourg. Pour connoître quelle fut en différens temps, & à diverses reprises, l'état de cette frontière de la Germanie, dans le pays qu'avoient occupé les nations Slavones, il faut remarquer, que ce qui est appelé actuellement *Alte-mark,* ou vieille marche, en deçà de l'Elbe, ou sur sa rive gauche, au nord de Magdebourg, est précisément un indice des limites dont étoit borné le royaume de Germanie avant le règne de Henri l'Oifeleur, & de son fils Otton le Grand. Il fut même nécessaire pour se soutenir ainsi sur cette frontière, que Henri réduisit de nouveau les Sorabes

révoltés, de même que les Bohèmes. Otton est regardé comme le fondateur de Magdebourg vers l'an
967, quoique le lieu fut connu comme étant un domaine royal dès le temps de Charlemagne. Mais,
Otton en fit une métropole, & lui donna des suffragans. Entre ces siéges suffragans, Havelberg, & Bren-
neburg (ou Brandebourg) appartiennent à une Marche
ultérieure, qui n'est appelée aujourd'hui *Mittel-mark*, ou
Marche du milieu, que par l'établissement postérieur
d'une troisième plus reculée sous le nom de *New-mark*:
& ces différentes Marches témoignent ce que l'étendue du royaume de Germanie fit de progrès successifs,
en prenant du terrein sur les nations Slavones. On
peut même remarquer, qu'un fond de despotisme dans
le gouvernement de ces Marches reculées, témoigne
une distinction d'avec les États, dont la constitution
est plus Germanique.

Les armes de Charlemagne pénétrèrent en Bohème
l'an 805, sous le commandement de son fils aîné
Charle. Ce qui avoit été remarqué par Tacite sur le
nom de *Boiohemum*, donné au pays par les Boïens,
Gaulois de nation, savoir, que ce nom avoit subsisté,
nonobstant l'établissement d'un autre peuple, ou des
Marcomans, *quamvis mutatis cultoribus*, se répète encore sous une troisième nation, laquelle étoit Slavone.
Il est à propos de rapporter ici ce qu'on lit dans les
annales du règne de Charlemagne : *eodem anno (DCCCV)
misit imperator exercitum suum, cum filio suo Carolo, in terram*

Slavorum, quæ Beheim vocatur, qui omnem eorum terram depopulatus, ducem eorum, nomine Lechonem, occidit. Or, il peut paroître singulier, que des histoires particulières de Bohème, écrites sur des traditions & sans dates dans leurs récits, ne fassent aucune mention de ce dont il s'agit; & de trouver même ici le nom de Lechus, que les origines Polonoises revendiquent, & de n'y pas trouver plutôt celui de Czechus, qui paroît appartenir à la Bohème. Mais, rien ne semble plus incertain que ce que Dubravius, évêque d'Olmütz, & Æneas Sylvius, qui fut le pape Pie II, rapportent de la migration d'une bande de Croates, qui prirent établissement en Bohème, ce qui peut dispenser de s'y arrêter. Il faut même remarquer ici, que selon des révolutions dont on est instruit par l'histoire, une partie de la Bohème, & la Moravie opposée au Noricum, étoient occupées dans le cinquième siècle par une nation, qui de son nom faisoit donner celui de *Rugiland* à ce canton de pays, que les Lombards envahirent, avant que de s'établir en Pannonie, comme ce qui concerne l'Italie nous donnera lieu de le rapporter.

Passons à une autre nation de Slaves, qui s'étoit mise en possession de l'ancienne demeure de la nation Germanique des *Quadi.* La rivière de *Marus* ou *Maharus,* qui traverse ce pays, pour se rendre dans le Danube près de la ville de Poson à la frontière de Hongrie, fait distinguer ces Slaves par le nom de *Maharenses.* C'est du nom actuel de Morava, dérivé du primitif, que s'eſt formé celui de Moravie, ſelon qu'il eſt employé dès le dixième ſiècle dans Conſtantin Porphyrogénete. Selon la forme Germanique de ce nom, qui eſt *Mahren*, l'aſpiration eſt conſervée. On lit dans la chronique d'Hermann ſurnommé Contractus, ſous l'an 845, que Louis le Germanique ayant ſoumis les Moraves, *Maharenſibus Sclavis compreſſis*, leur donna un duc nommé Raſtizés ou Raſtiſlas, qui ayant affecté le titre de roi, & coupable de rébellion à pluſieurs repriſes, fut pris & eut les yeux crevés en 870, ſelon l'annaliſte de Fulde. Les Moraves avoient enſuite, & vers la fin du même ſiècle, un prince qualifié de roi, & très-puiſſant, nommé Zwatopolug, ou ſelon nos écrivains Zuentibolch. On apprend de Reginon abbé de Prum, chroniqueur de ce temps-là, qu'Arnoul, ſucceſſeur de Charle le Gros en Germanie, fit don au prince de Moravie de la Bohème, qui juſque-là avoit été gouvernée par des ducs, ſous la ſouveraineté de l'Empire François établi par Charlemagne : *Arnulphus conceſſit Zundebolch, Maharenſium Sclavorum regi, ducatum Bohemenſium, qui hactenùs principem ſuæ cognationis ac gentis ſuper ſe habuerant, Francorumque regibus fidelitatem promiſſam inviolato fœdere conſervaverant.* Il en réſulta que les Bohèmes ſe ſoulevèrent, & qu'un accroiſſement de puiſſance porta le prince Morave à la révolte contre Arnoul, qui ſelon Sigébert, entrant en armes ſur les terres du rébelle, engagea les Huns d'y faire irruption d'un autre côté. Ces Huns étoient préciſément les Hongrois d'aujourd'hui, ou les Magiars, comme ils fe nomment eux-mêmes, & dont il eſt grande mention fous le nom de Turcs dans Conſtantin Porphyrogénete. Cette nation quittant une demeure qu'elle avoit fur le Don vers le haut de fon cours, comme on peut s'en inf-truire dans un Mémoire particulier à la fuite de cet ouvrage, étoit entrée dans le pays d'Erdel, qui eſt la Tranſilvanie, dès l'an 744, felon les annales Hongroiſes de Thwrocz; & ce fut en 989, felon Réginon, qu'elle fe répandit dans le pays que le Porphyrogénete appelle la grande Moravie. Dès-lors la Moravie put être reſ-ferrée dans des bornes plus étroites, & avec du rapport à ce qu'elle eſt aujourd'hui. Les Polonois s'en rendi-rent les maîtres, & elle leur demeura juſqu'au onzième fiécle, qu'elle fut unie au duché de Bohème.

POLONIA, & BOHEMIA.

Ce qui intéreſſe la Germanie, & une partie de fes limites, demande qu'il foit parlé de la Pologne. Entre diverfes interprétations que l'on propofe fur fon nom, il n'y en a point d'auſſi plauſible que celle qui fe tire du terme de *Pole*, en ce que dans la langue de la nation il fignifie Plaine, déſignant ainſi préciſément ce qui diſtingue ce pays, qui du pied des montagnes Sarma-tiques, ou Baſtarniques, s'étend en vaſtes campagnes dans un efpace prefque fans bornes. Les Polonois fon't vraiment de race Slavone, mais non pas dans toute l'étendue que prend le nom de Pologne en général.

Un

Un fond de langage vulgaire en Lituanie, Samogitie, Pruſſe, très-différent du Slavon, dénote infailliblement un autre peuple, dans l'idiome duquel on remarque beaucoup de mots dérivés du Latin.

On voit d'abord, & aſſez long-temps, les Polonois gouvernés par des ducs. Les premiers ſiècles de leur hiſtoire ſont obſcurs & peu certains, ce qui ſemble commun à toutes les nations. Cette hiſtoire n'a eu que des écrivains très-poſtérieurs à ces temps-là, & depuis le treizième ſiècle, lorſque la Pologne ne re-connoiſſoit plus la ſupériorité de l'Empire. Une ſuite d'annales, par des auteurs contemporains, ou aſſez voiſins des temps dont ils parlent, donnent ſur ce point-là un avantage à la Germanie, qui manque à la Pologne, où la Littérature a commencé plus tard qu'en Germanie, qui ſur cet article peut remonter juſqu'au règne de Charlemagne. La première expédition contre les Polonois eſt du règne d'Otton le Grand. Henri le Saint, à qui Miſico, dont le nom chez les Polonois eſt Micziſlas, fut ſoumis, *imperiali ſubditus ditioni*, ſelon les termes de Dithmar, évêque de Merſbourg *(lib. II)* eut beaucoup de peine à réduire Boliſlas, fils de Miſico. La fondation de l'égliſe de Gneſne, primatiale en Pologne, eſt rapportée à Otton III, prédéceſſeur de Henri, par Dithmar, comme étant de l'an 999, & du temps même de Boliſlas. Conrad le Salique fit rentrer les Polonois dans un même état de ſoumiſſion; & les témoignages de l'évêque de Merſbourg, de

F

Wippon, d'Otton de Frisingue, ne permettent pas de douter, que les empereurs Germaniques comptèrent les ducs de Pologne entre les princes dont ils reçurent des devoirs de soumission. Les historiens Polonois n'en conviennent pas, & Cromer évêque de Warmie, le plus estimable de ces historiens sans contredit, se montre partisan de la Pologne sur cet article. Il est hors de doute néanmoins, qu'on ne peut dater avec précision, & sans équivoque, l'établissement de la royauté, & de toute indépendance en Pologne, que du règne de Premislas, élu par les Polonois en 1295.

Ce qui composoit le duché de Pologne ne passoit guère la Vistule, qu'en y comprenant la Mazovie, qui même formoit un duché particulier. La Russie qui est devenue Polonoise entre la Vistule & le Borysthène, ou Dniéper, avoit ses ducs, ainsi que la Lituanie. Mais, la Pologne embrassoit d'un autre côté la Silésie, jusqu'aux frontières de la Bohème. La Poméranie, & ce qu'on appelle Nouvelle marche sur les bords de l'Oder, y étoient annexées. Il faut observer que la Silésie, que de grandes forêts séparent de la Pologne proprement dite, fit un duché, lorsque l'empereur Fridéric Barberousse obligea le duc Bolislas de Pologne, de céder ce pays à son frère Uladislas. L'empereur Charle IV, qui fit son affaire principale d'agrandir son royaume de Bohème, s'autorise dans son diplome d'union à perpétuité du duché de Breslaw, ou de Silésie, à la couronne de Bohème, en date de l'an 1355, d'un acte

émané de l'empereur Rodolfe de Habfpourg, pour
dire que ce duché relevoit antérieurement *(ab antiquo ,*
comme il s'explique) de cette couronne. Nous avons
vu que la Moravie avoit été annexée à la Bohème. La
haute Luface lui fut concédée par l'empereur Henri IV
en 1076. Quoiqu'on voye de bonne heure plufieurs
ducs de Bohème être qualifiés du titre de roi, cependant, la royauté ne fut attachée à la Bohème pour
être permanente, que par l'empereur Philippe de Suabe,
en 1199. Il n'eft pas équivoque, que par une fuite de
la conquête du pays, fous le règne de Charlemagne,
comme on l'a vu précédemment, cet État ne fut
tenu en fief des empereurs Germaniques, & fujet aux
charges de l'Empire. Le duc Brzétiflas premier du
nom, & fes vaffaux, reconnurent formellement la fupériorité de l'Empire en 1042. C'eft depuis le règne
de Frideric fecond, que la Bohème s'eft affranchie
infenfiblement de fes devoirs à l'égard de l'Empire,
en confervant néanmoins la prérogative, qu'elle tenoit
d'Otton IV, en l'an 1208, du droit de fuffrage dans
l'élection de l'empereur, avec la préféance fur les
autres Électeurs laïques. L'ancien droit d'inveftiture
qu'avoient les empereurs, ne pouvoit guère fubfifter
avec la forme élective établie dans ce royaume. On
peut dire que les guerres, que la nation a foutenues
pour une liberté de confcience, ont étendu cette liberté jufque dans la conftitution de l'État, ce qu'on
fait être du quinzième fiécle, & du règne de l'empereur

Sigifmond. L'ufage du langage Slavon chez le peuple, eft une autre diftinction dans ce pays d'avec le pays Germanique, & les villes y ont un double nom dans des idiomes différens, dont l'un eft Slavon, l'autre Tudefque; & il en'eft de même en Moravie.

C'eft ainfi qu'on pourroit terminer ce qui concerne les nations Slavones ou Vénèdes en Germanie. L'article fuivant donnera lieu néanmoins d'en faire paroître une peuplade particulière, & nous rapporterons encore ici, que dans un diplome de Louis le Débonnaire, on trouve des *Moin Winidi*, & des *Radanz Winidi*, ce qui défigne des Vénèdes placés dans les environs du Mein, & de la rivière de Régnitz, qui s'y rend au-deffous de Bamberg en Franconie. On lit dans un titre de Fulde, *juxta Moin fluvii ripam, in regione Slavorum*; & un *pagus* fous le nom de *Radinfpowe*, eft pareillement appelé *regio Slavorum*. En trouvant des bandes de Vénèdes ou Slaves établies en ce canton fous le règne de Louis le Débonnaire, il y auroit lieu de préfumer qu'elles y avoient été tranfportées dans les guerres entreprifes par Charlemagne pour foumettre les différens peuples entre lefquels un même fond de nation étoit partagé.

BOIOARIA.

On eft affez prévenu, que l'ancienne Germanie étoit limitée vers le midi par le Danube, qui la féparoit des provinces Romaines de Rhétie, Noricum,

& Pannonie. Les temps de la domination Françoise ont fait étendre ce nom jusqu'à la chaîne des Alpes, & ce qui s'est appelé *Boioaria* faisoit la partie princi- pale de cet accroissement. On ne sauroit se dispenser de reconnoître dans cette dénomination le nom des *Boii,* qui obligés de céder aux Marcomans, commandés par leur roi Maroboduus du temps d'Auguste, le pays auquel leur nom demeura dans celui de *Boio-hemum,* ne paroissent que déplacés, étant poussés vers le Da- nube, en des cantons où ils pouvoient rencontrer d'autres Boïens, Gaulois d'origine comme eux, & qui avoient pénétré dans le Noricum. Le nom d'usage dans le pays est *Bayer,* & c'est d'après le latin *Bavaria* que nous disons Bavière. Le Leck bornoit ce pays du côté de la Suévie, comme il sépare encore la Bavière d'avec la Suabe. D'un autre côté, ce qui étoit Boïarie s'étendoit jusqu'à la rivière d'Ens, *Anisus* ou *Anesus,* un peu au-delà des limites actuelles de la Bavière, en empiétant sur ce qui est Autriche. C'étoit la frontière des Avares ou Abares, dont nous aurons à parler. Ne doutons point que ce qui est au nord du Danube, entre la Franconie & la Bohème, ne fît partie du même pays, comme cette partie y est encore comprise. Dans ce qui s'étend ainsi au nord du Danube, la Bavière occupoit tout ce qui lui est resté jusqu'au district d'Égra, aujourd'hui annexé à la Bohème. Cette partie étoit distinguée par un nom convenable à sa situation, ou *Nord-gowe,* comme il en est mention dans le testament de Charlemagne, de l'an 806, comprenant ce pays dans le partage de son fils aîné Charle : *partem Bauariæ, quæ dicitur Nortgowe, Carolo concessimus.* Ce qu'on lit dans une lettre d'Eginhard, que la France orientale, *Austria,* est limitrophe de la Bavière, doit paroître très-convenable.

Il y a lieu de croire, que Théodoric, roi des Ostrogoths en Italie, ayant possédé les Rhéties, comme on l'apprend de Cassiodore, ce prince devoit occuper une partie de la Boïarie. Ce ne fut vraisemblablement qu'après sa mort, qui est de l'an 526, que Théodoric ou Thiéri, roi d'Austrasie, qui vécut jusqu'en 534, s'agrandit dans le même pays, où la première des loix est autorisée de son nom. Charle-martel y porta la guerre en 725 & 728, selon le témoignage de nos chroniqueurs. Cependant, comme on ne voit point la Boïarie dans le partage des provinces entre Pépin & Carloman, enfans de Charle-martel, on pourroit en inférer, que ce pays n'étoit point entièrement assujetti. Il le fut par la défaite du duc Odilon : & on lit dans les annales de Metz sous l'an 743, qu'un envoyé du pape, chargé d'interdire toute guerre contre Odilon, reçut pour réponse à sa déclaration, que la Boïarie, & les Boïariens appartenoient à l'Empire des François ; *Boiariam, Boiariosque, ad Francorum imperium pertinere.* Tassillon, fils d'Odilon, rendit hommage à Pépin en 757, & à Charlemagne en 781. Dépouillé de son duché en 788, le gouvernement du pays fut confié à des comtes : *neque provincia,* dit Eginhard dans la vie de Charlemagne, *quam tenebat Taffilo, ulterius duci, fed comitibus, ad regendum data eft.* Louis le Débonnaire donna la Bavière de fon vivant, fous le titre de royaume, à fon fils Louis, qui dans la fucceffion de fon père ayant eu la Germanie en partage, eft furnommé le Germanique. La Bavière eut enfuite des ducs.

Nous avons vu que ce pays étoit limitrophe des Avares. Les *Avares* étoient des Scythes *Hamaxobites* (ou vivant dans des chariots) au-delà du Caucafe, comme en parle Evagre, & qui font appelés Ogors dans quelques autres écrivains Byzantins. Le nom des Huns avoit fait tant de bruit fous Attila, que d'autres peuples qui leur ont fuccédé dans le pays qu'ils avoient pris pour demeure, ont été défignés par le même nom, ce qu'on voit fubfifter encore de nos jours dans le nom que porte la Hongrie. La puiffance des Huns ne dura néanmoins qu'autant que vécut Attila, dont la mort eft de l'an 454; & ce qu'on croit reconnoître comme un refte de la nation dans un coin de la Tranfilvanie, y eft diftingué fous le nom de Szek-hel, ainfi qu'on peut voir dans le Mémoire cité précédemment, & dont cet ouvrage fera fuivi. Le prince qui commandoit aux Avares, eft appelé le *Cagan* dans les écrivains du bas Empire, d'après la forme Scythique, ou Tartare, de *Kh-han,* très-difficile à prononcer parmi nous. Les Avares fecondèrent les Lombards dans une guerre contre les Gépides, nation Germanique, qui après la chute des Huns, s'étoit mife en poffeffion d'un pays fitué fur le bas Danube, & couvert par les montagnes qui bornent la Valakie d'aujourd'hui du côté du nord. Ce pays tomba au pouvoir des Avares, qui même remplacèrent les Lombards dans la Pannonie, lorfque ceux-ci l'évacuèrent pour entrer en Italie l'an 568. Leurs armes s'étendirent plus loin, puifqu'ils furent en guerre avec Sigébert, roi d'Auftrafie, fils de Clotaire premier. Selon l'auteur des geftes de Dagobert premier, fous la feptième année du règne de ce prince, ou l'an 636, les Avares & les Slaves furent foumis à fa domination. Les Slaves dont il eft ici mention, pouvoient être contigus aux Avares vers le midi, fur les confins de la Boïarie, & nous aurons occafion d'en parler ailleurs, au fujet de la frontière du royaume d'Italie fous Charlemagne. Mais une guerre, que des conteftations fur les limites, en 790, firent naître, caufa la ruine des Avares. Charlemagne s'y porta en perfonne, l'année fuivante, & s'avança jufqu'à l'entrée du Raab dans le Danube. Pépin, roi d'Italie, chargé par fon père de la continuation de cette guerre, pénétra en 796 jufqu'à la réfidence du Cagan, & les Avares furent pouffés au-delà de la Teiffe, *Hunnis trans Tifam fluvium fugatis.* Cette réfidence du prince des Avares étoit un camp, formé en ligne circulaire, felon l'interprétation convenable au terme *Ring* ou *Hring,* par lequel il étoit défigné. On y trouva de très-grandes richeffes, accumulées pendant environ deux cents trente

ans

ans par les Avares, qui avoient autant qu'aucune autre des nations barbares, tiré de grosses contributions de l'Empire Grec.

La guerre contre les Avares ayant été terminée en huit campagnes, on peut être surpris de voir dans les annales du règne de Charlemagne sous l'an 805, c'est-à-dire six ou sept ans après la conquête, que le prince de la nation *(Cacanus princeps Hunnorum)* supplie Charlemagne de lui accorder des terres entre *Sabaria* & *Carnuntum* (Sarvar, & l'ancien emplacement de Carnunte près du Danube au-dessous de Vienne) pour que ses sujets ne fussent plus exposés, comme ils l'étoient dans leur demeure, aux incursions des Bohèmes. C'est que des dissentions domestiques ayant divisé les Avares en plusieurs partis, (ce qui avoit contribué à leur perte) l'un de ces partis s'étoit donné à Charlemagne; à quoi il est à propos d'ajouter, que les Bohèmes n'étoient point soumis avant la même année 805, comme on peut le remarquer dans ce qui précède sur ce qui les regarde. Cependant, le pays jusqu'à l'entrée de la Drave dans le Danube, fut ajouté à la Boïarie, & soumis quant au spirituel, à la juridiction de l'archevêque de *Juvavum,* ou de Salsbourg. La contrée se trouvant fort dénuée d'habitans, on y fit passer des colonies, non-seulement de Boïariens, mais encore de Vénèdes, & nous retrouvons un indice de cette peuplade de Vénèdes en ce qu'on appelle *Windisch-mark,* dans le voisinage de la Save en Carniole.

G

La langue Slavone y eſt encore d'uſage, & en pluſieurs lieux de la Stirie. Il faut dire que la Drave même ne bornant pas la domination Françoiſe, elle s'étendit juſqu'à la Save ; & on voit dans Nicétas, que le canton de l'ancienne Pannonie qui renfermoit *Sirmium*, étoit appelé *Franco-chorium*. Les Gépides dépouillés de leurs poſſeſſions par les Avares, avoient été maîtres de *Sirmium*. Sous Louis le Débonnaire, des Abotrites établis ſur le Danube, aux confins de l'ancienne Dace, vers le bas de la Teiſſe, ne furent pas les ſeuls qui reconnurent la ſouveraineté de cet empereur dans ces cantons reculés. Un prince Bulgare, nommé Borna, qualifié *dux Guduſcanorum & Timotianorum*, ſe rendit en 818 à Herſtal près de Maſtriċt, pour le même ſujet. Or, les environs du Timok, que reçoit le Danube ſur ſa rive méridionale, dans la Mœſie ſupérieure, ont encore de nos jours un peuple appelé *Timoʒani* ; & un lieu contigu nommé Kutskain, nous fait retrouver le nom de *Guduſcani*, employé dans Eginhard.

Des ſoumiſſions venues de ſi loin ne pouvoient être que momentanées, & convenables ſeulement à un temps où l'Empire établi par Charlemagne n'avoit rien perdu de ſa puiſſance. Mais nous avons vu, que cette grande extenſion de pays attribuée à la Boïarie, étoit devenue Moravie ſous le roi Zwatopolug ou Zuentibolch, du temps qu'Arnoul régnoit en Germanie. Nous avons encore rapporté, comment l'entrée des Magiars, ou Hongrois d'aujourd'hui, ſur les terres du prince

Morave, les rendit maîtres de toute la contrée. La
nation connue autrement fous le nom d'*Ugri* ou *Ugrizi*,
eft la même ; & cette race barbare porta le fer & le feu
dans les incurfions qu'elle fit non-feulement en Germanie, mais en France & en Italie, jufqu'à ce que
terraffée par les armes de Henri l'Oifeleur, dans une
grande bataille près de Merfbourg, elle fut plus contenue dans fes limites. Ce qui reftoit de la conquête
faite par Charlemagne fur les Avares, prit le nom de
Marchia orientalis, & l'Autriche *(Ooft-rick)* qui eft cette
marche, n'eut que des marquis, feudataires même des
ducs de Bavière, jufqu'au règne de l'empereur Fridéric
Barbe-rouffe, qui en 1156 érigea l'Autriche en duché
relevant immédiatement de l'Empire. On fait que la
très-illuftre maifon, qui tire fon origine la plus conf-
tante des terres Alémanniques de l'Helvétie, & qui
par des mariages avantageux depuis le quinzième fiècle
fembloit accumuler les couronnes, n'a été mife en
poffeffion de l'Autriche qu'en 1283. La Stirie, la
Carinthie, la Carniole, avoient été détachées de la
marche de Frioul en Italie par l'empereur Louis le
Débonnaire, pour être comprifes dans le royaume de
Germanie, de quoi Lothaire fon fils aîné, à qui le
royaume d'Italie étoit deftiné avec l'Empire, avoit été
très-bleffé. Arnoul fils naturel de Carloman, fils aîné
de Louis le Germanique, eft qualifié duc de Carinthie,
comme ayant commandé dans ces provinces, avant
que de fuccéder en Germanie à l'empereur Charle le

Gros. Otton le Grand inveſtit en 951 ſon frère Henri, duc de Bavière, de la Carinthie, unie à la marche de Vérone en Lombardie. Dans l'érection de l'Autriche en duché, celui de Carinthie fut détaché de la Bavière; & par défaut de ducs en cette partie, la Carinthie & la haute Carniole furent unies à l'Autriche, lorſque l'empereur Rodolfe de Habſpourg en pourvut Albert ſon fils, du conſentement des États de l'Empire. C'eſt par-là qu'on peut mettre fin à la circonſcription des limites de la Germanie, comme à l'examen des différentes parties dont ce royaume fut compoſé dans la durée de pluſieurs ſiècles, depuis celui où Charlemagne avoit élevé la monarchie Françoiſe au plus haut point de ſa grandeur.

IL EST néanmoins à propos avant que de terminer cette ſection concernant la Germanie, d'ajouter quelques obſervations générales ſur des points qui s'étendent à ſon univerſalité. Les principaux membres dont le royaume de Germanie étoit compoſé, ſont préciſément déſignés dans la chronique de Réginon, ſous l'an 952, au ſujet d'une diéte tenue à Augſbourg: *in conventu Francorum, Saxonum, Bauariorum, Alemannorum;* & l'ordre gardé dans cette énumération eſt à conſidérer, en même temps qu'on peut reconnoître, que ces grands noms de nations Germaniques ſont en effet ceux qui ont dominé dans notre deſcription. Si le premier rang que la Bohème prend actuellement dans l'Empire, fait trouver extraordinaire qu'elle ne tienne ici aucune place, c'eſt qu'alors ſous les empereurs Saxons, elle figuroit moins qu'elle n'a fait depuis, en ne tenant que plus librement, & avec des diſtinctions particulières, au corps de ce grand État. Il faut dire que dans Réginon, le nom de *Langobardorum* eſt ajouté aux précédens, parce qu'en cette diéte impériale il étoit queſtion d'une inveſtiture du royaume d'Italie. Mais, nous trouvons ici l'occaſion d'obſerver, que ce qui pourroit faire la matière d'un détail circonſtancié, ſur les grands titres de duchés, qui figurent dans l'hiſtoire des dix, onze & douzième ſiècles, tels que ceux de Franconie, de Saxe, de Bavière, de Suabe, correſpondans comme il paroît à ce qui précède, n'eſt pas aſſez connu, pour qu'on ſoit en état d'en déterminer le domaine particulier. Ce qu'on peut avancer généralement parlant, c'eſt que ce domaine ne répondoit pas à toute l'étendue de la contrée dont les titres empruntoient le nom. La ſucceſſion héréditaire n'y paroît pas même auſſi conſtamment établie, qu'elle le devint en France, par la révolution qui fit paſſer la royauté dans la maiſon Capetienne, & moins encore à l'égard de la poſſeſſion actuelle des États particuliers que renferme l'Empire. Les rois de Germanie dans l'inveſtiture des grands fiefs dont il s'agit, s'y réſervoient des domaines & des droits, dont la régie étoit confiée à des comtes ſurnommés Palatins, ce qui fait qu'une même province ſe rencontre ſous différens titres, & ce qui

même en quelques occurrences a donné lieu à des
changemens arrivés dans ce que les mêmes titres pouvoient repréfenter. Le paffage de ces titres & de leurs
prérogatives d'une maifon à une autre, pouvoit apporter
des variations dans les domaines. La maifon qui domine
en Saxe, y a été précédée dans ce premier rang par
plufieurs autres, depuis Henri l'Oifeleur & les Ottons,
n'ayant été inveftie du duché qu'en 1423. Dans la
maifon qui porte le nom de Bavière, le titre de duché
eft de la fin du douzième fiècle. Celui de Franconie
n'exifteroit plus, fi les évêques de Bamberg & de Wirtz-
bourg ne le prenoient en concurrence dans le Cercle
qui conferve ce nom. Quant au titre de Suabe, qui
repréfente l'Alémannie, & qui diftingua une maifon
éteinte dans le treizième fiècle après avoir tenu l'Empire pendant plufieurs générations; il fut conféré par
l'empereur Rodolfe de Habfpourg, (qui étoit vraiment
Alémann d'origine) à fon fils aîné Rodolfe, qui n'a
point fait lignée, dans laquelle ce titre fe foit perpétué.
L'établiffement du Chriftianifme, & la fondation des
évêchés en pays de conquête, avoit procuré de grands
domaines à l'Églife, & des principautés, dans le pays
Saxon foumis par Charlemagne; & il en fut à peu près
de même chez les Slaves, fous les empereurs de la
maifon de Saxe. S'expliquer fur ces différens objets
avec plus de circonftances, ce feroit embraffer la matière d'un ouvrage particulier fur la Germanie feule, &
defcendre à des temps poftérieurs à ceux dans lefquels

on fe renferme ici. Il ne fauroit donc y être queftion d'une divifion de l'Empire, qui n'eft pas plus ancienne que le règne de Maximilien premier, au commencement du feizième fiècle, & par laquelle le nombre des *Cercles* fut d'abord de fix, & enfuite multiplié jufqu'à dix, felon qu'il a continué d'exifter.

Mais, ce qui peut convenir précifément à notre ouvrage actuel, à ce tableau de la Germanie dans les fiècles qui ont fuccédé aux temps de l'antiquité, c'eft de confidérer l'afpect bien différent de celui d'un pays trifte, & mal cultivé, d'une terre hériffée de forêts, ou falie par des marécages, comme Tacite la repréfente ; *deformem terris, afperam cœlo, triftem cultu, afpectaque ; terram aut filvis horridam, aut paludibus fœdam.* Les anciens Germains n'habitoient point de villes, ne fouffroient pas même de contiguité dans leurs habitations, *ne pati quidem inter fe junctas fedes.* Chacun fe choififfoit une demeure, felon qu'une fontaine, un champ, un bocage, lui étoit agréable ; *ut fons, ut nemus, ut campus placuit.* La Germanie n'eft donc plus le même pays à cet égard. Ce qui étoit Suévie & Boïarie fous les princes de la maifon de Charlemagne, avoit des places, où l'on pouvoit fe croire en fûreté dans les cas d'invafion de la part des Avares ou des Huns ; & ces provinces adjacentes au Danube, confervoient d'anciennes villes, qui avoient fubfifté depuis l'extinction de la domination Romaine. Mais, dans la baffe Germanie, on ne connoiffoit guère d'autres villes que quelques fiéges d'églifes épifcopales ;

& on convient que c'eſt à commencer du règne de Henri l'Oiſeleur, c'eſt-à-dire du dixième ſiècle, que cette partie Saxone s'eſt peuplée de villes. La déſolation, dont une nouvelle race de Huns, de laquelle les Hongrois d'aujourd'hui ſont ſortis, vint affliger la Germanie, fit ſentir la néceſſité d'avoir des villes de défenſe. On remarque, qu'avant le règne de Louis de Bavière, & le commencement du quatorzième ſiècle, les rois ou empereurs Germaniques ſe tranſportant en différentes provinces, ne paroiſſent point avoir de réſidence fixe & de préférence, entre les villes où des affaires générales ou particulières les conduiſoient ſucceſſivement.

FRANCIA.

II.

FRANCIA.

EN traitant de la Germanie, nous avons vu l'origine du nom François dans la confédération de plusieurs nations Germaniques, qui habitoient le pays adjacent à la rive droite du cours du Rhin, vers sa partie inférieure. Ici, il doit être question de l'établissement, que ces nations réunies sous un même nom formèrent dans la Gaule. De foibles commencemens attirent l'attention, quand ils ont été suivis de progrès considérables. C'est ce qui peut donner lieu de rapporter ce qu'on lit dans Ammien-Marcellin *(lib. XVII)* que des Francs, qu'il étoit d'usage d'appeler Saliens, *Francos, quos consuetudo Salios appellavit,* s'étoient établis dans un canton de la Belgique : *osos olim in Romano solo, apud Toxiandriam locum, habitacula sibi figere prælibenter.* Les *Toxandri* font connus comme ayant occupé une partie du territoire des anciens *Menapii,* dans ce qui fait la partie septentrionale du Brabant; & le lieu actuel de Tessender-loo, dans ce qu'on appelle la Campine, paroît bien être le *Toxiandria locus.* L'historien nous apprend, que Julien commandant en Gaule avec la dignité de César, reçut

.H

cette bande de Francs à composition ; *dedentes se, cum opibus & liberis, suscepit.* Il faut néanmoins convenir, que jusqu'au cinquième siècle, les Francs dans leurs incursions eurent plus pour objet de piller le pays Romain, que de s'assurer de quelques possessions par des conquêtes. Ce qu'on trouve dans les Fastes consulaires de Prosper, sous l'an 428, qu'Aëtius, maître de la milice Romaine, fit perdre aux Francs ce qu'ils avoient occupé dans la Gaule près du Rhin, *quam (partem Galliarum propinquam Rheno) Franci possidendam occupaverant,* pourroit se rapporter au règne qui est attribué à Pharamond, mais que nos premiers historiens, Grégoire de Tours & Frédégaire, ne connoissent point. Un second avantage remporté également par Aëtius, fut suivi d'un traité de paix en 431, selon la chronique d'Idace. Clodion est le premier des rois de la nation Françoise, à qui l'on connoisse plus positivement un établissement dans quelque partie du nord de la Gaule. Selon Grégoire de Tours *(lib. I I)* il occupoit une place, *castrum,* dont le nom étoit *Dispargum,* d'où il envoya reconnoître les forces des Romains dans Cambrai. Cette résidence de Clodion, à portée de la frontière du pays Romain, comme le fait qu'on vient d'exposer doit en faire juger, étoit située *in termino Thoringorum.* Les opinions des Savans sont partagées sur sa position. Celle qui veut qu'on lise ici *Tungrorum,* n'est pas sans fondement, parce qu'il peut être plus convenable d'avoir dès-lors les yeux ouverts sur la Gaule, que de les tourner encore vers la Germanie.

Le lieu nommé Duyſborg, peu loin de Louvain, & qui conſerve les fondemens d'une ancienne fortereſſe, à laquelle Wendelinus & Chifflet, dans ce qu'ils ont écrit ſur la loi Salique, rapportent le *Diſpargum*, eſt bien *in termino Tungrorum*, duquel il eſt naturel de croire que notre hiſtorien fait partir Clodion, pour s'emparer immédiatement enſuite de Cambrai. Les *Tungri* ſont aſſez connus pour être une cité de l'une des deux provinces Germaniques de la Gaule, & limitrophe de la ſeconde Belgique, dans laquelle Clodion fait irruption en prenant Cambrai, & en s'étendant ſans tarder juſqu'à la Somme, *uſque Somonam fluvium*, ſelon ce qu'ajoute Grégoire de Tours. Ainſi, ce vers de Sidoine-Apollinaire,

> *Francus Germanum primum, Belgamque ſecundum*
> *Sternebat,*

pourroit déſigner Clodion, que l'on trouve nommément ailleurs, en lui faiſant parcourir les terres d'une cité de la même Belgique:

> *——Francus quâ Cloio patentes*
> *Atrebatum terras pervaſerat.*

On croit qu'Aëtius arrêta ces progrès, par une attaque imprévue dans ce même territoire d'Arras. Mérovée eſt plus diſtingué dans l'hiſtoire pour avoir donné ſon nom à la première race de nos rois, que par quelque notion circonſtanciée qu'on ait de ce qu'il poſſéda dans la Gaule. L'auteur d'une vie de Saint-Remi s'explique de manière en nommant ce prince, qu'il en faut conclure, que les conquêtes faites par Clodion dans la Belgique, *ufque Summum fluvium*, paffèrent à fon fucceffeur. La fépulture de Childéric, dont on a fait la découverte à Tournai, peut faire préfumer qu'il y avoit établi fa réfidence, & rendre raifon de ce qu'on lit dans la vie de Saint-Éloi, écrite par Saint-Ouen, que Tournai avoit été une ville royale, *extitit quondam regalis civitas*. Selon Grégoire de Tours, Childéric auroit livré quelques combats auprès d'Orléans, & après s'être rendu maître d'Angers, auroit chaffé des îles de la Loire les Saxons qui s'y étoient fortifiés, & qu'il faut croire être de ceux que nous avons dit ailleurs avoir formé vers le déclin de l'Empire, quelques établiffemens dans le pays maritime des Lionoifes. Nous donnons volontiers un pareil détail à ce qui intéreffe la monarchie Françoife dans fes commencemens.

Les Romains fe foûtenoient encore dans la quatrième Lionoife, ils s'étendoient jufqu'à la Loire, *ufque Ligerim*, dit Grégoire de Tours ; & Soiffons étoit la réfidence d'un général Romain. Le refte de la Gaule obéiffoit aux Vifigoths, & aux Bourguignons, les premiers dans tout ce qui s'étend au midi de la Loire, & les autres ayant fondé un royaume dans les provinces qui ont confervé leur nom, & dans la Viennoife. Clovis, à qui il étoit réfervé d'affermir les fondemens de l'établiffement de la monarchie Françoife, & d'en reculer les limites dans une des principales contrées de l'Europe, y trouva les chofes en cet état lorfqu'il parvint à la royauté vers l'an 482. Une victoire remportée fur Syagrius, qui régnoit en quelque manière dans la partie Romaine, le rendit maître de Soiffons, & du pays qui reconnoiffoit la fouveraineté de l'Empire. La défaite des Alemans à Tolbiac en 499, put être fuivie de l'avantage que trouva Clovis dans l'acceffion d'un peuple limitrophe des *Germains* (felon Procope, *Gothic. I*) qui habitoient vers le bas-Rhin, comme on peut l'inférer de ce qu'ils étoient adjacens à des *marais,* au rapport du même hiftorien. Il eft mention de ce peuple fous le nom d'*Arborichi,* que plufieurs Savans confondent avec celui d'Armorique. Les garnifons Romaines, qui fe trouvoient comme invefties fur cette frontière, entrèrent dans l'affociation, en confervant avec leurs enfeignes, les conftitutions civiles & militaires qui leur étoient propres, ce que Procope, à qui nous devons ces circonftances, témoigne fubfifter encore de fon temps, c'eft-à-dire avant la fin du fixième fiècle. Il eft très-vraifemblable, que c'eft de ce même peuple, qui devint François, que fortirent les *Riparii* ou *Ripuarii,* renfermés entre le Rhin & la Meufe, en la remontant vers la Rure. Ce diftrict fut dans la fuite un duché, & la loi qui porte le nom des Ripuaires fe diftingue de la loi Salique, non-obftant quelque conformité en plufieurs points. Les écrivains de nos jours, qui dans le nom des Arboriches ont cru voir l'Armorique, conduifent Clovis dans ce pays, pour foumettre les Bretons, qui s'étoient tout récemment établis dans la partie la plus avancée dans l'Océan. Mais, ſi on ſe rappelle, que Childéric s'étoit étendu juſqu'à ſe rendre maître d'Angers; ſi on eſt inſtruit d'ailleurs, que le Mans étoit au pouvoir d'un roi de la nation des Francs, que Clovis ſacrifia à ſon ambition, comme ceux qui réſidoient à Cambrai & à Cologne; il ne paroîtra pas néceſſaire de trouver dans des monumens hiſtoriques auſſi ſuccincts que nous les avons, qu'il ſoit parlé d'une entrepriſe particulière ſur ce que déſigneroit le nom d'Armorique. On aura peine à croire, qu'un prince auſſi jaloux que le fut Clovis d'agrandir ſa domination, ait négligé d'achever une conquête, dont la route étoit toute frayée: & dans ce qu'il conviendra d'écrire ſur la Bretagne ſpécialement, on la verra ſoumiſe aux enfans de Clovis, comme par une ſupériorité déjà établie.

Mais, une conquête bien plus conſidérable, ou celle du pays que tenoient les Viſigoths entre la Loire & les Pyrénées, fut le fruit de la victoire remportée près de Poitiers en 507 ſur Alaric, tué ſur le champ de bataille par Clovis même. Théodoric, qui régnoit ſur les Oſtrogoths en Italie, arrêta les progrès du vainqueur par une armée, qui fit lever le ſiége d'Arles, formé par Thiéri, fils aîné de Clovis. Ce qui entre les Alpes & le Rhône a conſervé l'ancienne dénomination de *Provincia*, vint alors au pouvoir de Théodoric; & parce qu'il exerça les droits de la ſouveraineté ſur les Viſigoths tant qu'il vécut, il joignit à cette poſſeſſion le pays qui entre le Rhône & les Pyrénées a porté le nom de Gothie, & dans lequel

les rois Vifigoths avoient tenu leur cour à Touloufe.
Il faut dire qu'en 508, la ville de Paris avoit été choifie
pour capitale d'un royaume, qui étoit déjà de grande
étendue. Celui des Bourguignons, que Clovis laiffa
fubfifter, fut conquis par fes enfans Childébert & Clotaire. On eft affez prévenu du partage de la monarchie
en quatre royaumes après la mort de Clovis, qui eft
de l'an 511 : on fait, que Paris, Orléans, Soiffons,
Metz, étoient les villes capitales de ces royaumes;
& qu'après Clotaire premier, fur la tête duquel ces
royaumes furent réunis, il y eut un égal partage de la
monarchie. Mais, on ne voit point d'intérêt à recher-
cher ce qui compofa chacun de ces royaumes en particulier, vu que des provinces fort disjointes les unes
des autres ne formoient point d'arrondiffement, & que
d'ailleurs ces partages n'ont laiffé aucune trace en
d'autres temps, comme celui des États de Louis le
Débonnaire entre fes trois enfans en a laiffé, qui de
nos jours fe font encore remarquer en quelques endroits. Il eft donc plus important actuellement de
commencer à faire connoître les principales parties
qui compofoient la France, dans un âge qui tient le
milieu entre les temps de la domination Romaine, &
les fiècles les plus voifins du temps préfent.

A U S T R A S I A.

L E nom d'*Auſtria*, ou d'*Auſtraſia*, eſt tiré de la langue Germanique (qui étoit celle des Francs) pour déſigner le pays oriental, comme il convenoit à celui dont il s'agit, par rapport aux autres parties de la monarchie Françoiſe dans l'étendue de l'ancienne Gaule. Si dans le partage entre les enfans de Clovis, on voit que des provinces en Aquitaine ſont annexées au royaume dont le ſiége étoit à Metz en Auſtraſie, il ne s'enſuit pas que le nom d'Auſtraſie doive s'étendre à ces provinces ſéparées par un grand eſpace, & quelques-uns de ceux qui ont écrit notre hiſtoire ſe ſont mépris, ou exprimés peu convenablement ſur ce ſujet. L'Auſtraſie bordant la rive gauche du Rhin, étoit limitée d'un autre côté, ſelon qu'on eſt inſtruit poſitivement qu'elle l'a été ſous le nom poſtérieur de Lotharingie, par la Meuſe & par l'Eſcaut. Une grande forêt, qui étoit nommée *Carbonaria,* ſéparant deux royaumes, *qui terminus utraque regna dividit,* comme on lit dans les annales de Metz, ſous l'an 690, ce qui déſigne la frontière du Hainau du côté de la Champagne, & que traverſoit la Sambre, ſervoit également de limite dans l'intervalle de la Meuſe & de l'Eſcaut; & la Voſge vers le midi bornoit ce grand pays ſur les confins de l'ancien territoire des *Sequani.* C'eſt ſelon cette limitation qu'il entra dans le partage de Lothaire, l'aîné des enfans de Louis le Débonnaire, & ſon ſucceſſeur à l'Empire, en

exceptant

exceptant néanmoins quelques villes, Maïence, Worms,
& Spire, cédées à Louis surnommé le Germanique,
propter vini copiam, pour que ce prince eut des vignobles,
dont il faut croire que la Germanie manquoit alors.
Lothaire partageant ses États entre ses trois enfans, l'an
856, donna au plus jeune nommé Lothaire, l'Austrasie,
qui fut appelée *Lotharii regnum,* d'où le nom *Lotharingia*
s'est formé depuis. C'est à tort que plusieurs chroniqueurs rapportent ce nom à l'empereur Lothaire même,
dont les États ne se bornoient pas à beaucoup près à
ce qui devint Lotharingie. On lit dans le partage que
Louis le Germanique & Charle le Chauve firent entre
eux de ce royaume en 870, *regnum quod Hlotharius
habuit.* Une partie de l'ancien royaume de Bourgogne,
qui y avoit été comprise, fut cédée par Lothaire à ses
frères, Louis roi d'Italie & empereur, & Charle qui
régnoit en Provence. Quant au partage dont on vient
de parler, le détail avec lequel il est donné dans une
pièce de ce temps-là, ne conviendroit que dans le cas
de vouloir déterminer en rigueur, d'après un grand
nombre de lieux dénommés, en quoi consistoit en son
intérieur comme sur ses frontières, le pays qui fut partagé. Mais, ce partage n'eut point de suite, puisqu'après
la mort de Charle le Chauve en 878, la partie du
royaume de Lothaire qui lui avoit été cédée, tomba en
880 au pouvoir de Louis, fils de Louis le Germanique.
Arnoul, qui succéda en Germanie à l'empereur Charle
le Gros, investit du royaume de Lothaire son fils naturel

I

Zuentibold, qui l'an 900 perdit la vie dans une bataille. Cependant, on voit Charle le Simple reconnu
dans le pays, & le posséder presque en entier vers l'an
912. Ce ne fut que par la nécessité où les factions
de Robert, frère du roi Eude, & de Raoul duc de
Bourgogne, réduisirent Charle de recourir au roi de
Germanie Henri l'Oiseleur, que celui-ci profitant de
la conjoncture, se fit céder en 922 le pays contesté.
Mais, cela n'empêcha pas Louis d'Outremer de recevoir les soumissions que le duc Gisebert, qui avoit
été très-affectionné à Charle le Simple, & plusieurs
autres seigneurs, vinrent lui faire en 939. Lothaire fils
de Louis, étant entré en armes dans le pays pour faire
valoir ses droits, cette entreprise fut suivie d'une entrevue avec Otton second en 977, & d'un traité
confirmé par serment de la part des deux rois, & des
seigneurs dont ils étoient accompagnés. Selon Guillaume de Nangis, Otton reçut alors *in beneficium*, en
qualité de fief mouvant, *Lotharingiæ ducatum.* Ce qui
pouvoit encore faire un sujet de guerre, savoir, comme
Paul-Emyle s'explique, *incertum adhuc Lotharingiæ jus,*
parut terminé en 1023, dans un congrès tenu à Ivois
sur la frontière, où les rois de France & de Germanie,
Robert & Henri second, se trouvèrent en personne.
On ne connoît au reste, aucune constitution spéciale,
par laquelle le *Lotharii regnum* étant possédé par les rois
de Germanie, ait été incorporé à leur royaume de
Germanie. Il paroît en leurs mains un État particulier,

que le laps de temps feul ne fait plus diftinguer comme un membre féparé.

La Lotharingie fut divifée en fupérieure & inférieure. La première étant traverfée par la Mofelle, eft auffi appelée *Mofellana*, & le cours de la Meufe dans la feconde pourroit de même la faire diftinguer par le nom de *Mofana*. Cette étendue de pays compofoit deux duchés, *Mofellanorum* & *Ripuariorum*, comme on les trouve défignés dans les annales de Saint-Bertin, fous l'an 839, ce qu'on remarquera être antérieur au règne de Lothaire, comme à celui de Zuentibold. Le nom de Lotharingie fe fait reconnoître en l'un & en l'autre de ces duchés. Dans la partie fupérieure ou Mofellane, que les Alemans appellent *Lotringen*, le nom actuel de Lorraine paroît dérivé de *Loher-règne*. Dans l'inférieure, *Lothier* eft un nom d'ufage, qui précède avec le titre de duché, celui de Brabant, qui n'y a même été joint que dans le treizième fiècle. Gerard d'Alface, que fes domaines patrimoniaux en Alface font ainfi furnommer, fut invefti du duché de Mofellane par l'empereur Henri III, l'an 1048, felon ia chronique de Sigébert; & de lui eft fortie la lignée des ducs de Lorraine. Mais, il eft à propos de remarquer ici, que le domaine direct fous un pareil titre, ne s'étant pas étendu à tout ce qu'une dénomination générale de pays, comme celle de Lotharingie fupérieure, comprenoit, le duché de Lorraine ne fait qu'un État principal en cette partie, ce qui rappelle ce que nous avons dit ailleurs fur les grands titres de Franconie, de Saxe, de Bavière, en Germanie. Il eſt arrivé en ce qui regarde la Lorraine, que les ducs ſe ſont ſouſtraits inſenſiblement aux devoirs, que les empereurs comme ſuzerains en Lotharingie pouvoient prétendre.

Pour ce qui eſt de la Lotharingie inférieure, Charle fils de Louis d'Outremer, ayant pris de l'empereur Otton ſecond en 977, ſelon Sigébert, l'inveſtiture de ce duché, cette démarche qui étoit préjudiciable aux droits de la couronne de France ſur la Lotharingie, le fit regarder comme étranger, & put contribuer à l'exclure de la ſucceſſion à cette couronne. Pluſieurs ſeigneurs iſſus des comtes d'Ardenne, furent inveſtis du même duché. Le dernier de cette maiſon, Godefroi le Boſſu, qui avoit été marié à la célèbre comteſſe Mathilde de Toſcane, eut pour ſucceſſeur ſon neveu le fameux Godefroi de Bouillon, qui partant pour la première croiſade en 1096, vendit la terre de Bouillon qu'il tenoit de ſa mère, à l'évêque de Liége. Le duché ayant été donné au commencement du ſiècle ſuivant, ou le douzième, à un comte de Louvain, on trouve pluſieurs ducs être appelés *Lovanienſes*, & leur ſucceſſion s'eſt ſoutenue juſqu'au milieu du quatorzième ſiècle. *Aquis-granum* (Aix-la-chapelle) qui avoit été, comme on ſait, la principale réſidence de Charlemagne, fut le ſiége de ce gouvernement ducal. Le *Brachbantum*, qui en faiſoit la plus conſidérable partie, & dont le nom paroît dès le ſeptième ſiècle, s'étendoit juſqu'à l'Eſcaut vers Tournai, comprenoit Gand, & conféquemment ce qu'on appelle la Terre d'Aloft, qui font actuellement partie de la Flandre. De là vient que les environs d'Anvers font une Marche, qui donne le nom au marquifat d'Anvers. La terminaifon du nom de Brachbant fe rencontre en plufieurs noms de pays ; elle défigne dans l'idiome Germanique, felon Wendelinus, une contrée qui fait limite fur une frontière, ce qui convient en effet dans la Lotharingie inférieure.

Nous ne terminerons point cet article concernant l'Auftrafie, fans parler de ce qu'elle prenoit fur l'Alémannie. Les *Alemanni,* comme il a été dit en traitant de la Germanie, s'étoient avancés fans être arrêtés par le Rhin, dans les terres de la Germanie première, en prenant fur la Gaule. Ils avoient même entamé la grande Séquanoife, & ce qui eft entre le mont Jura & la rivière d'*Urfa,* ou Ruff, étoit réputé Alémannie. *Elifatia* compofoit un duché, que les annales de Saint-Bertin fous l'an 839, placent entre le duché des Ripuaires & celui d'Alémannie. Il étoit compris dans l'Auftrafie, à laquelle le Sunt-gau, qui fait actuellement partie de la province d'Alface, appartenoit également, avant qu'il en fut détaché par Childébert premier, pour le joindre au royaume de Bourgogne.

NEUSTRIA, & FRANCIA.

Le pays qui s'étend de l'Efcaut & de la partie fupérieure du cours de la Meufe, jufqu'à la Loire, a été appelé *Neuſtria*, d'un nom que par oppoſition à celui d'*Auſtraſia*, on pourroit croire déſigner la plage occidentale, & c'eſt ainſi que les écrivains modernes, du moins la plupart, l'ont entendu. Mais, le terme dont ce nom eſt compoſé, ſeroit propre dans la langue Germanique comme dans la Romaine, à une terre nouvelle, ajoutée par acceſſion à une poſſeſſion antérieure ou plus ancienne. Ce qu'on lit dans Albéric de Troisfontaines confirme littéralement cette interprétation : *ſucceſſit (Dagoberto primo) filius ejus Clodoveus in Neuſtriâ, id eſt NOVÂ FRANCIÂ, per annos X V I I, vivente adhuc Sigeberto in Auſtraſiâ.* Il eſt aſſez évident, que dans les progrès qu'une nation ſortie de la Germanie au-delà du Rhin, pouvoit faire en deçà de ce fleuve, l'Auſtrie ou l'Auſtraſie dût devancer la Neuſtrie ; & on remarque que celle-ci eſt quelquefois diſtinguée de l'autre par le nom de *Francia* ſpécialement, & les *Neuſtraſii* des Auſtraſiens par le nom de *Franci*, quoiqu'autrement le même nom national devienne commun aux uns comme aux autres. On trouve enſuite, & du temps de la race Carlovingienne, une diſtinction entre *Francia* & *Neuſtria* : on reconnoît, que par une diminution dans l'étendue primitive de la Neuſtrie, *Francia media*, comme on lit dans le partage que fait Louis le Débonnaire entre ſes enfans, eſt un pays mitoyen entre la Neuſtrie d'un côté, & l'Auſtraſie de l'autre. La Seine paroît ſéparer deux diſtricts différens, ſelon ces termes, *inter Ligerim & Sequanam*, en ajoutant immédiatement, *& ultra*

Sequanam, &c. C'eſt en conféquence que nous avons un reſte de cette France dans ce qu'on appelle l'Iſle de France aux environs de la Seine, & particulièrement à la droite de cette rivière, dans un canton diſtingué par le nom de *France.*

On ſait qu'une partie conſidérable de la Neuſtrie adjacente à la mer, forma une province particulière, ſous le nom de *Nortmannia,* par la conceſſion que fit Charle le Simple à Rollon, qui entre les chefs qu'ont eu les Normans s'eſt plus diſtingué qu'aucun autre. Mais, on trouve de la diverſité ſur le temps auquel cette conceſſion doit ſe rapporter préciſément. Il eſt difficile de remonter ſur ce fait juſqu'à l'an 896, ſelon qu'Adrien de Valois le marque dans ſa Notice des Gaules. Quoi-que Charle le Simple ait été couronné par les ſeigneurs de ſon parti dès l'an 893, on ne peut guère le faire régner avant la mort du roi Eude en 898. Du Tillet, dans ſa chronique des rois de France, fixe l'inféoda-tion de la Normandie à l'an 912, & la date même de l'acte eſt reculée juſqu'en l'an 919, ſelon quelques mémoires particuliers. Il faut croire que Rollon étoit maître d'avance d'un pays, qu'on jugea devoir lui céder formellement, pour faire d'un ennemi un ſujet de la couronne. L'hiſtoire veut, que dépouillé de ſon domaine en Danemark, Rollon s'étoit retiré en Scan-dinavie, où il avoit raſſemblé aſſez de monde pour entre-prendre de ſe faire un établiſſement, qu'il fut très-capable de bien gouverner comme d'en acquérir la poſſeſſion.

Les brigandages exercés par les Normans dans les pays maritimes de France depuis la Frise, & dans des parties intérieures en remontant les grandes rivières, avoient commencé vers la fin du règne de Charlemagne. La foiblesse du gouvernement sous Louis le Débonnaire, & plus encore les guerres qui s'allumèrent entre ses enfans, mirent ces barbares en liberté de dévaster cruellement la France pendant près d'un siècle. Eginhard s'explique assez clairement sur la contrée d'où ils sortoient : *Dani siquidem*, dit-il, *& Sueones, quos Normanos vocamus*, occupent les rivages septentrionaux & les îles d'un grand golfe, qui de l'Océan occidental s'enfonce dans les terres vers l'orient. Adam de Brème, & Helmold, postérieurs de quelques siècles, mais très à portée d'être instruits sur ce sujet, ont cru ne pouvoir s'en expliquer plus convenablement que dans les mêmes termes qu'Eginhard. On trouve quelquefois les ducs de Normandie sous le titre de *comites*, sans préjudice de celui qui leur convient comme supérieur, & auquel même la conquête de l'Angleterre par le duc Guillaume en 1066, joignit le titre de la royauté.

Sous le règne de Charle le Chauve, le gouvernement de tout le pays qui s'étend depuis la Seine jusqu'à la Loire, & jusqu'à la mer, avoit été confié avec le titre de duc & de marquis de France, à Robert le Fort, de qui l'on sait qu'est sortie l'auguste maison, qui occupe le thrône depuis 800 ans. Ce gouvernement formé pour s'opposer aux courses des Normans, & aux entreprises

des

des Bretons, qui empiétoient fur cette frontière, paffa aux fils de Robert, Eude & Robert, & à fon petit-fils Hugue le Grand, fils de Robert. L'Anjou, qui en faifoit l'extrémité, fut inféodé à un comte par le roi Hugue-Capet, en y attachant la dignité de Sénéchal de France, *Majoratûs & Senefcalliæ.* Geofroi, furnommé Plantegenêt, comte d'Anjou & du Maine au commencement du douzième fiècle, ayant époufé l'héritière de Henri premier du nom, roi d'Angleterre, a fait la tige des Plantegenêts, rois d'Angleterre & ducs de Normandie. Son petit-fils Jean Sans-terre, étant devenu jufticiable de la cour des pairs de France, par le meurtre de fon neveu Artus, fils d'un frère aîné, les grandes poffeffions dont cette maifon jouiffoit en France, furent confifquées par Philippe-Augufte en 1203, ce qui a été fuivi d'un traité fait avec Saint-Louis l'an 1259, par lequel Henri III, roi d'Angleterre, renonça à fes prétentions fur la Normandie, & aux droits qu'il pouvoit exercer fur l'Anjou, dont avoit été pourvu dès l'an 1225, Charle frère de Saint-Louis, qui a fait la branche des comtes de Provence, rois de Sicile.

Ce qui peut faire reconnoître d'anciennes limites, mérite d'être obfervé. On a vu dans l'article précédent, comment le Brabant faifant la frontière de la Lotharingie inférieure, étoit féparé de la Flandre par l'Efcaut. Or, ce qui entre l'Efcaut & la Lys conferve dans le nom d'Oftrevant l'ancienne dénomination d'*Aufter-bantum,*

eſt encore un indice de cette limitation. Ce nom déſigne un terme oriental, & c'eſt par rapport à la Flandre.
La ville de Valenciennes traverſée par l'Eſcaut, a été
un ſujet de conteſtation entre les comtes de Flandre &
ceux du Hainau, & conſéquemment entre la France &
l'Empire, parce qu'elle eſt *in marchiâ Franciæ & Lotharingiæ,* comme on lit dans Sigébert, moine de Gemblou
dans le Hainau. La Flandre, dont au ſeptième ſiècle,
dans la vie de Saint-Éloi écrite par Saint-Ouen, il eſt
mention comme d'un diſtrict particulier, ſéparément
de ceux de Gand & de Courtrai, devint un comté de
grande étendue, depuis que Baudouin ſurnommé Bras-
de-fer, en eut été inveſti par Charle le Chauve, dont
il avoit enlevé la fille, & qui le reconnut pour gendre.
Le comté de Flandre s'étendoit juſque dans les îles
que renferment les deux bras de l'Eſcaut près de la
mer, & qui compoſent ce qu'on diſtingue de la Flandre
par le nom de Zée-lande (ou pays de mer). Des
annales de Flandre font mention d'un canal ouvert en
949, qui par cette date pourroit être l'ouvrage d'Otton
premier, ou le Grand, & pluſieurs auteurs Flamans en
parlent de même. Il ſeroit peut-être plus convenable de
l'attribuer à Otton ſecond, dans la vue de reſſerrer de
ce côté-là l'Auſtraſie, pour laquelle il eut des démêlés
avec Lothaire, roi de France, comme on l'a rapporté
précédemment. L'opinion veut, que ce canal ayant
été fort élargi par la mer en lui donnant entrée, eſt
l'Eſcaut occidental, qu'on nomme le Hont. Cependant,

en lifant dans la vie de Saint-Willebrord, écrite par
Aleuin, contemporain de Charlemagne, que *Walachra,*
ou Walkeren, la principale des îles Zée-landoifes,
eft *infula Oceani*, il faut en conclure que ce bras de
l'Efcaut, exiftoit plus d'un fiècle avant le règne des
Ottons, & du premier comme du fecond. Pour ce
qui eft de l'agrandiffement que le comté de Flandre
avoit pris, en comprenant l'Artois, cette partie en fut
détachée, & Philippe-Augufte l'acquit par fon mariage
avec la fille du comte Philippe d'Alface.

Il faut parler du différent qui s'eft élevé à l'égard de
Bar-le-Duc, & du Barrois. On eft en droit de dire,
que felon la démarcation générale des limites de la
France occidentale par le cours de la Meufe dans la
partie fupérieure, cette portion de ce qui compofe le
duché de Bar doit être réputée Neuftrie, plutôt qu'Auftrafie. Ce qui eft même pofitif fur cet article, c'eft le
témoignage de Flodoard, fous l'an 952, en difant
formellement, qu'une place conftruite par le duc de
Mofellane nommé Fridéric, dans un lieu actuellement
connu près de Bar-le-Duc, étoit en terre de France;
& que fur les plaintes que Louis d'Outremer en fit
porter à Otton, il reçut pour réponfe de la part du
roi de Germanie, que bien loin de participer à cette
entreprife, fon intention étoit de l'interdire : *nolle, imò
prohibere Othonem regem, ne Fridericus, vel aliquis fuorum,
ullam munitionem in regno habeat, nifi confenfum regis
Ludovici fuper hoc fibi obtinere queat.* Une chronique de

Saint-Mihel, dont le bailliage au-delà du cours de la Meufe compofe la plus grande partie du duché de Bar, ne s'explique fur ce fujet que d'une manière vague & indécife, en difant, *in confinio Lotharingiæ & Campaniæ;* & dans les fiècles poftérieurs, les droits de la France fur le Barrois ont eu leur plein & entier effet en plufieurs occurrences.

B R I T A N N I A.

C'est un fujet à traiter dans un article particulier. La province Romaine dans ce qu'on appelle aujourd'hui la Grande Bretagne, étant cruellement dévaftée par les invafions des barbares de la partie feptentrionale de l'île Britannique, dans un temps où l'extrême foibleffe de l'Empire jufque dans fon centre, laiffoit fans défenfe une province écartée, des Bretons pafsèrent la mer, pour chercher un afyle dans la Gaule. Ils abordèrent vraifemblablement le continent dans ce qu'on appeloit l'Armorique, fur la côte de Bretagne qui regarde le nord, puifque cette partie fut appelée Dumnonée, en y tranfportant un nom qui avoit été propre dès l'anti- quité à l'extrémité de la Grande Bretagne oppofée direc- tement à cette côte. Il feroit difficile d'affigner une date précife à cette migration des Bretons, qui dans un pre- mier paffage peut avoir devancé le milieu du cinquième fiècle. Les chefs de ces Bretons fugitifs & tranfplantés furent d'abord indépendans, & un de ces chefs avoit pris les armes en faveur des Romains contre les Vifigoths de l'Aquitaine. Mais, on ne peut douter, que depuis Clovis les Bretons reconnurent la souveraineté des rois François, étant gouvernés par des comtes, & non par des rois. Le témoignage de Grégoire de Tours y est formel : *(lib. V, c. 26) Nam semper Britanni sub Francorum potestate post obitum Chlodovechi fuerunt, & comites, non reges, appellati sunt.* Ce fut avec l'agrément de Childébert, fils de Clovis, & roi de Neustrie, que les évêchés de Tréguier & de Léon furent établis. Un de ces comtes Bretons dans une partie des territoires de Vannes & de Nantes, nommé Waroc, s'engage envers le roi Gontramn, petit-fils de Clovis, de payer les tributs, & de satisfaire en conséquence à tous ses devoirs ; *tributa, vel omnia quæ exinde debebantur,* comme s'exprime le même historien. Dagobert premier reçut dans son palais de Clichi, l'hommage de Judicaël, que les Bretons qualifient du titre de roi.

Le domaine de ces princes Bretons se renfermoit, en parlant d'une manière générale, dans ce qu'on distingue sous le nom de Basse Bretagne, & en ce qui répond assez précisément aux territoires des anciens *Veneti* & *Osismii.* La ville de Vannes, quoique son district ait été appelé en Breton *Bro-Guerec,* ou terre de Waroc, s'étoit même soutenue quelque temps indépendante de la domination des Bretons, comme sujette de la monarchie Françoise. La Haute Bretagne, dans les territoires des *Redones* & des *Namnetes,* formoit une Marche opposée au pays Breton ; & le fameux Roland, neveu de Charlemagne, & comte d'Angers, y avoit le commandement. La langue vulgaire dans cette Marche étant Françoise, & n'étant pas le bas-Breton comme ailleurs, témoigne affez la diftinction de deux parties en ce que contient aujourd'hui la province de Bretagne. Dans la commiffion d'un envoyé du duc Jean IV, vers le milieu du quatorzième fiècle, ce prince diftingue la *Bretaigne Gallou* d'avec la *Bretaigne Breton*. Le nom national eft plutôt *Britones* que *Britanni* dans les écrits du moyen-âge, & eft même antérieur dans cette forme. Des Alains, qui dans le cinquième fiècle avoient été cantonnés près de la Loire fur cette frontière, fe mêlèrent avec les Bretons, d'où vient que c'eft un nom affez commun en Bretagne, & que plufieurs princes du pays ont porté.

Les Bretons avoient fouffert impatiemment d'être dépendans. Charlemagne fut obligé de faire paffer une armée dans le pays, & Louis le Débonnaire s'y rendit en perfonne. Sous Charle le Chauve, Noménoë, feigneur Breton, profitant de la foibleffe du gouvernement, & fortant des limites du pays vraiment Breton, *limitem antiquum tranfgreffus,* dit Adrévald, s'empara de Nantes, de Vannes, & de Rennes. Son fils Hérifpoë s'agrandit encore dans l'Anjou & dans le Maine, jufqu'à la rivière de Maïenne ; & en prenant fur le Poitou & fur le diocèfe de Poitiers, le pays de Retz, *Ratiatenfem pagum,* adjacent à la rive gauche de la Loire, qui depuis la divifion des provinces établie par Augufte, avoit féparé l'Aquitaine d'avec la Lionoife, & ce pays eft refté à la province de Bretagne. Pour fouftraire de la métropole de la troifième Lionoife, qui eft Tours, les évêques des terres de fa domination, Noménoë plaça d'autorité un métropolitain dans le fiége qu'il établit à Dol, ce qui s'eft foutenu plus de deux fiècles, jufqu'au jugement rendu en faveur de l'archevêque de Tours, par le pape Innocent III en 1199. Le titre de roi qu'avoit pris Noménoë dans le fuccès de fes entreprifes, paffa à Hérifpoë, & de celui-ci à un troifième nommé Salomon, qu'une confpiration de plufieurs feigneurs fit périr, & après la mort duquel les poffeffeurs des principaux domaines du pays, s'y maintinrent libres féparément jufqu'à Alain, furnommé le Grand, qui fur la fin du dixième fiècle paroît avoir été obéi dans toute la Bretagne. Le nom de Cornouaille remplace quelquefois celui de Bretagne dans les titres des comtes. Alain, furnommé Canhiart, eft appelé dans l'acte de fondation de l'abbaye de Kemper-Ellé en 1029, *conful Cornubiæ,* & autrement *comes Cornu-galliæ.* Mais, dans la ceffion faite à Rollon, chef des Normans, d'une partie de la Neuftrie, il avoit été ftipulé, felon le témoignage de plufieurs auteurs très-voifins de ce temps-là, que la Bretagne releveroit de la Normandie; & le duc Guillaume, premier du nom, fils de Rollon, & furnommé Longue-épée, fe fit reconnoître par les comtes qu'avoit alors la Bretagne. La réunion de la Normandie à la couronne fous Philippe-Augufte, rendoit à la Bretagne le rang de fief immédiat, ce que l'érection du duché de Bretagne en pairie l'an 1297, en faveur du duc Jean fecond, de la branche royale de Dreux, confirma par un titre.

A Q U I T A N I A.

Il n'en fut pas en France de cette partie de l'ancienne Gaule comme de plufieurs autres, qui prirent des noms étrangers ou nouveaux, dans la révolution qu'amena la décadence & la chute de l'Empire en occident. Le nom d'Aquitaine s'eft confervé dans celui de Guienne, quoique la Guienne, felon fon état actuel de gouvernement particulier entre ceux qui divifent la France, foit beaucoup plus refferrée, ne comprenant ni le Berri, ni le Poitou, ni la Saintonge, ni le Limoufin, ni l'Auvergne, fans compter quelques autres provinces moins confidérables. Dans des lettres d'Édouard III, roi d'Angleterre, données au fujet du traité de Bretigni en 1360, les noms d'Aquitaine & de Guienne font employés indiftinctement, en comprenant fous l'un comme fous l'autre, le Poitou, & d'autres provinces qui ne font plus renfermées dans la Guienne.

L'Aquitaine étoit au pouvoir des Vifigoths, lorfque Clovis étendoit fa domination dans les parties feptentrionales de la Gaule. Les Vifigoths, qui fous leur roi Athanaric avoient fervi Théodofe avec le titre de confédérés *(fœderati)* changèrent de parti fous les enfans de cet empereur; & conduits par Alaric, fucceffeur du

roi

roi précédent, & qui réuniſſoit ſous ſes enſeignes des
bandes de différentes nations, ils entrèrent en Italie,
qu'ils dévaſtèrent d'un bout à l'autre, en courant après
avoir pris Rome, juſqu'au détroit, qui ſépare ce còn-
tinent d'avec la Sicile. Athaulſe, par qui Alaric fut remplacé, quitta l'Italie dépouillée, pour entrer en Gaule,
que ravageoient les Vandales & les Alains, qu'il contraignit en ſecondant le général Conſtance, de paſſer
en Eſpagne. Il fut forcé d'y paſſer lui-même peu de
temps après, & eut pour ſucceſſeur Vallia, auquel ſuc-
céda Théodoric, qui fut tué en combattant pour les
Romains contre Attila dans les champs Catalauniques.
Les fils de Théodoric, ſavoir, Thoriſmond, Théodoride, Euric, régnèrent ſucceſſivement ſur les Viſigoths,
dont Toulouſe fut la ville royale. Les Romains tenoient
encore dans l'Aquitaine, puiſque ſelon Jornandés, Euric
leur enleva l'Auvergne. Arles & Marſeille tombèrent
enſuite en ſa puiſſance. Alaric vaincu & tué par Clovis
près de Poitiers l'an 507, avoit ſuccédé à Euric ſon
père. Cette défaite fit perdre aux Viſigoths l'Aquitaine,
& même Toulouſe, qui ne fut point de la province
dont il ſera parlé ſous le nom de Gothie.

Dans les partages que ſouffrit la monarchie ſous les
fils & petit-fils de Clovis, la répartition des provinces
compriſes dans l'Aquitaine entre les rois, fait voir des
morceaux fort détachés, & ſans cohérence avec la
partie dominante dans les différens royaumes. Au commencement du huitième ſiècle, l'Aquitaine avoit un

. L

duc, nommé Eude, & de race Mérovingienne, qui
se maintint indépendant, malgré les efforts de Charle-
martel pour le soumettre. Pépin parvenu à la royauté,
fit la conquête du pays sur Waifre, petit-fils d'Eude,
en se rendant maître des places en Auvergne, en Limousin & en Poitou, & finalement de Bourdeaux, &
même de Toulouse, qui alors étoit annexée à l'Aquitaine. Louis le Débonnaire gouverna l'Aquitaine avec
le titre de roi du vivant de son père. Vers le milieu
du dixième siècle, sous le règne de Louis d'Outremer,
Guillaume surnommé Tête-d'étoupes, étoit investi du
comté de Poitou, de la Saintonge, du Limousin, de
l'Auvergne, avec le titre de duc d'Aquitaine, ce qui
lui donnoit la supériorité sur tous les seigneurs du pays
jusqu'à la Garonne. On sait qu'Éléonor, fille & unique
héritière du dernier des comtes de Poitou ducs d'Aquitaine, étant répudiée par le roi Louis le Jeune, épousa
Henri duc de Normandie, qui fut Henri second sur le
thrône d'Angleterre, & qu'elle lui porta en dot ses biens
& le duché d'Aquitaine, pour lequel les rois d'Angleterre rendirent hommage à la couronne de France. Le
Poitou en fut détaché par la confiscation des États que
tenoit en France Jean Sans-terre; & Saint-Louis, à
qui Henri III roi d'Angleterre, fit cession de ses prétentions sur cette province, en avoit partagé son frère
Alfonse, qui épousa l'héritière du comté de Toulouse.
Mais, la défaite du roi Jean à la bataille de Poitiers,
suivie du traité de Bretigni, faisoit rentrer le Poitou dans

l'Aquitaine, si ce traité avoit eu un plein & entier effet. Les Commissaires du roi réservèrent *la souveraineté, le ressort, & les sujets,* sans réclamation des Commissaires de l'autre part. La prudence de Charle V, secondée des talens militaires de du Guesclin, avoit fait de la Guienne une province du royaume, lorsque Henri V roi d'Angleterre, fut placé sur le thrône de France ; & la bonne fortune de Charle VII le mettant en possession du royaume qui lui appartenoit, la Guienne s'y trouva comprise.

VASCONIA.

Ce pays situé entre la Garonne & les Pyrénées, est celui des anciens *Aquitani,* selon ce qu'ils en occupoient lorsque César entra dans son gouvernement de la Gaule. Le nombre des provinces ayant été très-multiplié, ce pays des Aquitains fit par une suite de l'agrandissement que l'Aquitaine avoit pris sous le règne d'Auguste, une province distincte sous le nom de *Novempopulana.* On connoît les *Vascones* comme étant un peuple Espagnol de l'ancienne Tarraconoise, habitant au pied des Pyrénées, & sur l'Ebre vers le haut de son cours, ayant les Cantabres pour voisins. Les Vascons conservoient une langue particulière (*Vascuence* ou *Vascongada,* langue Basque) ; & par un esprit d'indépendance, ils attirèrent sur eux les armes des Visigoths, qui dominoient en Espagne, & particulièrement celles du roi Leûvigilde, qui les resserra dans la Cantabrie vers l'an 580. On peut croire, que pressés ainsi

ils refluèrent d'un autre côté, en paffant les Pyrénées,
pour fe répandre dans le pays fitué au - delà de ces
montagnes à l'égard de leur première demeure, & qui
prit le nom de *Vafconia*, que l'on trouve comme établi
au fixième fiècle dans Grégoire de Tours, & duquel
s'eft formé le nom actuel de Gafcogne. Les Vafcons
ou Gafcons réfiftèrent au roi Gontramn, avant que
d'être obligés de fe foumettre aux rois Théodebert &
Thiéri l'an 602. Révoltés fous Clotaire fecond, ils
étoient rentrés dans l'obéiffance fous Dagobert premier,
comme on l'apprend de Frédégaire. L'indépendance
du duc Eude dans l'Aquitaine fut fuivie de celle des
Vafcons. Pépin en foumettant l'Aquitaine, ayant pris
Bourdeaux fur le duc Waifre en 768, fit reconnoître
fa domination jufqu'aux Pyrénées. Quoiqu'on life dans
Eginhard fous l'an 769, que *Lupus, dux Vafconiæ,*
reconnut la fouveraineté de Charlemagne. Louis le
Débonnaire étant roi d'Aquitaine, fut obligé de réduire les Vafcons, que le déplacement d'un comte
qui les gouvernoit avoit portés à la révolte. On connoît peu après un duc de leur nation, fous le nom de
Sanche, & furnommé Mitarra, ou le montagnard, dont
la poftérité jufque dans le onzième fiècle fut en poffeffion du duché, & même de la ville de Bourdeaux
qui y avoit été jointe. Dans ce même fiècle, le roi de
Navarre Sanche, furnommé le Grand, & régnant également en Aragon & en Caftille, ajoutoit à ces titres,
felon des pièces du cartulaire de Saint-Émilien en

Espagne, celui de régner *in cunctâ Gafcugnâ;* & ces Gafcons au pied des Pyrénées pouvoient avoir confervé des liaifons avec ceux dont ils tiroient leur origine; Mais, le duché de Gafcogne étant venu au pouvoir de Geofroi-Gui, frère de Guillaume V duc d'Aquitaine, qui eut ce frère pour héritier, la Gafcogne fut annexée à l'Aquitaine, & n'en fut point féparée entre les mains des rois d'Angleterre, auxquels Charle VII enleva la Guienne.

Il y a quelques obfervations à faire fur les limites, qui ne font plus tout-à-fait les mêmes qu'elles étoient du côté des Pyrénées. Un grand paffage dans les montagnes, nommé *Portus Sifaræ,* faifoit la féparation de la Gafcogne d'avec la Navarre. Dans ce paffage étoit une croix, *Caroli crux,* où eft actuellement une chapelle de Saint-Sauveur, au port nommé Ivagnete. Car, on appelle *Port* dans les Pyrénées ce qui eft appelé *Col* dans les Alpes. Cette croix de Charle, & ce qu'on nomme avant que d'y arriver le Val Carlos, font bien un monument de l'expédition de Charlemagne dans la Navarre, & de l'échec qu'il reçut au retour de cette expédition en 778. Le Val Carlos, qui étant en-deçà de ce que l'ancien Itinéraire Romain appelle *Summius Pyrenæus,* devroit être terre de France comme il l'étoit de la Gaule, eft aujourd'hui terre d'Efpagne. Un acte d'Arfius, évêque de *Lapurdum,* ou de Baïone, vers la fin du dixième fiècle, par lequel il décrit les limites de fon diocèfe, porte précifément *ufque ad Caroli crucem.*

Et la frontière étoit la même plufieurs fiècles après, & fous Louis le Jeune, qui aux droits d'Éleonor fa femme, & felon les termes de Hugue de Vézelai, auteur contemporain, *acquifivit omnem Aquitaniam, Gafcognam, Bafcloniam, & Navarram, ufque ad montes Pyrenæos, & ufque ad Caroli crucem.* La cime de la chaîne des Pyrénées faifant une féparation naturelle entre deux grandes contrées différentes, renfermoit deux vallées, Baftan & Lérin, *Bazten vallem ufque in medio portu Belat, vallem quæ dicitur Larin,* comme l'évêque Arfius s'en explique : & ce n'eft que depuis le roi d'Efpagne Philippe fecond, que fous prétexte des progrès de l'héréfie en France, ces vallées ont été enlevées au diocèfe de Baïone, & confiées provifoirement à l'évêque de Pampelune. Par le prolongement des mêmes limites jufqu'à la mer, au lieu de fe borner à l'embouchure du Bidaffoa, comme aujourd'hui, *Sanctus Sebaftianus de Pufico,* cité dans l'acte de l'évêque Arfius, y étoit compris.

Cette frontière avoit été entamée dans les premières années du treizième fiècle, par Alfonfe roi de Caftille, qui dans le mauvais état des affaires de Jean Sans-terre, roi d'Angleterre, fe rendit maître de Saint-Sé-baftien & de fon territoire, prit Aqs & plufieurs autres places de Gafcogne, comme Luc évêque de Tuy, qui vivoit en ce temps-là, nous en inftruit dans fa chro-nique. Le nom de Navarre dans ce qu'on appelle Baffe Navarre, avoit déjà pénétré en Gafcogne, puifqu'on

l'a vu employé en-deçà des Pyrénées fous le règne
de Louis le Jeune, par un écrivain du même temps.
Les rois d'Aragon avoient dès-lors cherché à étendre
leur puiffance dans cette extrémité du royaume de
France, étant reconnus pour feigneurs dominans par
les vicomtes de Béarn. Le vicomte Centul fervant le
roi Alfonfe premier dans fes guerres, fut tué avec lui
à la bataille de Fraga en 1134. Marie vicomteffe de
Béarn, rendit hommage à Alfonfe fecond en 1170, &
cet hommage fut accompagné du ferment des évêques
du pays, ou d'Oloron & de Lefcar. Guillen de Mon-
cada, feigneur Catalan, ayant époufé Marie, renouvela
cet acte de foumiffion en 1172. Mais, après le traité
fait entre Saint-Louis & Henri III roi d'Angleterre,
l'an 1259, ce roi, & fon fils Édouard premier, ren-
trèrent dans leurs droits comme ducs d'Aquitaine &
de Gafcogne; & le vicomte Gafton, qui en avoit
appelé à la cour du roi de France feigneur fuzerain,
fut condamné à donner fatisfaction à Édouard pour la
terre de Béarn.

GOTHIA *VEL* SEPTIMANIA.

Au commencement du cinquième fiècle, les Vifigoths s'établirent dans la Narbonoife première, &
Athaulfe leur roi choifit pour fa demeure le lieu où
un monaftère fous le nom de Saint-Giles fut fondé
depuis, peu loin du bras occidental du Rhône tendant
à fes embouchures, & ce lieu fut appelé pendant

un temps *Palatium Gothorum,* felon le témoignage de Guillaume de Viterbe. Athaulfe ne put néanmoins fe maintenir dans le pays, & paffa les Pyrénées. Vallia, qui lui fuccéda prefque immédiatement, reçut d'Honorius pour des fervices rendus à l'Empire, la feconde Aquitaine depuis Touloufe jufqu'à l'Océan, comme on l'apprend d'Idace, de Profper, & d'Ifidore de Séville, dans leurs chroniques. C'eft de cette conceffion, qui fe rapporte à l'an 419, qu'on peut croire que parle Sidoine-Apollinaire, en difant, *Gothi Septimaniam fuam faftidiunt ;* ce qui donne à entendre que la poffeffion de cette Septimanie ne fatisfaifoit pas les Vifigoths, & ce qu'ils envahirent depuis répond bien à cette manière de s'exprimer.

La conquête de Clovis fur les Vifigoths s'étendit jufque & compris Touloufe, & cette ville fut dans la fuite au pouvoir d'Eude, qui fe rendit abfolu dans l'Aquitaine, & fes fucceffeurs en jouirent jufqu'au règne de Pépin, qui prit Touloufe en 767, ce qui donne lieu de remarquer, que les premiers comtes de Touloufe dans le dixième fiècle, affectèrent le titre de ducs & marquis d'Aquitaine. Ce qui refta aux Vifigoths entre le Rhône & les Pyrénées prit le nom de *Gothia ;* & quoique cette Gothie n'eut rapport en aucune partie à la Septimanie dont on vient de parler, comme Paul-Diacre *(lib. XV, c. 4)* le fait connoître en difant, que non contens de ce qui leur avoit été concédé, les Goths avoient envahi l'Auvergne & la Narbonoife;

Narbonoife; toutefois, le nom de *Septimania* eft tranfporté à cette Gothie, & employé également comme
celui de Gothie, dans les monumens de la monarchie
Françoife. Il eft à préfumer, que le premier ufage, ou
l'établiffement de ce nom avant la chute de l'Empire,
venoit d'un nombre de fept territoires, qui compofoient la conceffion faite aux Vifigoths par Honorius;
& Adrien de Valois a remarqué, que la Gothie, felon
que les rois Vifigoths d'Efpagne l'ont poffédée, avoit
également fept fiéges fuffragans fous la métropole de
Narbone. Mais, on ne voit pas pourquoi le territoire
de Narbone feroit mis à part, ou compté pour rien
dans la compofition de cette province; & il peut fuf-
fire de penfer, qu'une dénomination que l'ufage avoit
établie dans une première poffeffion des Vifigoths, a
paffé dans une feconde qui étoit contiguë. Théodoric,
roi des Oftrogoths, s'appropria ce pays, en même
temps qu'il fe rendit maître de la Provence. Mais,
les Vifigoths en reprirent poffeffion, puifque dans la
guerre que Childébert, fils de Clovis, entreprit contre
Amalaric, ce roi des Vifigoths tenoit fa cour à Narbone : & dans les temps poftérieurs, la foufcription
des métropolitains de Narbone, & de leurs fuffragans,
à plufieurs conciles affemblés à Tolede, ville royale
des Goths, témoigne une continuité de poffeffion.
On voit même dans Rodéric de Tolede, qu'Albi &
Rodez étoient fous la domination du roi Wamba.
Quant au nom actuel du même pays, on fait que

M

l'opinion de le dériver de Langue de Goth, par allufion à la Gothie, eft mal fondée, vu l'origine bien avérée de ce nom, qui eft *Lingua de Oc*, quoiqu'il ne paroiffe ufité à l'égard de cette province en particulier, que depuis le règne de Philippe le Hardi, qui fit la réunion d'une grande partie à la couronne. Dans les provinces méridionales de la France, où l'idiome vulgaire, & la langue Touloufaine particulièrement, tenoit plus de la langue Romaine que dans les provinces du nord, on difoit OC, tandis qu'ailleurs on difoit OUI; & la France étoit comme partagée entre la *Langue d'Oui* & la *Langue d'Oc*. Froiffart l'écrivoit ainfi dans le quatorzième fiècle; & dans les titres le Languedoc eft appelé *Patria Occitana*.

La monarchie des Vifigoths en Efpagne ayant été détruite par les Maures, au commencement du huitième fiècle, la domination de ces Afriquains, dont les progrès furent très-rapides, pénétra jufque dans la Gothie en 720 ou 21. On lit dans les chroniques de Moiffac & d'Aniane, qu'en la neuvième année depuis l'entrée des Maures en Efpagne, le Général qui les commandoit, nommé Zama, prit Narbone, & en fit fa place d'armes en cette province. Charle-martel, qui par une grande victoire entre Poitiers & Tours en 732, arrêta l'invafion qui menaçoit la France entière, fe rendit maître de quelques places en Gothie; & Narbone qui lui avoit réfifté, fe rendit en 759 à Pépin, qui par la foumiffion d'un Goth nommé Anfemond, fut maître de Nîmes, de Maguelone, d'Agde, & de Béziers. Mais, Narbone avoit été reprise par les Maures en 793 ou 14, lorsque Charlemagne, & son fils Louis roi d'Aquitaine, conquirent vers l'an 796 la Gothie jusqu'aux Pyrénées, & le gouvernement du pays fut confié à des officiers qui n'étoient point propriétaires, sous le titre de ducs de Septimanie ou de Gothie. Les limites de la domination Françoise ainsi reculées, & jusque dans la Catalogne, comme on verra en traitant de l'Espagne, ont donné lieu de distinguer cette frontière par le nom de *Marchia Hispaniæ.* La souveraineté des rois de France y a été constamment reconnue; & dans l'acte de donation qu'un comte de Roussillon fit de son comté, sous le règne de Louis le Jeune, en 1173, à Alfonse roi d'Aragon, la date est en ces termes précisément, *regnante Lodoico rege.* St Louis ayant un droit de succession éventuelle à la mort de son frère Alfonse, comte de Toulouse, & voulant que ses droits de souveraineté sur d'autres terres en Languedoc ne souffrissent aucune difficulté de la part du roi d'Aragon, traita en 1258 avec D. Jaïmé ou Jâque. Ce roi renonçant à des prétentions assez mal fondées, & sur-tout à l'égard du comté de Toulouse, qu'une rébellion du comte Raimond, en se donnant à Pierre roi d'Aragon père de Jâque, n'avoit pu dégager de la sujétion au prince légitime, fut déchargé de tout devoir envers la couronne de France par rapport au Roussillon & à la Catalogne, qui avoient composé la Marche d'Espagne.

M ij

B U R G U N D I A.

LES premières notions qu'on ait de la nation des Burgundiones ne feront point ici hors de propos, & il eft néceffaire de la connoître en différentes fituations, avant de la voir figurer dans l'étendue de la Gaule entre les nations principales. Elle étoit connue dès le temps de Pline *(lib. IV, c. 14)* comme faifant partie des *Vindili* (ou Vandales.) *quorum pars Burgundiones*, en nommant de fuite plufieurs peuples, qui étoient également voifins de la Mer Baltique. Vaincus par Probus près du Rhin, Zofime leur affocie dans cette défaite les Vandales. Mais, c'eft ce qu'il faut entendre d'un détachement de la nation. Car, il convient de retourner vers la Mer Baltique, pour y trouver les Goths, de qui les *Burgundiones* reçurent un échec confidérable : *Gothi*, dit Mamertin *(Genethl. Max. Herc. c. 16) Burgundios penitùs excindunt ;* & fi dans Jornandés *(c. 16)* les Gépides font nommés, au lieu des Goths, fur ce même fait, c'eft qu'indépendamment d'une affinité d'origine entre ces nations, elles étoient alors en fociété. Ce qui femble annoncer l'anéantiffement d'une nation, n'empêche pas que du temps que Julien commandoit dans la Gaule, on ne trouve les *Burgundiones* bien établis près des *Alemanni*, dans ce que ceux-ci tenoient de pays aux environs du Mein, & leur difputant des falines, qui ne fe rapporteront point à la Sala, que l'on connoît en Thuringe, & qui tombe dans l'Elbe, mais à la Saal, que reçoit le Mein sur sa rive droite. On lit dans Ammien-Marcellin *(lib. XXVIII) Burgundii, salinarum finiumque causâ, Alemannis sæpe jurgabant.* Il avoit dit ailleurs *(lib. XVIII) lapides Alemannorum & Burgundorum confinia distinguebant;* ce qui mérite d'être remarqué comme un indice, que ces nations dans des établissemens formés, n'étoient point trop indécises sur leurs limites, puisque des bornes de pierre servoient à les déterminer.

C'est delà qu'il faut croire que partirent les *Burgundiones,* pour entrer dans la Gaule, sous le règne d'Honorius vers l'an 413, commandés par un roi nommé Gondicaire. Le général romain Aëtius les combattit, & traita ensuite avec eux, leur accordant des terres entre le Rhône & les Alpes, dans ce qu'on appeloit alors *Sapaudia.* Mais, ils s'agrandirent au point, que le nom de *Burgundia* s'est étendu à la première Lionoise, & à la Séquanoise, à la Viennoise jusqu'à la Durance, & aux Alpes Gréques & Pennines, ce qui répond d'une manière générale aux deux provinces de Bourgogne, & à la Suisse presque entière, au Daufiné avec une partie de la Provence, & à la Savoie. Le royaume qu'avoient formé les Bourguignons, dans lequel Vienne fut la résidence principale des rois, étoit affoibli par des divisions entre Gondebaud & Godégisile dès le temps de Clovis. Sigismond, & après lui Gondemar, en faveur duquel les Ostrogoths d'Italie avoient armé, furent les derniers rois Bourguignons, tout le pays ayant été conquis par les fils de Clovis, Childébert & Clotaire premier, en 532 & 534. Gontramn, fils de Clotaire, & roi d'Orléans, posséda la Bourgogne, & dans nos anciens écrivains il est appelé *rex Burgundiæ*. Plusieurs de ces écrivains divisant la France en trois royaumes, la Bourgogne en est un, ainsi que l'Austrasie & la Neustrie.

Dans le partage qui fut fait de la monarchie entre les trois enfans de Louis le Débonnaire, la Saône & le Rhône séparant la France occidentale, échue à Charle le Chauve, d'avec la portion de Lothaire, revêtu comme aîné de la dignité impériale, la distinction de ce qui est en-deçà de ces rivières, ou sur la rive droite, d'avec ce qui est au-delà, étoit si marquée, qu'il en subsiste encore des traces, comme on aura lieu ci-après de le mettre en évidence. Il se forma deux royaumes en Bourgogne vers la fin du neuvième siècle. Boson, dont Charle le Chauve avoit épousé la sœur, & gendre de l'empereur Louis fils de Lothaire, se fit proclamer roi en 879, dans un lieu nommé Mantale près de Vienne, par les métropolitains de Vienne, de Lion, de Besançon, de Tarentaise, d'Arles, & d'Aix. Carloman fils de Louis le Begue, & gendre de Boson, enleva à son beaupère une grande partie de ce qu'il avoit usurpé. Mais, Boson obtint une investiture de l'empereur Charle le Gros, & eut pour successeur son fils Louis, qui dans ses entreprises sur le royaume d'Italie, ayant eu les yeux crevés, est surnommé l'Aveugle. Il avoit été reconnu en 890, par les métropolitains de

Lion, de Vienne, d'Arles, & d'Embrun. Un autre royaume de Bourgogne commença un peu plus tard. Rodolfe, fils de Conrad comte de Paris, profitant de la foiblesse de l'empereur Charle le Gros, & de son abdication, se fit couronner en 888 à Saint-Maurice en Walais; & parce que les fondemens de ce royaume furent jetés au-delà du mont Jura, on le trouve distingué par le nom de Bourgogne Trans-jurane, & de là vient que l'Helvétie, dans le voisinage des rivières d'Aar & de Russ, a porté spécialement le titre de *Landgraviatus Burgundiæ*. Mais, ce royaume prit un agrandissement considérable en s'étendant au-delà du Jura jusqu'à la Saône, & en comprenant même ce qu'avoit possédé Louis l'Aveugle, par la cession que Hugue, comte d'Arles, pour se maintenir sans concurrent en Italie, fit en 934 à Rodolfe second, fils du premier. Rodolfe III, petit-fils du second, & qui pour avoir souffert les usurpations des seigneurs dans l'étendue de son royaume, est surnommé le Lâche, mourut en 1032, ayant institué pour héritier l'empereur Conrad le Salique. L'union de ce royaume à l'Empire étendit la liberté des seigneurs qui l'avoient démembré, parce que les empereurs laissant les choses en leur état, se contentèrent de la formalité d'une investiture & de l'hommage. C'est ce qui a donné lieu d'imaginer en quelque manière un royaume d'Arles, qu'on ne connoissoit point auparavant, & dont on a porté les limites entre le Rhône & les Alpes jusqu'à la mer, ce qui passant l'étendue de l'ancienne domination des Bourguignons, ne paroît prendre de convenance que dans la part qu'eut l'empereur Lothaire à la succession de son père Louis le Débonnaire. L'usage des droits exercés par les empereurs sur des terres situées au-delà du Rhône & de la Saône, a fait qu'on s'est habitué à distinguer les bords de ces rivières, d'un côté par le nom de *Royaume*, de l'autre par celui d'*Empire*, comme M. de Thou l'a remarqué dans son histoire.

Ce qui étoit Bourgogne en-deçà de la Saône a été appelé *Burgundia inferior*, avec plus d'étendue que dans l'état présent de la province de ce nom. On voit dans Frédégaire, que Dagobert premier, dont il étoit contemporain, rendant la justice en Bourgogne, *Lingonæ* étoit de ce royaume, & son territoire faisoit partie de la Lionoise première. D'un autre côté, *Nevirnum* avoit été renfermé dans la domination des Bourguignons, comme la souscription de l'évêque de cette ville au concile assemblé à Epaone en 517, sous le roi Sigismond, le fait connoître. Le duché de Bourgogne, qui est devenu la première pairie de France, consistoit principalement dans le territoire d'Autun. Ce que les ducs de la première branche royale de Bourgogne, issue de Robert, fils du roi Robert, possédèrent dans le territoire de l'évêché de Langres, étoit tenu en fief de cet évêché, & Dijon fut une acquisition faite par le roi Robert. La puissance de la seconde branche de Bourgogne, depuis Philippe fils du roi Jean, fit perdre aux évêques de Langres leurs anciens droits. Mais il faut dire,

dire, que la Saône faifoit tellement la diftinction de deux terres différentes en Bourgogne, que pour celles qui étoient tenues par la France au-delà de cette rivière, il y avoit une cour de juftice particulière, & en dernier reffort, établie à Saint-Laurent, faubourg de Challon, féparé de cette ville par le lit de la Saône. Cette limite confervoit même de la conformité avec l'étendue du territoire des anciens *Sequani*, comme la fondation d'une églife adjacente à Saint-Laurent, par le roi Gontramn, le fait connoître. Lion, dont l'ancien emplacement eft à la rive droite de la Saône, dans le territoire des anciens *Segufiani*, fut néanmoins poffédé par l'empereur Lothaire, l'aîné des enfans de Louis le Débonnaire, & fucceffivement par fes fils Charle & Lothaire. Les fils de Louis le Bègue difputèrent à Bofon la poffeffion de Lion ; mais Lothaire, fils de Louis d'Outremer, céda fes droits fur Lion à Conrad, roi de Bourgogne, père du dernier Rodolfe, & l'empereur Conrad le Salique, héritier de Rodolfe au royaume de Bourgogne, fe fit rendre hommage par l'archevêque de Lion, & il en fut de même fous Fridéric Barbe-rouffe. Ce n'eft que du règne de Philippe le Bel, que la fouveraineté de la France fur Lion a été pleinement reconnue.

Il fe forma un comté en Bourgogne Cis-jurane dès le règne du dernier des rois de Bourgogne. Ce comté vint par mariage à l'empereur Fridéric Barbe-rouffe, & paffa de même fucceffivement dans les deux maifons de Bourgogne du fang royal de France. Sous ces deux branches, & la feconde particulièrement, de puiffans princes fe rendirent libres de tous devoirs envers l'Empire, ce qui a donné lieu au nom de Franche-comté. Un des principaux démembremens du royaume de Bourgogne fous le nom de *Dalfinatus*, tiré du nom de *Dalfinus*, affecté en plufieurs maifons qui fe font fuccédées en cette principauté, & qui en eft devenu le titre, fait remonter jufque vers l'an 1000, dans un temps où un feigneur étoit puiffant en Viennois fous le titre de comte d'Albon. On fait que le Daufiné fut légué en 1343 par le Daufin Humbert, au roi Philippe de Valois, pour qu'il en inveftit à fon choix un de fes enfans, & dont fut pourvu fon petit-fils Charle, qui fut le roi Charle V. On fait encore, que l'empereur Charle I V donna le Vicariat de ce qu'on appeloit le royaume d'Arles, au Daufin fils de Charle, qui fut le roi Charle VI. Ce que les comtes de Maurienne, depuis ducs de Savoie, ont poffédé en-deçà des Alpes, eft également pris fur le royaume de Bourgogne. On trouve le nom de *Sapaudia* employé dans le quatrième fiècle, avant la chute de l'Empire en occident, comme défignant une affez grande étendue de pays que borde le Rhône fur fa rive gauche, & dont une partie couvre au nord le lac Léman ou de Genève. Ce nom s'eft refferré depuis fous la forme de *Sabogia*, en s'appliquant à la Savoie proprement dite, féparément de la Tarentaife & de la Maurienne. Humbert furnommé aux Blanches-mains, étoit invefti des comtés de Maurienne

& de Savoie fous le règne de Rodolfe III, en qui
finit le royaume de Bourgogne, & Humbert fecond fe
rendit maître de la Tarentaife vers la fin du onzième
fiècle. Il n'eft pas de notre fujet d'entrer dans un plus
grand détail fur les accroiffemens que les États de la
maifon de Savoie ont reçus en différens temps. Un article qui peut intéreffer la France directement, concerne
la Breffe & le Bugei, que le duc Charle-Emmanuel fut
contraint de céder à Henri IV, en échange du marquifat
de Saluces, fitué au-delà des monts, mais qui faifoit
partie de ce que comprenoit la donation du Daufiné.

P R O V I N C I A.

LE nom de *Provincia*, qui défignoit primitivement
ce que les Romains poffédèrent dans la Gaule, avant
le gouvernement de Céfar, entre les Alpes & le Rhône,
& du Rhône jufqu'aux Pyrénées le long de la Méditerranée, & qui paroît remplacé par celui de *Narbonenfis*
fous Augufte, s'eft renfermé depuis entre la partie inférieure du Rhône & les Alpes, dans le voifinage de
la mer. Il fut un temps que moins refferrée qu'aujour-
d'hui, la Provence s'étendit en remontant le Rhône
jufqu'au confluent de l'Isère. Euric, roi des Vifigoths,
& père d'Alaric vaincu par Clovis, fe rendit maître
de ce pays, en prenant Arles, où il établit fa réfidence,
& Marfeille, & fur les Bourguignons Embrun. Ce que
la défaite d'Alaric fit perdre aux Vifigoths, détermina
Théodoric, roi des Oftrogoths en Italie, à fe faifir de la

Provence. Mais, après le règne de sa fille Amalasonte, & d'Athalaric son petit-fils, les Goths étant pressés par les armes de l'empereur Justinien, & leur roi Vitigés obligé d'employer à la défense de l'Italie des troupes qui gardoient la Provence, ce pays tomba au pouvoir des rois de la race Mérovigienne. Il entra dans le partage de l'empereur Lothaire, fils de Louis le Débonnaire; & des trois enfans de Lothaire, le second nommé Charle, eût la Provence, qui à sa mort passa à son frère le roi Lothaire, & la Viennoise y étoit alors annexée. La Provence fit ensuite partie du royaume de Boson. Sur la fin du règne de Louis l'Aveugle, fils de Boson, Hugue comte d'Arles s'empara de toute l'autorité, & dans la cession qu'il fit au roi de Bourgogne Rodolfe second, de ce qu'il avoit possédé en-deçà des Alpes, avant que de s'établir en Italie, & dont il a été parlé dans l'article précédent, la Provence fut exceptée. Cependant, on voit sous Rodolfe, & son fils Conrad surnommé le Pacifique, & père de Rodolfe III, des comtes établis à Arles, & par l'un desquels nommé Guillaume, la Provence fut délivrée en 972, des maux qu'elle avoit soufferts de la part des Sarazins, qui s'étoient fortifiés dans un lieu près de Fréjus, nommé *Fraxinet*, ou Fresnet, situé avantageusement dans des montagnes, qui sont encore appelées les montagnes des Maures. La lignée masculine de ces comtes ayant manqué, le comté de Provence vint par mariage au commencement du douzième siècle, à

Raimond-Bérenger, comte de Barcelone, dont le fils
ayant époufé l'héritière d'Aragon, Alfonfe roi d'Aragon,
petit-fils de Raimond, fut comte de Provence, & le
petit-fils d'Alfonfe, nommé Raimond-Bérenger comme
fon tris-aïeul, défigna pour héritière fa fille cadette, au
préjudice de l'aînée, que S.ᵗ Louis avoit époufée. Cette
cadette, nommée Beatrix, porta la Provence en dot à
Charle comte d'Anjou, frère de S.ᵗ Louis. Jeanne, reine
de Naples, qui en defcendoit, appela à fa fucceffion
Louis, duc d'Anjou, frère du roi Jean, & qui fe mit en
poffeffion de la Provence. René, petit-fils de Louis, &
qu'on appeloit le roi de Sicile, laiffa la Provence à
Charle, comte du Maine, qui inftitua pour héritiers au
comté de Provence Louis XI, & les rois fes fucceffeurs.

Le comté de Provence n'étoit limité que par les
Alpes, fans être borné par le cours du Var, & ce qu'on
appelle le comté de Nice y étoit compris. Un dénombrement qui eft aux archives du roi à Aix, porte; *civitas*
Nicia, pofita in capite Provinciæ...... eft in dominio comitis
Provinciæ, cum toto fuo epifcopatu. Cette poffeffion s'eft
foutenue jufqu'en 1388, que ceux de Nice fe donnèrent
à Amédée VII, comte de Savoie, ce qui fut fuivi d'une
ceffion que fit Yolande comteffe de Provence, en 1419.
Mais, la Provence ne confiftoit pas feulement dans ce
qui eft renfermé par la Durance & les Alpes. Il faut y
joindre ce que poffédoit dans le dixième fiècle entre la
Durance & l'Isère, un comte nommé Rotbald, qui
avoit pour frère le comte d'Arles, & duquel étoit iffu
par femme un comte de Touloufe, nommé Ponce,

qui prenoit la qualité de marquis de Provence, & avoit dans sa dépendance les comtés de Forcalquier, & de Vénasque ou Vénaiscin. C'est en conséquence du haut domaine sur cette marche, que les comtes de Toulouse ont eu des prétentions sur la Provence, jusqu'au comte Raimond, protecteur des Albigeois. Forcalquier vint successivement par mariage à Alfonse, fils d'Alfonse roi d'Aragon, & père du dernier Raimond-Bérenger ; & c'est par-là que le comté de Forcalquier a été joint au comté de Provence, quoique distingué comme un membre particulier. Pour ce qui est du comté Vénaiscin *(Vindauscencis)* possédé depuis le onzième siècle par les comtes de Toulouse, il fut confisqué dans le douzième sur le comte Raimond. Mais, les droits sur ce comté passèrent à sa petite-fille Jeanne, qui épousa Alfonse frère de Saint-Louis, dont Philippe le Hardi recueillit la succession. Avignon étoit un domaine particulier, de l'un & de l'autre côté du Rhône & de la Durance, selon ce que renferme le diocèse de cette ville. Cette seigneurie fut partagée entre Philippe & son oncle Charle d'Anjou, comte de Provence & roi de Sicile, à qui Philippe le Bel fit ensuite cession de ce qui lui appartenoit en Avignon. Jeanne, reine de Sicile & comtesse de Provence, engagea depuis Avignon, & son territoire entant que limité par le Rhône & par la rive droite de la Durance, au pape Clement V, pour la somme de 80000 florins. On ne sait d'où les papes pouvoient tirer un droit de propriété sur le comté Vénaiscin, que Philippe le Hardi avoit remis à Gregoire X. Mais, nous ne terminerons pas cet article concernant la Provence, sans remarquer, que dans ce qu'elle contient en-deçà comme au-delà du cours de la Durance, il y a des *Terres* qu'on appelle *adjacentes.* Ce qui sert de fondement à cette distinction, c'est d'avoir été tenues comme fiefs immédiats de l'Empire, par des seigneurs qui se prétendoient indépendans des comtes de Provence. Et de-là vient, que c'est un titre particulier, ajouté à ceux de Provence & de Forcalquier, dans les actes qui concernent cette province. La ville de Marseille dans son territoire portoit plus loin ses prétentions, en ce qu'elle vouloit être distinguée des Terres adjacentes comme plus libre.

Après avoir ainsi parcouru les différentes parties dont la France fut composée dans l'établissement de la monarchie, & durant plusieurs siècles, il est à propos d'ajouter à ce détail quelques remarques générales. La France en son état actuel comprend tout ce qui fit le partage de Charle le Chauve dans la division des États de Louis le Débonnaire entre ses trois enfans. Il n'en faut excepter en rigueur que le nord de la Flandre. C'est ce qui fut appelé par distinction France occidentale. A cette étendue de pays a été jointe par succession de temps, une grande partie de ce qui dans les anciennes limites de la France jusqu'au Rhin & jusqu'aux Alpes, étoit échu à l'empereur Lothaire, fils aîné de Louis le Débonnaire. La Lorraine, l'Alsace, une partie du Hainau, la Bourgogne entre la Saône &

le Mont Jura, le Daufiné & la Provence, ont ajouté confidérablement à ce qui avoit fait le partage de Charle le Chauve. L'extrême foibleffe du gouvernement fous les derniers princes de la race de Charlemagne, auxquels il ne reftoit prefque aucun domaine, rendit les feigneurs propriétaires de fait, dans ce qui n'étoit d'inftitution qu'un office amovible au gré du fouverain, & non fucceffif. Mais, le défaut accidentel de puiffance dans le fouverain, pour qu'il n'en fut pas ainfi, ne détruifoit point fon droit primordial, inhérant au titre de la royauté; & ce droit fe montroit comme fubfiftant dans la foumiffion des feudataires à la formalité de l'inveftiture dans les mutations, qui entraînoit après elle l'obligation de fervir le Souverain dans fes guerres. La France étoit alors ce que l'Empire a continué d'être en Germanie, & elle a pris depuis à cet égard un grand avantage. On a vu dans ce qui précède, comment plufieurs grandes provinces ont été réunies au domaine royal, & même l'accroiffement fait au royaume par des États particuliers. Le mariage de Philippe le Bel avec l'héritière de Champagne, celui de Louis XII avec l'héritière de Bretagne, ont procuré l'acquifition de ces provinces en toute propriété. Celle de l'Alface commencée par Louis XIII, a été confommée par Louis XIV, aux conquêtes duquel la France doit une partie de la Flandre & du Hainau, la Franche-comté & le Rouffillon. La Lorraine eft dûe à fon fucceffeur.

ITALIA.

III.

ITALIA.

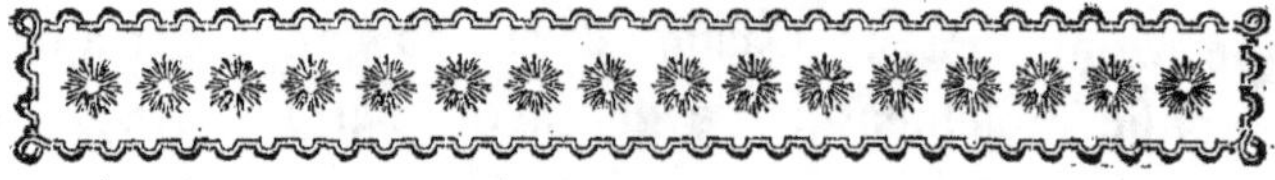

CETTE fameufe contrée va donner le plus grand exemple des révolutions que peuvent éprouver les États & les Empires. Après une domination qu'elle avoit étendue dans les trois parties de l'ancien Monde, nous verrons l'Italie fubjuguée par des nations étrangères, les Goths, & les Lombards, que la conquête qu'ils en ont faite a tirés de l'obfcurité. Dans un intervalle du règne de ces deux nations, elle eft foumife aux Grecs. Elle devient enfin en quelque manière une province de la monarchie Françoife, & des Normans en petit nombre s'y font un État confidérable.

SOUS Honorius, prince peu capable de tenir les rènes d'un Empire qui penchoit vers fa ruine, les Vifigoths abandonnant des terres que l'empereur Valens leur avoit accordées dans la Mœfie, & commandés par un roi nommé Alaric, pénétrèrent en Grèce jufque dans le Péloponnèfe, & traverfant enfuite les provinces fituées entre la Mer Adriatique & le Danube, ils entrèrent en Italie, & ce fut fans fuccès en 402. Mais,

O

il n'en fut pas de même en 408, & Rome au pouvoir d'Alaric en 410, fut faccagée par les Goths, qui dans cette expédition dévaftèrent l'Italie, depuis le pied des Alpes jufqu'au détroit qui fépare ce continent d'avec la Sicile. Un capitaine Goth nommé Radagaïfe, fuivi de 200000 hommes, s'étant en 405 avancé jufqu'en Tufcie, Stilicon avoit fait périr cette multitude de barbares dans des lieux refferrés de l'Apennin. Mais, avant l'établiffement qu'un autre corps de la nation, ou celui des Oftrogoths, vint former, l'Italie fut quelque temps au pouvoir des Hérules.

Il eft affez difficile de dire quelle étoit cette nation, que l'on jugeroit être Scythique, plutôt que Germanique, fur ce que Procope *(Gothic. III)* rapporte de quelques ufages qui s'y pratiquoient, & d'un vice qui y étoit dominant. Rien ne reffemble moins aux Germains, qui nous font fi bien connus par Tacite. Il conviendroit mieux de tirer les Hérules des bords du Tyras, ou Dniefter, & des Palus Mœotides, felon Zofime & Suidas, que de les faire fortir de la Scandinavie, où l'on trouve un peuple de ce nom dans Jornandés. Si en quelques occurrences il en eft mention comme étant voifins des Vandales près de la Mer Baltique, ou des Saxons dans leur ancienne demeure vers la partie inférieure du cours de l'Elbe, c'eft ce qu'on pourroit attribuer à l'étrange confufion que causèrent les mouvemens d'un nombre prefque infini de nations dans le cinquième fiècle. Quoi qu'il en foit, on eft

inſtruit que les Hérules, immédiatement avant leur entrée
en Italie, étoient voiſins des Lombards, & d'un pays
nommé Rugi-land, que le Danube ſéparoit du Noricum.
Odoacer leur roi, ſous les enſeignes duquel des bandes
d'autres peuples, *Turcilingi, Rugi, Skirri,* s'étoient rangées,
traverſa les Alpes, & deſcendit par le Trentin dans le
plat-pays de l'ancienne Gaule Ciſalpine. Il fut reçu dans
Rome, qui ne ſouffrit aucun dommage de ſa part : &
parce qu'il voulut paroître gouverner l'Italie avec l'agrément de Zénon, qui occupoit le thrône impérial à
Conſtantinople, il ſollicita auprès de lui la dignité de
Patrice. Julius-Népos, en qui finit en occident un
fantôme d'empereur, quelques années plus tard qu'en la
perſonne d'Auguſtule, ayant été aſſaſſiné en 480, près
de Salone en Dalmatie, le ſeul pays dont la poſſeſſion
lui fut reſtée, Odoacre s'y tranſporta, & le joignit à
ſa conquête. Il avoit pris Ravenne pour ſa réſidence,
comme elle avoit été celle d'Honorius. Cependant,
Théodoric, roi des Oſtrogoths, quittant le ſervice de
l'empereur d'Orient, dans la vue de régner en Italie,
paſſe les Alpes au commencement de l'an 489, pour
entrer dans la Vénétie. Le fort des armes ayant été
contraire à Odoacre en pluſieurs combats, il ſe
renferma dans Ravenne, où il ſoutint un ſiége juſqu'en
493; & peu de temps après en être ſorti par capitulation, il fut mis à mort aux yeux de Théodoric. C'eſt
donc de la domination des Goths en Italie qu'il doit
être queſtion actuellement.

O ij

G O T H I.

LEUR nom eſt des plus célèbres entre les différentes nations qui ont détruit l'Empire en Occident, & qui ſe ſont établies ſur ſes ruines. La célébrité de ce nom le fait même communiquer quelquefois à des nations diſtinguées par des noms qui leur ſont propres, comme on le trouve à l'égard des Gépides particulièrement, dont il eſt en effet parlé comme ſortant d'une origine commune. Jornandés fait partir les Goths de la Scandinavie, dont on ſait qu'une partie dans le royaume de Suède, conſerve le nom de Gothie, avec la diſtinction d'une Oſtro-Gothie, & d'une Weſtro-Gothie, c'eſt-à-dire Gothie orientale & occidentale, en conformité de ce que dans l'hiſtoire les Goths ſont diviſés en Oſtrogoths & en Viſigoths. L'ancienne Germanie avoit des *Gothones,* au rapport de Tacite, & que l'on juge avoir été voiſins des Sarmates, vers la Viſtule & la Mer Baltique. C'eſt la même dénomination, ayant une terminaiſon Germanique propre à déſigner un pluriel, ainſi qu'on a dit *Francones* pour *Franci, Burgundiones* pour *Burgundii, Friſones* pour *Friſii.* Si on ſe refuſe à croire, que de cette peuplade de *Gothones* ſoit ſortie la multitude de Goths, dont les invaſions ſe ſont étendues à différentes contrées, on pourroit la regarder comme une ancienne colonie d'une émigration antérieure aux connoiſſances hiſtoriques. Pour ce qui eſt de confondre les Goths avec les Gétes, comme pluſieurs écrivains l'ont fait depuis Spartien, sur ce que les Goths avoient fondé un Empire dans une contrée qu'avoient occupé les Gétes, c'est sur quoi on peut consulter un Mémoire du volume XXV de l'Académie, *p. 37.* Quoique l'histoire écrite par Jornandés, qui étoit Goth de naissance, soit intitulée *de Getarum sive Gothorum rebus gestis,* cet auteur, comme ceux qui l'ont précédé, pouvoit se méprendre, & ignorer que les Gétes n'étant point Germains, étoient sans équivoque des Scythes, dont la demeure principale, inconnue à Jornandés, ou celle des Massagétes de l'antiquité, & plus reculée que la Mer Caspienne, conserve précisément le nom de Gété.

La première mention qui soit faite des Goths dans l'histoire, est en parlant de la route que prit Caracalla vers l'Ister, ou le bas Danube pour passer d'Europe en Asie. On voit ensuite périr Dece dans la guerre qu'il fit aux Goths en Mœsie. Ils entrèrent en Asie, brûlèrent le temple d'Éphèse, & ruinèrent Ilium, ou la seconde Troie. Mais, un prodigieux armement de terre & de mer, 320000 combattans, & 2000 bâtimens, tourna aux Goths en pure perte, l'armée qui avoit pénétré dans la Macédoine, ayant été détruite par Claude second dans la Dardanie, près de Naïssus ou Nissa; & la flotte qui étoit sortie de l'embouchure du Dniester, & avoit pillé les rivages & les îles de la Mer Égée, ayant échoué sur les côtes de la Grèce. Il faut croire que le nom d'une nation principale couvre d'autres noms, qui distinguoient différentes nations ou bandes particulières,

dont les chefs ou les rois, comme ils sont communément appelés, prenoient part à ces grandes entreprises.
Un échec aussi considérable auroit abattu une nation
moins puissante que celle des Goths. Mais, ce que les
armes de Constantin firent souffrir de perte aux Goths,
les détermina à demander la paix, qui leur fut accordée ;
& la Tour de Constantin, dont il est parlé dans Procope, est connue actuellement sur le bord septentrional
du Danube, un peu au-dessous de l'embouchure de
l'Aluta, sous le nom vulgaire de Torré. Il y avoit alors
environ un siècle que les Goths paroissoient avoir pris
leur établissement dans l'ancienne Dace de Trajan ; &
des conquêtes en Sarmatie jusqu'à la Mer Baltique,
sous un roi nommé Hermanaric, avoient formé peu
de temps ensuite un grand Empire, que l'invasion des
Huns, nation inconnue jusque-là, & des plus féroces,
détruisit subitement. Dans ce désastre, Fritigerne roi
des Visigoths, obtint de Valens en 376 des terres
dans la Mœsie & dans la Thrace, que les Goths sous
Athanaric, successeur de Fritigerne, abandonnèrent,
ce qui fut suivi de leur entrée en Italie, dont il a été
parlé précédemment. Les Ostrogoths, qui font notre
objet actuel, demeurèrent sous la domination des Huns,
quoique la nation continuât d'avoir des rois. La chute
de l'Empire des Huns après la mort d'Attila en 454,
rendit aux Goths leur liberté, & ils occupèrent la Pannonie. Theodémir, qui les commandoit, sortit de ses
quartiers pour entrer dans les terres de l'Empire, &

obtint une conceſſion en Macédoine. Après ſa mort,
Théodoric ſon fils, quittant la cour de l'empereur
Zénon, ſe fit ſuivre par les Goths en Italie. On ne
pouvoit s'expliquer ici avec plus de brièveté, pour
faire connoître une nation, qui a joué un grand rôle
ſur la ſcène du Monde.

L'État ſur lequel régna Théodoric, & qu'il gouverna
de manière à pouvoir être comparé à des empereurs
Romains qui ont mérité l'eſtime de la poſtérité, ne ſe
bornoit pas à l'Italie. On a vu dans ce qui concerne la
France, que la Provence & la Gothie, entre les Alpes
& les Pyrénées, furent en ſon pouvoir. Il en étoit de
même des deux Rhéties, comme la formule de *Ducatus
Rhœtiarum* dans Caſſiodore *(Variar. lib. VII, c. 4)* le fait
connoître : & ces Rhéties étoient, ſelon qu'il s'en explique, *munimenta Italiæ, clauſtra provinciæ*, le boulevard
de l'Italie, par lequel l'entrée de la province, appelée
alors *Liguria* avec plus d'extenſion que primitivement,
étoit défendue. La même domination embraſſoit le
Noricum, ſelon qu'une lettre adreſſée *Provincialibus Noricis*
(lib. III, epiſt. 50) le fait connoître. Deux autres lettres
(lib. III, 49; & V, 15) adreſſées de même *Univerſis provincialibus, vel poſſeſſoribus, in Suaviâ conſiſtentibus*, doivent
faire ajouter à la Rhétie ce que les *Alemanni* occupoient
à la rive droite du Rhin. Et il faut en conclure, que
les rois d'Auſtraſie, & Thiéri fils de Clovis en particulier, ne s'agrandirent de ce côté-là, & dans la Bavière
au midi du Danube, qu'après le règne de Théodoric,

qui fe montra très-jaloux du progrès des armes Françoifes. Sa domination s'étendit d'un autre côté dans la
Pannonie, la défaite des Gépides & des Bulgares l'ayant
rendu maître de *Sirmium*, comme on l'apprend de Caf-
fiodore *(in Chron.)* en ces termes, *Cethæo cof. (anno 504)
virtute Dom. n. Theodorici victis Bulgaribus, Sirmium recepit
Italia.* Du vivant de fon père Théodémir, il avoit enlevé
à des Sarmates la ville de *Singidon*, aujourd'hui Belgrade.
La Dalmatie, qui avoit été foumife à Odoacre, le fut
également à Théodoric; & fa fille Amalafonte gouvernant l'État fous la minorité de fon fils Athalaric, fut
préferver cette province des attaques des Lombards.
Sous Théodad, le meurtrier de cette princeffe, *Salona*,
qui tenoit le premier rang entre les villes du pays, vint
au pouvoir des Grecs, & les Goths perdirent la Dalmatie & la Liburnie. Pour achever ce qui concerne la
domination de Théodoric, il fut maître de la Sicile,
que Genféric, roi des Vandales en Afrique, avoit cédée
à Odoacre, en fe réfervant le Lilybée (ou Marfalla) à
la pointe occidentale de l'île. Mais, il eft à propos de
remarquer, que les Goths reconnurent plus ou moins,
felon l'état de leurs affaires, une fupériorité dans le
prince qui occupoit le trône impérial à Conftantinople.
Ajoutons encore, que ce règne des Goths ne fournit
point d'obfervation à faire fur des changemens arrivés
dans l'État ou la divifion des provinces en Italie.

Juftinien ayant chargé Bélifaire du commandement
dans la guerre entreprife pour la conquête de l'Italie,
ce

ce Général soumet la Sicile dans une campagne en 535. L'année suivante, il prend terre à Regio sur le rivage du Détroit. En 537, il soutient dans Rome contre Vitigés, qui avoit pris la place de Théodahad, un siége qui dura un an. Enfin, il entre vers la fin de l'an 539 dans Ravenne, dont la possession sembloit décider de cette conquête. Les Goths, dans le choix qu'ils firent de Totila en 541, avoient trouvé un roi capable de relever un État chancelant. Mais, il fut blessé mortellement dans une bataille que lui livra Narsés en 552, & Teïa, qui prit sa place, perdit la vie l'année suivante en combattant Narsés. Ce fut le dernier de cette succession de rois Goths, qui depuis l'entrée de Théodoric en Italie l'an 489, jusqu'en 553 qu'elle finit, n'avoit subsisté que 64 ans. L'Italie passa sous la domination des Grecs, & Narsés la gouverna en qualité de duc, jusqu'en 567, sous le règne de Justin second, neveu & successeur de Justinien.

LANGOBARDI,
ET
LANGOBARDIA.

LE nom des Lombards paroît dans Tacite, & d'une manière honorable pour la nation, en ce que peu nombreuse, *Langobardos paucitas nobilitat,* cette nation se soutenoit néanmoins entre d'autres nations Suéviques très-puissantes. Strabon & Ptolémée connoissent également la même nation dans les limites de la Germanie.

Le nom de *Lango-bardi* étoit tiré de l'usage de porter
la barbe dans toute sa longueur, & sans la couper, *ab*
intactæ ferro barbæ longitudine, dit Paul-Diacre *(lib. 1, c. 9)*,
qui étoit Lombard d'origine, & dans la langue Tudes-
que, *lang bart* signifie longue barbe. Comme cet usage
pouvoit se distinguer en plus d'une nation, il en résul-
tera si l'on veut, d'admettre avec cette demeure des
Lombards en Germanie (de laquelle on ne peut douter)
un autre emplacement en Scandinavie, selon Paul-
Diacre, & Prosper d'Aquitaine. Ce qu'on peut estimer
de plus certain dans ce que leur historien, ou Paul-
Diacre, rapporte de leur migration, & ce qui est aussi
plus voisin des temps où les Lombards doivent paroître
sur la scène, consiste à savoir; que les *Rugi*, qui habitoient le Rugi-land, séparé du Noricum par le Danube,
ayant succombé sous les armes d'Odoacre, après qu'il
se fut rendu maître de l'Italie, les Lombards vinrent occuper le pays du peuple vaincu. On lit dans Paul-Diacre,
qu'après y avoir demeuré quelque temps, ils entrèrent
dans un pays de plaines, *in campis patentibus, qui sermone*
barbaro feld appellantur, où ils étoient voisins des Hérules,
qui reçurent de leur part un tel échec, que cette nation
n'eut plus de rois. C'est ce qu'on voudroit pouvoir
concilier avec ce qu'on sait d'ailleurs, que les Hérules
s'étoient rendus maîtres de *Singidon*, & d'un canton de
pays aux environs; & que les Lombards avoient obtenu
de l'empereur Justinien des terres dans le Noricum &
la Pannonie. Ils s'y étendoient jusqu'aux limites des

Gépides, qui cantonnés dans l'ancienne Dace après la mort d'Attila, s'emparèrent de *Sirmium* en 548. La proximité entre ces nations les arma bientôt l'une contre l'autre. Alboin, roi des Lombards, ligué avec les Avares, qui étoient Scythes, comme nous l'avons fait connoître en traitant de la Germanie, remporta en 566, fur Kunimond, roi des Gépides, une grande victoire; & la défaite du peuple vaincu fut fi complette, que cette nation prefque anéantie, après s'être maintenue plus d'un fiècle dans la poffeffion d'un grand pays, ne fait plus de figure dans l'hiftoire. Les Avares remplacèrent les Gépides dans ce pays. *Sirmium* fe donna aux Grecs de l'Illyrie. Les Lombards retournés dans la Pannonie, la cédèrent aux Avares, à condition toutefois d'y rentrer, fi leur entreprife fur l'Italie n'avoit point de fuccès.

Nous pouvons nous difpenfer d'examiner, s'il eft vrai que l'eunuque Narfés, qui s'étoit fervi d'un corps de Lombards dans la guerre d'Italie, les y appela, pour fe venger d'un propos injurieux de l'impératrice femme de Juftin fecond. Alboin quittant la Pannonie, que les Lombards avoient occupée pendant 42 ans, felon le témoignage de Paul-Diacre, entra en Italie par le Frioul l'an 568, & la Vénétie jufqu'à l'Adige fut d'abord en fa puiffance. Il y ajouta l'année fuivante le plat-pays de la Ligurie, en approchant des Alpes Cottiennes. Ce qu'au midi du Pô l'ancienne voie Émilienne faifoit appeler Émilie, depuis Regio jufqu'à Tortone, fut conquis en 570, & Alboin s'étendit encore en Tufcie, ou dans la Tofcane, & dans l'Ombrie. Il établit des gouverneurs fous le titre de Ducs, dans le Frioul, à Spoléte en Ombrie, & à Bénévent dans l'ancien Samnium. Pavie fe rendit après un fiége de trois ans en 572, & les rois Lombards en firent leur réfidence. On fait qu'Alboin périt par le crime de Rofemonde fa femme, fille du dernier des rois Gépides, & fa mort eft de l'an 573. Son fucceffeur régna peu, & en 575 des ducs partagèrent entr'eux ce que les Lombards occupoient de pays. Mais, la crainte d'une invafion de la part des rois François, Childébert & Gontramn, fit en 584 rétablir la royauté en la perfonne d'Autharic, qui pouffa fes conquêtes jufqu'à l'extrémité de l'Italie, & les ajouta au duché de Bénévent. Sous le règne de Rothar, & vers l'an 641, les places que tenoient encore les Grecs le long de la mer, depuis Luna fur les limites de la Tofcane, jufqu'à la frontière de France, & même Sufe & Aoufte y étant comprifes, tombèrent au pouvoir des Lombards, qui d'un autre côté acquirent Tarente & Brindes, par les armes du duc de Bénévent. Il ne refta aux empereurs d'Orient que ce qu'on appeloit l'Exarchat aux environs de Ravenne, & la Pentapole dans la Marche d'Ancone, la fouveraineté fur le duché de Rome, qui s'étendoit en deçà & au-delà du Tibre, en remontant de la mer jufqu'à Péroufe inclufivement. Il faut ajouter, des places maritimes, Gaéte, Naples, Salerne, & ce qu'on appelle Calabre inférieure, fur le détroit qui la fépare de la Sicile. Liutprand ou Luitprand, que fon application à donner des loix aux Lombards diftingue entre les rois de cette nation, enleva plufieurs places, & Bologne entre autres, à l'Exarchat, Ancone & Ofimo à la Pentapole. Les Grecs perdirent l'Iftrie, & la prife de Ravenne par Aiftulfe ou Aftolfe, en 752, éteignit la domination des Exarques. Ces gouverneurs envoyés fucceffivement de Conftantinople, avoient joui d'un pouvoir prefque abfolu, & ce que leur titre avoit fait appeler l'*Exarchat*, s'eft auffi nommé *Romania*, (aujourd'hui la Romagne) parce que ce diftrict poffédé en toute propriété par les empereurs, étoit réputé une terre Romaine.

Pour fe repréfenter ce qu'étoit l'Italie dans quelque détail fous les Lombards, il faut favoir, que des duchés qui par l'établiffement qu'avoit fait Alboin n'étoient que des gouvernemens de province, devinrent des domaines propres & héréditaires, fujets fimplement à un fubfide triennal de la moitié des revenus, & au fervice militaire. L'efpèce d'Ariftocratie, qui avoit précédé pendant neuf ans le règne d'Autharic, pourroit avoir donné lieu à ce changement dans la condition des ducs. Leur nombre s'étoit multiplié, & on en trouve à Trente, à Turin, à Ivrée, & dans la Ligurie maritime, & en Tufcie. Les rois s'étoient réfervés un grand domaine deçà & delà le Pô, & une partie de la Tufcie. Dans ce qui prit le nom de *Langobardia* fpécialement, entre les Alpes & la Mer Adriatique, on remarque que le nom d'*Auftria* eft donné, felon la fignification qui lui eft propre, à la partie orientale, voifine de cette mer dans la Vénétie, & comprenant l'Iftrie. Ce qui d'un autre côté fut appelé *Neuftria*, ne défignant point, comme nous l'avons fait connoître fur la Neuftrie Françoife, une plage occidentale, par oppofition à la précédente, mais un nouveau pays, poftérieur d'acquifition ; les progrès fucceffifs des Lombards dans l'étendue que prit leur domination, rendront ce nom convenable aux conquêtes faites au midi du Pô, dans l'ancienne Ligurie, nonobftant l'opinion du favant P. Béretti, auquel on doit beaucoup fur le moyen-âge de l'Italie. Quant aux parties ultérieures, le duché de Spoléte n'étoit point borné dans fes dépendances par l'Apennin ; & ce qu'on appelle Stato di Camerino, & ce qui eft au-delà en comprenant Fermo jufqu'à la mer, en faifoit partie. On a pu remarquer, que les limites du duché de Bénévent avoient été reculées vers l'extrémité de l'Italie, & on peut faire mention de deux grands diftricts, entre plufieurs autres, fous le titre de *Gaftaldaius*, l'un de Capoue, l'autre de Teaté, aujourd'hui Civita di Chiéti. Le titre de *Gaftaldus*, dont il eft fait mention fous le règne de Luitprand, fignifie proprement dans un dialecte Lombard & Saxon, felon Spelman, le gardien ou confervateur d'un peuple. Le nom d'*Apulia* s'étant maintenu dans le même canton de pays auquel il étoit propre, il n'en fut pas de même du nom de *Calabria*, qui vu l'ancienne demeure des *Calabri*, auroit convenu à ce qui forme le talon dans la figure de l'Italie, d'où il a été tranfporté par les Grecs du feptième fiècle, comme on peut l'eftimer, dans ce qui faifoit antérieurement le pays des Brutiens. Ce que Conftantin Porphyrogénete dans le dixième fiècle appelle *Longobardiæ thema*, en y employant un titre de province ufité dans l'Empire Grec, paroît répondre à l'Apouille, en y joignant la Lucanie. Voilà ce qu'on peut expofer fommairement fur les parties qui fe diftinguent en Italie dans les temps dont il eft queftion. Venons maintenant à la chute de la domination des Lombards.

Sous le pontificat de Grégoire III, l'alarme que prit Rome d'un armement du roi Luitprand pour réduire le duc de Bénévent, porta les Romains à une première démarche de foumiffion envers la France, en fe mettant fous la protection de Charle-martel, & lui conférant la dignité de Patrice de Rome, ce qui n'eut alors aucune fuite. Mais, le pape Étienne III étant venu en France en 753, déféra au roi Pépin, & à fes enfans, au nom du Sénat & du peuple Romain, comme au fien propre, la dignité & les prérogatives de Patrice de Rome, & tira de ce prince une donation de l'Exarchat & de la Pentupole. L'année fuivante, Pépin fe rendit en Italie, & y retourna en 756, pour contraindre Aiftulfe à fatisfaire aux conditions d'un traité qui avoit été fait en faveur du pape. Didier, duc de Tufcie, étoit reconnu pour roi par tous les Lombards en 757. Mais, l'intérêt qu'il parut prendre aux enfans que fa fœur avoit eus de

Carloman, frère de Charlemagne, & les follicitations du pape Adrien premier, attirèrent fur Didier les armes du monarque François, qui paffa les Alpes au mont Cenis l'an 773, & par la prife de Pavie l'année fuivante, fut maître de la perfonne de Didier, qu'il envoya en France. Ainfi finit le règne des Lombards, après avoir duré 206 ans. Cependant, on ne fauroit s'exprimer de même avec précifion à l'égard du royaume qu'ils avoient formé, puifqu'il continua de fubfifter entre les mains de Charlemagne, qui à commencer de l'année 774, ajouta au titre de roi des François, celui de roi des Lombards.

F R A N C I.

Sous les titres précédens, *Gothi*, & *Langobardi*, on a vu des nations entières entrer en Italie, pour s'y répandre & l'habiter. Ici c'eft une puiffance étrangère, qui fans fe déplacer étend fa domination fur l'Italie. Mais, le domaine fuprême, que les empereurs d'Orient avoient confervé, ne parut vraiment éteint que par le couronnement de Charlemagne dans Rome, en qualité d'empereur d'Occident, par le pape Leon III, le jour de Noël de l'an 800. Jufque-là, les Romains avoient continué de dater les années par le règne des empereurs fiégeant à Conftantinople, comme il avoit été d'ufage du temps des Lombards. Par la dignité impériale en la perfonne de Charlemagne, ce prince fut revêtu des droits de fouyerianeté, que l'Empire d'Orient avoit

exercés

exercés dans Rome, & fur les terres de l'Exarchat, dont Pépin fon père avoit gratifié l'Églife Romaine.

Le duc Lombard, qui commandoit dans le Frioul, ou dans la Marche Trévifane, comme ce diftrict du royaume d'Italie eft auffi appelé, ayant voulu fe fouftraire à l'obéiffance, avoit perdu la vie dans une bataille en 776; & un article important à traiter, c'eft l'agrandiffement que Charlemagne donna à fa domination, dans des provinces qui fuccèdent au Frioul, le long de la Mer Adriatique. La conquête de l'Italie fous Juftinien avoit donné l'Iftrie aux Grecs, qui s'y étoient prefque toujours maintenus du temps des Lombards. Mais en 791, on voit un duc d'Iftrie fervir Charlemagne avec des troupes Italiennes dans la guerre contre les Avares. La Liburnie étoit foumife, & un duc de Frioul y avoit été envoyé en 799. La Dalmatie, que Théodoric roi des Oftrogoths, avoit poffédée, & qui par la conquête dont on vient de parler étoit devenue fujette de l'Empire d'Orient, reconnut les loix de Charlemagne. On voit dans Eginhard fous l'an 806, le duc & l'évêque de *Jadera*, accompagnés des ducs de Venife, fe préfenter devant Charlemagne à Thionville, comme députés des Dalmates, *legati Dalmatarum*; & ce qu'il ajoute d'une flotte envoyée par l'empereur Nicéphore, pour reprendre la Dalmatie, *ad recuperandam Dalmatiam*, témoigne fuffifamment que la députation étoit un acte de foumiffion. Par un traité fait en 803, & en confidération de l'alliance contractée entre les

Q

deux Empires, Charlemagne avoit laiſſé la jouiſſance de quelques villes maritimes en Dalmatie à l'empereur Grec : *exceptis*, dit Eginhard, après avoir nommé la Dalmatie, *maritimis civitatibus, quas ob amicitiam, & junctum cum eo fœdus, Conſtantinopolitano imperatori, habere (Carolus) permiſit.* Ces villes qui ne ſont point nommées, étoient ſans qu'il y ait lieu de s'y méprendre, *Jadera, Tragurium, Aſpalatos* (Zara, Traw, Spalato) mais très-reſſerrées dans ce qu'on leur connoît de territoire. La dernière avoit été conſtruite par des réfugiés de Salone, la principale des villes de la Dalmatie, mais détruite par les Avares & les Slaves ſous le règne d'Héraclius, de même qu'Épidaure, dont les habitans ſe firent une nouvelle demeure en bâtiſſant Raguſe.

Les Slaves, qu'il ne faut point confondre comme nation avec celle des Avares, avoient prévalu ſur eux dans la Dalmatie. Ils étoient diſtingués des autres races de même origine Sarmatique par un nom particulier, celui de *Hrouat,* qu'il eſt difficile de prononcer dans notre uſage, la lettre initiale étant gutturale, remplacée dans Conſtantin Porphyrogénete par un *Khi,* & qui s'écrit en latin *Chrobati.* C'eſt le premier auteur où ce nom ſe rencontre, & les premières notions qu'on ait des Croates lui ſont dûes dans ſon ouvrage de l'adminiſtration de l'Empire *(cap. 29 & 30).* Il fixe l'étendue de ce qu'il appelle particulièrement *Chrobatia,* le long de la mer, dans l'intervalle de l'Iſtrie à une rivière nommée Zentina (aujourd'hui Cetina), & c'eſt à quoi

peut se limiter ce que posséda Charlemagne sur ce
rivage de la Mer Adriatique. Un détachement de ces
Croates s'étant retiré dans la Pannonie inférieure, vers
les limites du pays occupé par les Avares, l'établissement que prirent ces Slaves ne peut mieux convenir
qu'à ce qu'on distingue actuellement sous le nom spé-
cial de Slavonie, entre la Save & la Drave. Mais, la
principale partie de la nation Croate bordoit la frontière
des terres de la monarchie Françoise, sur les anciennes
limites de la Boïarie, & répond ainsi à ce qui conserve
jusqu'à présent le nom de Croatie. Les Croates en
cette partie étoient appelés *Belo-Chroati*, ou Croates
blancs, selon l'idiome Slavon. Ils obéissoient, dit formellement le Porphyrogénete, à Otton le Grand, dont
il étoit contemporain, & qu'il qualifie de roi de France
& de Saxe, en y employant le terme de *rex*, & non
celui de *basileus*, que les empereurs Byzantins se réser-
voient comme un titre de plus grande dignité. On avoit
opinion, que cette nation Croate étoit sortie d'un pays
situé au-delà des montagnes appelées en Slavon *Babia
gora* (ou montagnes de la Vieille) ce qui paroît convenir
au *Carpathes*, ou Krapak, qui sépare la Sarmatie, ancienne demeure des différentes races Slavones, d'avec
la Hongrie. Les Croates étoient resserrés au levant par
d'autres Slaves, appelés *Serbi*, auxquels appartenoient
les terres que traverse la rivière de Bosna, qui se rend
dans la Save, donnant le nom à la Bosnie. Les Serbes,
qui s'étendoient depuis le Danube jusque dans la partie

orientale de la Dalmatie, étoient sujets de l'Empire d'Orient, ce qui décide des limites de celui d'Occident en cette partie. Le nom des Serbes se lit *Sorabi* dans Eginhard, sous l'an 822 : *Sorabi,* dit-il, *quæ natio magnam Dalmatiæ partem obtinere dicitur.* En remarquant trois consonnes dans le même ordre, S R B, & l'indifférence qu'on peut avoir sur l'emploi de la voyelle entre les deux premières consonnes (pour peu qu'on soit familier avec ce que donnent les variantes d'une même dénomination), il y a tout lieu de reconnoître une même nation dans les Serbes & dans les Sorabes, nonobstant l'opinion d'un Savant très-versé dans le moyen-âge de la Germanie, mais avec d'autant plus de certitude qu'Eginhard ne connoît point d'autre forme du même nom de *Sorabi,* entre les races de Slaves que la Germanie renfermoit. Il n'est pas plus extraordinaire de voir cette nation divisée par des contrées différentes, que celle des Obotrites ou Abotrites, dont les uns adjacens à la Mer Baltique se donnent à Charlemagne, & les autres dans l'ancienne Dace sur le bas Danube font hommage à Louis le Débonnaire, comme nous l'avons rapporté en traitant de la Germanie. On produiroit ainsi plus d'un exemple de l'étrange dispersion de ces peuples dans leurs migrations.

On lit dans Eginhard, sous l'an 828, qu'un duc de Frioul fut privé de son gouvernement, pour avoir souffert que les Bulgares fissent le dégât dans la Pannonie inférieure qu'habitoient les Slaves, & que cette Marche fut divifée en quatre comtés : *Marchia, quam folus (Baldericus) tenebat, in quatuor comitatus divifa eft.* Un de ces comtés pouvoit confifter dans le démembrement que Louis le Débonnaire fit de la Carinthie, & de quelques autres provinces adjacentes, pour les incòrporer au royaume de Germanie, comme il a été convenable d'en parler ailleurs. Nous fommes inftruits par Conftantin Porphyrogénete, que les rois de Germanie, & nommément Otton le Grand, étoient reconnus pour fouverains en Croatie. Dans le fiècle précédent, ou le neuvième, la Croatie étoit partagée en deux duchés, dont l'un dans la partie feptentrionale, par conféquent en Slavonie. Vers la fin du dixième fiècle, & dans le onzième, les Croates ont des rois, qui d'après quelques titres, paroiffent tenir des empereurs Grecs leur dignité. Placés entre les deux Empires, ils avoient paffé de la domination de l'un en celle de l'autre. La lignée de ces rois ayant manqué, le roi de Hongrie, Saint-Ladiflas, en prit occafion d'entrer en Croatie pour en faire la conquête, & fon fils Coloman dans le commencement du douzième fiècle, étendoit cette conquête jufqu'à la mer. Cependant, les Vénitiens avoient pris pied en Dalmatie dans les dernières années du dixième fiècle. Les villes maritimes vexées par les Slaves qui habitoient le fond du pays, ayant imploré le fecours des Vénitiens, & une flotte commandée par le doge Pierre Orfeol, abordant à Zara, à Traw, à Spalato, & à quelques îles, les habitans s'y foumirent à la République. Au retour de cette expédition, le titre de duc de Dalmatie fut conféré au doge, fans qu'on vit d'op-pofition de la part de Bafile & de Conftantin, qui occupoient alors le thrône impérial à Conftantinople. Les fervices que les Vénitiens rendirent environ cent ans après à Alexis Comnène, dans une guerre contre les Normans & leur duc Robert Guifcard, purent mé-riter qu'entre autres témoignages de reconnoiffance, cet empereur reconnut le titre dont il s'agit en la perfonne du doge Vital Faledro, comme plufieurs hiftoriens l'ont écrit.

Mais, il faut rentrer en Italie, où ce qui concerne Venife dans les premiers temps demande une difcuffion particulière. On fait que la ruine d'Aquilée par Attila ayant répandu la terreur dans la Vénétie, des îles prefque au niveau des eaux dans les lagunes qui bordent le fond de la Mer Adriatique, furent peuplées de fugitifs qui abandonnoient les campagnes. Il en fut de même à peu près, quand les Lombards fous Alboin entrèrent en Italie. Mais alors, les habitans de ces îles formoient un peuple, gouverné par des magiftrats, que ce peuple même avoit mis en place, & toutefois dans la dépen-dance, comme des lettres adreffées à des tribuns de villes maritimes, *(Venetiarum* nommément) & à un offi-cier qui y réfidoit *(Caffiodori, variar. lib. XII)* le mettent en évidence; ce qui détruit la chimère de la première liberté de Venife. Car, en admettant même l'auto-nomie, ce privilége de fe gouverner intérieurement par ſes loix, ne diſpenſe pas de l'obéiſſance à une puiſſance ſupérieure. La conquête faite ſur les Goths ſous le règne de Juſtinien, fit de l'Italie une province de l'Empire d'Orient, & on ne doit point être ſurpris de voir les Vénitiens reconnoître les empereurs de Conſtantinople comme ſeigneurs dominans. C'eſt auſſi ce qui convenoit à la politique d'une république, qui preſſée en terre-ferme par les Lombards, & enſuite par les François, pouvoit être moins aſſervie, & plus près de l'indépendance à laquelle elle aſpiroit, en re-connoiſſant un ſeigneur plus éloigné. Quant à cette ſou-miſſion à l'égard de l'Empire Grec, elle ſe montre ſans équivoque dans l'acte de fondation d'une abbaïe ſous le doge Participazio l'an 827, & Sanſovin qui a publié cet acte, eſt un auteur non ſuſpect ſur ce ſujet.

La première réſidence de la magiſtrature Vénitienne fut un lieu nommé *Heraclea*, du nom de l'empereur Héraclius, & ſur le bord des lagunes. Les habitans d'*Opitergium*, ou Oderzo, ruiné par Rothar roi des Lombards, avoient peuplé ce lieu, qui fut détruit en 737, ce qui occaſionna une tranſlation à *Metamaucum*, ou Malamoco. Mais, dans la guerre que Pépin, fils de Charlemagne, & inveſti du royaume d'Italie dès l'an 781, entreprit pour réduire les Vénitiens, Malamoco ayant auſſi été détruit, le ſiége de la république fut transféré vers l'an 810 à *Rivus altus*, ou Rialto, dont Pépin n'avoit pu ſe rendre maître, ſelon ce que rapporte Dandolo, le plus ancien des hiſtoriens de Veniſe. Le nom de *Venetiæ* n'étoit point encore-propre aux îles principales, Rialto & Olivola, & un diplôme de l'an 982, en faveur de l'abbaïe de Saint-George, eſt daté de *Rivalto.* Dandolo a écrit, que dans le traité entre Charlemagne & Nicéphore, il fut ſtipulé que les places maritimes de la Vénétie, qui n'avoient point ceſſé d'être ſujettes de l'Empire d'Orient, ne ſeroient point moleſtées par l'Empire d'Occident. Eginhard dit formellement, que Charlemagne rendit la Vénétie à Nicéphore, ce que des hiſtoriens du temps rapportent à l'an 812. Une circonſtance ſur laquelle on peut bien adopter le témoignage de Conſtantin Porphyrogénete *(de Admin. Imp. c. 28)* eſt que la Vénétie fut tenue à payer un tribut annuel, peu conſidérable à la vérité, au roi d'Italie. Le domaine de Veniſe, qui s'eſt agrandi au point d'atteindre le ſommet des Alpes, & de reſſerrer le duché de Milan, ne conſiſtoit alors que dans les îles des lagunes, depuis l'embouchure de l'Adige juſqu'à Caprulé, ou Caurlé, & Grado vis-à-vis d'Aquilée. Dans un diplôme de l'empereur Henri V, donné à Vérone en 1111, & favorable aux Vénitiens, le dénombrement très-circonſtancié des lieux qui compoſent leur État, ne déſigne rien de plus; & on auroit lieu de douter, qu'une liſière en terre-ferme le long des lagunes, & qui paroît actuellement attribuée à ce qu'on nomme le Dogado, fut alors du domaine de la République. On voit le doge Orſeol ſecond interdire en 993 aux ſujets de l'État tout commerce avec la Marche Tréviſane.

Trévifane. L'Iftrie de même que le Frioul reconnoiffoit pour fouverain l'empereur Otton fecond, felon la formule de la date d'un traité entre le comte de cette province & les Vénitiens.

ITALIÆ REGNUM.

LE royaume d'Italie, ainfi que la couronne impériale, paffa fans interruption à plufieurs princes du fang de Charlemagne jufqu'à Charle le Gros, fur la tête duquel furent réunies toutes les parties de la domination Françoife, qu'un prince auffi foible qu'il étoit fut incapable de gouverner. Après fa mort arrivée au mois de janvier 888, Bérenger duc de Frioul, & Gui duc de Spoléte, fe difputèrent la couronne d'Italie, & furent élus l'un après l'autre, le premier dans la même année, le fecond dans la fuivante. Arnoul, roi de Germanie, fe fit élire en Lombardie l'an 894, un an avant que d'être couronné à Rome. La couronne d'Italie paffe enfuite fur la tête de plufieurs princes, Louis, roi de Bourgogne Cis-jurane, Rodolfe de la Trans-jurane, & Hugue comte d'Arles ou de Provence. Otton le Grand, roi de Germanie, ayant été proclamé roi à Pavie l'an 951, un fecond Bérenger & fon fils, furent reconnus rois d'Italie, en qualité de feudataires, dans une diéte tenue à Augfbourg l'année fuivante: *in conventu,* dit Réginon, *Francorum, Saxonum, Baüariorum, Alemannorum, & Langobardorum ;* & cette diftinction des membres qui compofoient la diéte, eft digne de

R

remarque, comme nous n'avons pas manqué de l'ob-
ferver en traitant de la Germanie. Ce que le même
chroniqueur appelle *Marcam Veronenfium & Aquilegien-
fium*, c'eſt-à-dire le Frioul, Tréviſe, & Vérone juſqu'à
l'Adige, fut excepté dans cette inféodation. Otton en
inveſtit ſon frère Henri, duc de Bavière; & ce diſtrict
fut uni depuis, & pendant pluſieurs ſiècles, au duché de
Carinthie, pour ne former qu'un même gouvernement.

Il eſt à propos d'examiner en quoi conſiſtoit le
royaume d'Italie dans les temps où l'on ſe trouve ici
actuellement. Un diplôme de Charle le Gros, en
date de l'an 883, fournit ſur ce ſujet une détermination
générale en ces termes ; *in toto regno Romanorum & Langobardorum, & ducatûs Italiæ, Spoleti, & Tuſciæ*. Quant
à cette diſtinction d'un duché d'Italie, il faut croire
qu'elle tombe ſur la Lombardie traverſée par le cours
du Pô. Pavie étoit le ſiége d'un juge ſuprême, qualifié
comte du Palais, auquel par une inſtitution de Charlemagne, on pouvoit appeler des ſentençes rendues par
les ducs, marquis, & comtes. Le titre de Marche fut
employé dans le partage des provinces plus ou moins
conſidérables. Il a été queſtion ci-deſſus de la marche
de Vérone. Celle de Toſcane étoit des principales;
& la ville de Luque y paroît tenir le premier rang,
avec le titre de duché. Le marquis Boniface, & la
célèbre comteſſe Mathilde ſa fille, joignirent à cette
marche Modène, Parme, & Mantoue. La marche de
Sufe, en réuniſſant celles de Turin & d'Ivrée, a formé

ce qui a pris le nom de Pied-mont, *Pedemontii.* Le Mont-ferrat fut une marche adjacente, entre le Pô & l'Apennin. Il faut parler du duché de Spoléte. On remarque que depuis l'établissement des marches, ce duché n'est plus ce qu'il avoit été, mais un gouvernement amovible, au gré des papes comme des empereurs, selon les circonstances. Ce qui est au nord de la chaîne de l'Apennin jusqu'à la Mer Adriatique, fut une marche sous différens noms, Camérino, Fermo, Chiéti. L'empereur Otton second, dans un diplôme en faveur du Mont-Cassin, & de l'an 981, s'exprime de manière, que ce qu'il appelle ses duchés de Spoléte & de Fermo désigne la frontière de son royaume d'Italie. Il y a des indices que les rois au préjudice des papes, s'étoient mis en possession de l'Exarchat, sur lequel il est d'ailleurs certain que Pépin & Charlemagne, dans la concession de ce territoire, s'étoient réservés la souveraineté.

On ne sait trop s'il doit être question du duché de Bénévent, comme d'un membre du royaume d'Italie. A la chute de la domination des Lombards, le duc de Bénévent Arigise se déclara prince indépendant. Mais, cette prétention ne put se soutenir contre la puissance de Charlemagne, & de plusieurs empereurs François; & les princes de Bénévent ne furent libres de ce côté-là, qu'en reconnoissant pour souverains les empereurs Grecs, à commencer par Adelgise, qui quelques années avant la mort de l'empereur Louis, fils de Lothaire, fe fit vaffal de Bafile, revêtu alors de la dignité impériale à Conftantinople. On remarquera, que dans le diplôme de Charle le Gros cité précédemment, il n'eft point fait mention de Bénévent. Cependant, environ cent ans après, Otton le Grand, qui prit à Rome la couronne impériale en 962, reçut hommage des princes de Bénévent & de Capoue, que l'empereur Grec Nicéphore-Phocas regardoit comme fes vaffaux & tributaires. Les armes d'Otton fecond paroiffoient affurer la fupériorité que le règne des Lombards & des François avoit eue fur cette partie de l'Italie, lorfqu'en 981 ce prince fut entièrement défait par les Grecs, aidés des Sarazins de Sicile en cette journée, de laquelle felon qu'il en eft parlé dans l'hiftoire, Otton ne fe fauva lui perfonnellement qu'avec grande peine. La victoire des Grecs les rendit maîtres de l'Apouille entière, dont ils tenoient déjà quelques places, en y joignant la Lucanie. Le commandement ayant été confié à des Généraux fous le titre de *Catapan*, dont la fignification eft incertaine, de-là vient que la première de ces provinces a pris un nom altéré par l'ufage en difant Capitanate; & la feconde appelée Bafilicate, peut tirer ce nom de l'empereur Bafile fecond, qui en ce même temps occupoit avec Conftantin fon frère le thrône impérial en Orient. La fouveraineté des empereurs Grecs s'étoit maintenue à l'égard des princes établis à Salerne, & des ducs de Naples, d'Amalfi, & de Gaïete. Tout ce qui paffe les limites du royaume d'Italie étoit appelé Lombardie par les Grecs, *Longobardiæ thema,* comme nous l'avons dit ailleurs d'après Conſtantin Porphyrogénete.

NORMANNI, & SICILIA.

LA poſſeſſion des Grecs ne fut pas long-temps paiſible & ſans trouble. Un Lombard de Bari, la plus puiſſante des villes de l'Apouille en ce temps-là, excitoit un ſoulèvement dans le pays; & les Sarazins ſéparés des Grecs, faiſoient des conquêtes pour leur compte. C'eſt dans ces circonſtances, qu'une troupe de Normans ſortie de France, ſe rend en pélerinage à Saint-Michel du mont Gargan dans la Capitanate, & le Lombard dont on vient de parler, & nommé Mélo, engage ces étrangers à ſe joindre à lui. Il en arrive pluſieurs bandes dans la même année 1017. Le Catapan eſt battu, & les Normans s'enrichiſſent de butin. Léon d'Oſtie, & quelques chroniqueurs ont écrit, que quarante Gentishommes Normans revenant de la Paleſtine, avoient ſauvé la ville de Salerne, aſſiégée par les Sarazins: mais le premier récit paroît préférable, ſi l'un & l'autre ne ſont point adoptés ſéparément, puiſque des aventures différentes par elles-mêmes les rendront compatibles. Les Normans n'ayant point dans ces commencemens d'établiſſement ſolide, prêtoient leurs armes à différens princes. Le duc de Naples chaſſé par le prince de Capoue, ayant été rétabli l'an 1029 par le ſecours des Normans, Raynulf leur chef fut mis en poffeffion d'un territoire fous le titre de comté, & une ville qui couvroit Naples du côté de Capoue, y fut conftruite & nommée Averfa. Dans une armée que l'empereur Michel le Paphlagonien envoya en Sicile, pour la retirer des mains des Sarazins, Guillaume, fils de Tancrède de Hauteville, gentilhomme du Côtentin, fe diftinguant par fa valeur, acquit en cette expédition le furnom de Bras-de-fer. Son frère Drogon, qui fut comte de Venofa & d'Afcoli dans l'Apouille, reçut ainfi que Raynulf comte d'Averfe, de l'empereur Henri le Noir en 1047, l'inveftiture de fes terres. Il avoit appelé auprès de lui des frères cadets d'une autre mère, entre lefquels Robert, furnommé Wifcard ou Guifcard, a mérité par fes exploits le premier rang entre les guerriers de fon fiècle.

Il arriva en 1053, que le pape Léon IX ayant armé contre les Normans, avec des fecours tirés de la Germanie, fut vaincu & fait prifonnier. Mais, par accommodement l'année fuivante, le fouverain pontife reçut les Normans au nombre des vaffaux de Saint-Pierre, leur concédant en fief relevant de l'Églife, tout ce qu'ils poffédoient dans l'Apouille, & ce qu'ils pourroient conquérir en Calabre fur les Grecs, & en Sicile fur les Sarazins. Ce pape venoit de faire l'acquifition de Bénévent, en échange de la ville de Bamberg en Franconie, qui étoit engagée à l'Églife Romaine, & la ceffion de Bénévent par l'empereur Henri, fut faite *Vicariatûs gratiâ*, felon les termes de Léon d'Oftie.

Robert Guifcard s'étant emparé de l'Apouille, au préjudice d'un neveu, fils d'Humfroi fon frère aîné, reçut
du pape Nicolas fecond le titre de duc, & fon frère
Roger prit le titre de comte de Calabre. Richard comte
d'Averfe, fut invefti de la principauté de Capoue, &
fi les papes fe montrèrent favorables aux Normans en
quelques occurrences, on peut dire qu'ils furent puif-
famment aidés dans leurs entreprifes fur les droits des
empereurs, par la protection des princes Normans.
Cependant, Robert Guifcard enlevoit aux Grecs ce
qui leur reftoit de places dans l'Apouille. Bari, la
principale de ces places, & réfidence du Catapan, fut
prife en 1071, après un fiége ou un blocus de trois
ans. Il fe rendit maître de Salerne en 1077. Et parce
que l'ambition de Robert ne connoît point de bornes,
il part des ports de Brindes & d'Otrante en 1081,
s'empare de Corfou, & de plufieurs places maritimes,
met le fiége devant Durazzo, qui fe rend l'année fuivante; & ce n'eft que par la crainte d'une invafion
de la part de l'empereur Henri IV, qu'il repaffe dans
l'Apouille. Il fut fecondé en cette expédition par fon
fils Boémond, défigné prince de Tarente, & qui dans
la première Croifade acquit en Syrie la principauté
d'Antioche. Robert ayant entrepris de fe rendre
maître de Céphalénic, y meurt en 1085; & c'eft de fon
nom qu'un port à la pointe du nord de cette île, & le
canal de mer qui la fépare de Theaki, ou Cefalonia
piccola, font appelés Vifcardo. Mais il faut dire, que

ces conquêtes au-dehors de l'Italie retournèrent bientôt au pouvoir de l'empereur Grec.

Roger, frère de Robert, avoit passé en Sicile dès l'an 1061, & pris Messine. Cette île enlevée aux Ostrogoths sous le règne de Justinien, fut perdue pour les Grecs sous Michel le Bégue. Un rébelle nommé Euphème (Phéma dans les écrivains Arabes) appelant les Sarazins à son secours, les Aglabites, qui dominoient alors en Afrique, devinrent maîtres de la Sicile, qui passa ensuite à des Fatimites, dont la puissance détruisit la précédente dans les premières années du onzième siècle. Les deux frères, Robert & Roger, réunirent leurs forces en 1071 contre Palerme, qui se rendit dans les premiers jours de l'année suivante. Les Sarazins perdirent Trapani en 1077, Syracuse en 1088, & en 1090 il ne restoit rien en Sicile qui ne fut soumis. Malte, que la nomenclature des lieux (comme il en est d'un assez grand nombre en Sicile) témoigne avoir été possédée par les Sarazins, leur fut enlevée, & un comte y fut établi. Le duc Robert investissant de la Sicile son frère Roger, s'étoit reservé Palerme, que Roger fils de Robert, & reconnu après la mort de son père duc d'Apouille, de Calabre, & de Sicile, remit à son oncle Roger. C'est à ce même Roger, comte de Sicile, que le pape Urbain second conféra en 1098, la dignité & les prérogatives de Légat du Saint-Siége en Sicile, ce qui donne au Souverain dans cette île la juridiction Ecclésiastique. Roger, duc d'Apouille & de Calabre,

qui

qui mourut en 1111, eut pour successeur son fils Guillaume, à la mort duquel en 1127, Roger, second du nom, comte de Sicile, s'empara de l'Apouille & de la Calabre, & en reçut l'investiture du pape Honorius second, de la même manière dont les princes précédens avoient été investis des mêmes États. Dans le schisme qui partagea ensuite l'Église, & l'Italie en particulier, Anaclet second disputant la thiare à Innocent second, & voulant se procurer l'appui d'un prince aussi puissant dans le voisinage de Rome qu'étoit Roger, le déclara par une bulle du 27 septembre 1130, roi de Sicile, & le confirma dans la possession des duchés d'Apouille & de Calabre. Roger ayant choisi Palerme pour capitale dans ses États, voulut y être sacré par l'archevêque de cette ville, & prendre ensuite la couronne de la main du prince de Capoue, le premier de ses sujets. Il vit en 1137 son domaine d'Italie presque au pouvoir de l'empereur Lothaire second, qui reconnoissant pour pape légitime Innocent second, étoit entré dans l'Apouille avec une puissante armée. Mais en 1139, Roger par son courage & son activité ramenant la fortune, & étant maître de la personne d'Innocent second, le titre de roi, & la monarchie de Sicile, tant en-deçà qu'au-delà du Fare, d'où est venu le titre des *deux Siciles,* lui furent confirmés, & à ses héritiers à perpétuité, par ce même pontife. Les Napolitains reçurent alors pour duc un fils de Roger, de même nom que son père; & on peut remarquer, que la ville de Naples fut la dernière à paffer fous la domination des princes Normans.

Le règne de Roger fut fignalé par une expédition en Grèce l'an 1146, & fur la côte d'Afrique l'année fuivante. Mais, fon fils Guillaume qui lui fuccéda en 1154, vit en 55 l'Apouille prefque entière foulevée par les intrigues du pape Adrien IV, & au pouvoir des Grecs, qui fous Manüel Comnène tenoient Ancone, fort en-deçà des limites de l'Apouille, fans qu'on fache comment cette ville étoit entre leurs mains. Les armes de Guillaume le firent rentrer en poffeffion dès l'année 1156, & Bari qui s'étoit révoltée fut prefque détruite. Guillaume fecond, qui fuccéda à fon père en 1161, mourut fans enfans en 1189. Le roi Roger avoit laiffé une fille, tante paternelle de Guillaume fecond, & nommée Conftance, que l'empereur Fridéric premier, ou Barbe-rouffe, avoit fait époufer en 1186 à fon fils Henri, en même temps qu'il le faifoit couronner roi d'Italie. Cependant, il reftoit un prince de la race des Normans, Tancrède, fils de Roger duc d'Apouille, mais d'un mariage fécret, ce qui pouvoit fournir un prétexte d'attaquer la légitimité de la naiffance. Des qualités perfonnelles dignes du thrône, contribuèrent à l'élévation de Tancrède, que les États de Sicile affemblés en janvier 1190 reconnurent pour fouverain. Ayant perdu fon fils aîné, nommé Roger, qu'il avoit fait défigner roi, & marié à Irène, fille d'Ifaac l'Ange, empereur de Conftantinople, il ne laiffa en mourant au commencement de l'an 1194, qu'un prince en bas-âge

fous la tutelle de fa mère, & nommé Guillaume. Henri,
mari de Conftance, & qui s'étoit fait couronner empereur à Rome en 1191, prétendant au royaume de
Sicile du chef de fa femme, fe rend en Italie, foumet
l'Apouille, & paffe en Sicile. Maître de Palerme, il
réduit la tutrice du prince à fe contenter par accommodement de la principauté de Tarente & du comté
de Leccé, pour fon pupile. Mais Henri, qui joignoit
par caractère la cruauté à la mauvaife foi, & que les
écrivains Alemans n'ont pas qualifié fuffifamment par
le furnom de Sévère, renferma le jeune prince Guillaume dans un château du pays des Grifons, & lui fit
crever les yeux, ou le fit mettre hors d'état d'avoir
de la poftérité, car l'hiftoire varie fur ce point. Ainfi
s'éteignit la lignée de ces braves Normans, fondateurs
d'un royaume, qui ne cède en Europe qu'aux plus
grandes monarchies. On pourroit dire, que les circonftances qui accompagnèrent l'ufurpation de la couronne
de Sicile, furent punies en la perfonne du dernier des
princes de la maifon de Suabe, arrière petit-fils de
Henri, & que les Italiens ont appelé Conradin, à qui
Charle d'Anjou, roi de Sicile, fit trancher la tête en
1268.

C E qui fait ainfi les plus grands objets dans ce que
huit fiècles du moyen-âge offrent de révolutions en
Italie, demande quelque fupplément, pour donner une
idée générale de l'état que prirent des villes principales

ſous les princes de pluſieurs maiſons Germaniques, (particulièrement celle de Suabe) qui joignirent à la dignité impériale les droits attachés à la couronne d'Italie.

Les troubles que les prétentions de la cour de Rome, au préjudice de l'Empire, excitèrent en Italie ſous le règne de l'empereur Henri IV, dans le onzième ſiècle bien avancé, furent cauſe que beaucoup de villes de Lombardie ſe mirent en liberté. L'abus de cet état de liberté donna naiſſance à une diſcorde, qui arma ces villes les unes contre les autres, celles qui étoient puiſ-ſantes voulant agrandir leur territoire aux dépens des plus foibles, ou même les ſubjuguer. Milan & Pavie ſe diſtinguèrent par leur animoſité mutuelle, l'une pré-valant par ſa dignité de métropole, l'autre par la préro-gative d'ancienne réſidence royale. La première trop opiniâtre dans une rébellion, qu'un prince auſſi ferme dans ſes réſolutions que Fridéric Barbe-rouſſe vouloit réprimer, ayant été détruite en 1162, fut rétablie cinq ans après par les autres villes Lombardes, que la rigueur de ce châtiment avoit révoltées. On voit ſous le règne de cet empereur, que par l'abrogation des anciennes magiſtratures, le gouvernement des villes eſt confié à des officiers, ſous le titre de *Podeſta,* & Hubert de Viſconti fut le premier qu'eurent les Milanois en 1187. Dans les ſiècles ſuivans, ces officiers s'arrogèrent une autorité abſolue, & devinrent ce qu'il étoit d'uſage chez les anciens Grecs à l'égard d'un pouvoir uſurpé dans une

ville libre, d'appeler des tyrans. L'empereur Rodolfe
de Habfpourg, plus indifférent fur les affaires d'Italie
que n'avoient été fes prédéceſſeurs, vendit à pluſieurs
villes des priviléges & immunités. Il tira de Luque
12000 écus, 6000 de Bologne, & de Florence, &
autant de Gênes, qui avoit obtenu de Conrad III en
1140, le droit de battre monnoie. On voit Luque &
Piſe ſe faire opiniâtrement la guerre. La puiſſance des
Piſans fur mer paroît d'abord plus conſidérable que
celle des Génois. Ces deux républiques s'unirent pour
chaſſer de la Sardeigne un prince Maure en 1017 &
1021. L'île diviſée en quatre départemens, appelés
judicatures, eut autant de gouverneurs, qui à l'imitation
des Emirs Afriquains, affectèrent le titre de rois. Les
diſtricts de Cagliari & Arborea, qui avoient été le
partage des Génois, leur étoient conteſtés, lorſque la
ſouveraineté de la Sardeigne fut concédée aux Piſans
en 1164, par l'empereur Fridéric Barbe - rouſſe.
Fridéric ſecond, dans la diſpoſition qu'il fit de ſes
États en 1250, confirma le don qu'il avoit fait de la
Sardeigne avec le titre de royaume, à un fils naturel
nommé Enzius ou Entzen, qui fut en poſſeſſion des
diſtricts de Gallura & Torré, dans la partie ſeptentrionale de l'île, mais qui mourut priſonnier entre les mains
des Bolonois, & après la mort duquel les différens
entre les Piſans & les Génois ſe renouvelèrent. La cour
de Rome prétendant au domaine ſuprême fur la Sardeigne & la Corſe, Boniface VIII en donna l'inveſtiture

à D. Jaymé, ou Jaque second du nom, roi d'Aragon, en 1297; ce qui n'eut de suite qu'à commencer de l'an 1323, lorsque ce prince entreprit la conquête de l'île, en y faisant passer une armée sous le commandement de son fils, qui fut son successeur sous le nom d'Alfonse IV. La Corse étoit également tombée au pouvoir des Maures, qui en infestant les côtes du continent voisin avoient même pillé la ville de Gênes en 931; & la domination des Génois n'a prévalu dans cette île, qu'après leur avoir été disputée par les Pisans.

Ce qui concerne ROME terminera cette section sur l'Italie. Il est constant par des faits, que l'empereur Lothaire, fils de Louis le Débonnaire, & son fils Louis, exercèrent dans cette ancienne capitale du Monde tous les droits de la puissance souveraine. Charle le Chauve est accusé d'avoir donné atteinte aux droits de l'Empire, pour engager le pape Jean VIII à lui déférer la couronne impériale, au préjudice de Carloman, fils de Louis le Germanique, qui avoit le droit d'aînesse sur Charle. Dans les temps qui suivirent jusqu'à Otton le Grand, de fréquentes mutations de souverains en Italie firent, que l'exercice des droits attachés à l'Empire y fut comme suspendu, s'il ne fut pas anéanti. Mais en ce temps, Rome ne paroît point au pouvoir des papes, comme elle l'a été depuis. Les marquis de Toscane y dominèrent, des femmes y jouirent d'un pouvoir absolu, *Romanæ civitatis monarchiam obtinuerunt*, selon que Luitprand de Pavie s'en explique, en parlant de

Marozie, & de fa mère Theodora, l'une & l'autre
également décriées. Il eſt d'ailleurs arrivé plus d'une
fois, que le peuple de Rome voulant établir une forme
républiquaine dans le gouvernement, a reſſerré le
pouvoir des papes dans des limites très-étroites. Les
troubles que les faćtions de quelques citoyens excitèrent en pluſieurs occaſions, ſe renfermèrent preſque
dans l'enceinte de la ville, étant bien différens de ceux
que de plus grands intérêts dans des mains puiſſantes
avoient fait naître en d'autres temps. Les princes de
la maiſon de Suabe, depuis Fridéric premier juſqu'à
Fridéric ſecond, firent tous leurs efforts pour remettre
en vigueur les droits de l'Empire à l'égard de Rome,
comme des autres parties de leur domaine ſuprême en
Italie. Dans les temps qui ſuivirent, la plupart des
princes que la Germanie eut en qualité d'empereurs,
ayant négligé de ſe rendre à Rome, pour y prendre la
couronne impériale, & Fridéric d'Autriche, troiſième
du nom, étant le dernier à l'égard duquel cette céré-
monie ait été pratiquée en 1452, l'ombre de pouvoir
de ces princes ſur la ville de Rome, s'eſt ainſi diſſipée
inſenſiblement.

I V.

HISPANIA.

L'Espagne, au commencement du cinquième fiècle, fut inondée d'une multitude de barbares de différentes nations, Vandales, & Silinges, Suèves, Alains, Vifigoths, pour être enfuite déchirée par les guerres, que ces nations eurent entr'elles jufqu'à l'entier établiffement de la monarchie des Goths. Dans les derniers jours de l'année 406, les barrières de l'Empire furent forcées près de Maïence, par les Vandales & les Suèves. Le général Conftance, chargé du commandement dans la Gaule, voulant écarter ces barbares de l'Italie, les contraignit de paffer les Pyrénées. Leur entrée en Efpagne eft fixée dans la chronique d'Idace, au huitième confulat d'Honorius, le troifième de Théodofe fecond, ce qui tombe dans l'année 409 de l'Ere chrétienne, & 447 d'une Ere employée par tous les chroniqueurs & hiftoriens Efpagnols du moyen-âge. Comme elle eft antérieure de 38 ans, on reconnoît qu'elle prend fon époque dans l'année du Triumvirat, en laquelle commença la puiffance d'Augufte, dont le règne par l'affujettiffement des Cantabres & des

Aftures,

Aſtures, ne laiſſa rien en Eſpagne qui ne fut ſoumis à
la domination Romaine. Il eſt à propos d'avertir, que
le ſtile des chroniques d'Eſpagne n'eſt pas de dire
Anno Æræ, en telle année de l'Ere, mais ſimplement
Ærâ, en l'Ere, & on s'exprimera de même ici très-
ſouvent d'après ces chroniques.

L'invaſion des barbares fut ſuivie des plus grands
maux, & aux violences qu'ils exercèrent ſe joignirent
la famine & les maladies contagieuſes. Selon le partage
qui ſe fit d'un pays déſolé, les Vandales s'établirent
dans la Gallécie, les Suèves dans ce qui eſt le plus
reculé vers la mer & le couchant, les Alains dans la
Luſitanie & la Carthaginoiſe, les Silinges, qui étoient
une branche des Vandales, dans la Bétique. C'eſt ainſi
qu'en parle Idace, évêque de Lamégo en Portugal,
dans le même ſiècle. Les Romains ſe ſoutinrent néanmoins en quelques parties, dans la Tarraconoiſe, la
Carthaginoiſe, & la Luſitanie. Athaulfe, roi des Viſigoths, forcé par Conſtance d'évacuer la Narbonoiſe,
ayant été aſſaſſiné dans Barcelone, Vallia qui lui ſuc-
céda preſque immédiatement en 416, employa ſes
armes au ſervice de l'Empire *(Romani nominis cauſâ*,
comme s'expriment les chroniqueurs) contre les Silinges dans la Bétique, & en Luſitanie contre les Alains,
qui très-affoiblis, & ayant perdu leur roi, ſe donnèrent
aux Vandales de la Gallécie. Ce fut pour ces ſervices,
que rappelé en Gaule par Conſtance, il y fut mis en
poſſeſſion de ce qu'alors on appela Septimanie.

. T

La Gallécie, dans laquelle nous avons dit ci-deſſus, d'après d'Idace, que les Vandales s'étoient établis, ne ſe bornoit pas à ce qu'on appelle la Galice, & ſelon Luc de Tuy, une ville dans les Aſturies nommée Luco, fut conſtruite par le roi des Vandales Gondéric. Mais, à la ſuite d'une guerre entre Gondéric & Herménéric, roi des Suèves, les Vandales quittant la Gallécie, paſsèrent dans la Bétique, que les Silinges, Vandales de nation, mais détruits par Vallia, *omnes extincti,* comme en parle Idace, avoient occupée, & qui fut alors repriſe ſur les Romains, Genſéric, ſucceſſeur de Gondéric, étant ſollicité par le comte Boniface, gouverneur de l'Afrique, mécontent de la cour de Valentinien ſecond, paſſa le Détroit l'an 428, & s'étendit d'abord dans les Mauritanies; & par la priſe de Carthage en 439, il ne reſta rien dans la province d'Afrique qui ne fut ſous ſa domination. On voit dans l'hiſtoire avec quelle tyrannie il uſa de ſa conquête, & combien par ſes forces de mer il fut redoutable à la Sicile & à l'Italie. Ce que nous devons remarquer ici, & ce qui peut paroître aſſez extraordinaire, c'eſt que quoique les Vandales n'aient fait que paſſer pour ainſi dire dans la Bétique, elle a pris leur nom, étant appelée *Vandalitia* dans les hiſtoriens d'Eſpagne, & le nom actuel d'Andalouſie en étant dérivé. La proximité des continens de l'Afrique & de l'Eſpagne, a pu enſuite donner lieu aux Arabes, qui ont été maîtres de l'un avant que d'envahir l'autre, d'étendre ce nom à toute l'Eſpagne, en l'appelant

Gezirat Andalos, île ou presqu'île d'Andalousie, parce qu'à un seul endroit près, cette terre est environnée de la mer, & que la langue Arabe n'a point de terme particulier pour distinguer ce qui est presqu'île, d'avec ce qui est entièrement isolé.

Les hostilités commises par le roi des Suèves Herménéric, portèrent les peuples de la Gallécie à demander du secours à Aëtius, qui commandoit dans la Gaule, ce qui témoigne qu'il y avoit encore des sujets de l'Empire dans cette partie de l'Espagne. Les Suèves vinrent occuper la Bétique, que les Vandales avoient abandonnée, & Réchila, fils d'Herménéric, y battit auprès du fleuve Singilis, ou Xénil, le général Andevotus, & dépouilla ce Romain de beaucoup d'or & d'argent. Par la prise d'Emérita, ce qui restoit d'Alains en Lusitanie fut détruit. La défaite d'un autre général nommé Vitus, assura la possession de la Carthaginoise à Réchila, qui mourut en 447, & eut pour successeur son fils Réchiaire. Celui-ci ne tarda point à faire de nouvelles entreprises. Il attaque les Vascons, & prenant par surprise Elerda, ou Lérida, dans la Tarraconoise, il y fait un grand nombre de prisonniers, qu'il transporte dans la Gallécie. Les Suèves rentrent dans la Carthaginoise, qui avoit été restituée aux Romains, & dans la Tarraconoise. Mais, Réchiaire trouva un ennemi formidable dans Théodoride, roi des Visigoths établis dans la Gaule. C'étoit un des fils qu'avoit laissé Théodoric, successeur de Vallia, & qui fut tué en combattant

T ij

pour les Romains contre Attila, dans la fameuse journée des champs Catalauniques. Théodoride avoit porté Avitus à prendre la dignité impériale en 455, & il passa les Pyrénées l'année suivante, s'étant associé deux rois des Bourguignons, & avec l'agrément de l'empereur, *cum voluntate & ordinatione Aviti,* selon les termes d'Idace. L'armée des Suèves fut détruite près du fleuve Urbicus, à douze milles d'Astorica, ou Astorga. Le vainqueur se porta d'abord sur Bracara, ou Braga, qui éprouva la plus grande désolation, quoique sans effusion de sang. Réchiaire, fugitif dans la ville qui alors étoit appelée Portucallé, aujourd'hui Porto, fut amené à Théodoride, & mis à mort.

Quoique cette défaite soit regardée par Idace comme la chute de la domination des Suèves, cependant un reste de ce peuple Germanique, cantonné dans l'extrémité de la Gallécie, se donna un chef, & on voit ensuite un roi Suève, nommé Remismond, qui se rend maître de Conimbre & de Lisbone. Isidore de Séville, dans une chronique particulière, y ajoute même quelques princes, jusqu'à l'anéantissement de cette puissance par Leûvigilde, roi des Goths. Théodoride, après s'être avancé jusqu'à Emérita, étant retourné dans la Gaule, fit passer en Espagne des bandes de différentes nations, qui dans la Lusitanie ne pillèrent pas moins les Romains, pour lesquels ils étoient armés, que les Suèves. Euric, frère de Théodoride, & qui prit sa place en 466, par un assassinat, comme Théodoride en avoit usé à l'égard d'un frère aîné, nommé Thorifmond, fe rendit en Lufitanie, fut maître de Pamplune & de Saragoce. Repaffant enfuite dans la Gaule, il ajouta à ce qu'il y poffédoit, Arles & Marfeille. Une circonftance remarquable dans fon règne, c'eft qu'on y rédigea par écrit les premières loix de la nation, qui jufque-là ne s'étoit gouvernée que par d'anciens ufages, *moribus & confuetudinibus*, dit Rodéric, archevêque de Tolede. On fait que l'Aquitaine entière, jufqu'à la Loire, étoit au pouvoir des Vifigoths fous Alaric, qui fuccéda à Euric fon père en 483, mais qui fut tué par Clovis, dans une bataille près de Poitiers l'an 507, ce qui entraîna la perte de l'Aquitaine, & même de Touloufe, qui avoit été la réfidence des rois. La puiffance de Théodoric, roi des Oftrogoths en Italie, fut pour le roi des François un obftacle à de plus grands progrès; & Théodoric gouverna l'Efpagne pour Amalaric, fils d'une de fes filles & d'Alaric, jufqu'en l'an 526. C'eft de-là que nous croyons devoir commencer un article particulier concernant la monarchie des Goths.

G O T H I.

Il eft fuffifamment parlé ailleurs des premiers temps de cette illuftre nation : il ne s'agit actuellement que de la voir dominer en Efpagne, à commencer du règne d'Amalaric, qui ne fournit rien en particulier fur ce qui fait l'objet de cet ouvrage. Sous Theudis fon fucceffeur, Septa en Afrique fut enlevée aux Goths, &

vraisemblablement par les Romains, puisque cet évènement est du règne de Justinien. On ne sait point si
l'Empire fut intéressé dans une entreprise contre la ville
de Cordoue, sous le règne d'Agila. Il est remarquable
que dans la chronique d'Isidore de Séville, l'avènement
des rois Goths est rapporté aux années du règne des
empereurs d'Orient. Athanagilde qui tira des secours de
Justinien pour usurper la couronne sur Agila, combattit
ensuite sans succès les troupes Romaines qui étoient en
Espagne. Ce fut à Narbone que monta sur le thrône
Liuba son successeur, qui associant son frère Leûvigilde
à la royauté, & se bornant à ce que les Goths possédoient dans la Gaule, chargea du gouvernement en
Espagne le collègue qu'il s'étoit donné. Celui-ci se
signala par ses armes, réprima les courses des Vascons,
& réduisit les Cantabres. Il enleva plusieurs places
aux Romains, qui avoient servi Athanagilde, & que
Justin second entretenoit en Espagne. Un reste de
puissance chez les Suèves fut détruit, & par ces avantages Leûvigilde agrandit considérablement la possession
des Goths, auparavant beaucoup plus resserrée : *nam
antea*, dit Isidore de Séville, *gens Gothorum angustis
finibus arctabatur*. Il réforma les loix promulguées par
Euric; & on peut ajouter d'après Rodéric de Tolede,
que contre l'usage des rois Goths de n'avoir d'autre
habit que le militaire, il prit sur le thrône un vêtement
royal. La fin de son règne peut être rapportée à l'an
de l'Ere Chrétienne 586.

On voit encore des Romains en Espagne sous son fils Récarède, & sous plusieurs autres règnes, jusqu'à Suinthila, le premier des rois Goths qui vit tout ce continent jusqu'au Détroit assujetti à sa domination, comme Isidore archevêque de Séville, son contemporain, le dit formellement : *totius Spaniæ, intra Oceani fretum, monarchiam regni primus potitus ;* ajoutant, *quod nulli retrò principum est conlatum,* ce qu'aucun prince avant lui n'avoit possédé. Le règne de Suinthila, qui fut de dix ans, finit en 631. Tolede, où mourut Leúvigilde, paroît dès-lors la résidence des rois. On remarque dans les souscriptions des conciles, qui furent tenus très-fréquemment dans cette ville royale, qu'avec le métropolitain de Narbone dans la Gaule, sont ceux de Tarragone, de Bracara, d'Emérita, de Séville, ce qui répond à la distribution des provinces de l'Espagne du temps que l'Empire existoit, savoir, Tarraconoise, Gallécie, Lusitanie, Bétique, & sous les mêmes métropoles. Si la Carthaginoise n'y paroît point, il faut croire qu'elle faisoit partie de la province ecclésiastique de Tolede, dont le siége étoit primatial. Le roi Wamba dans un de ces conciles, fixa des bornes aux diocèses des villes épiscopales. L'éclat de cette monarchie, dont les dépendances s'étendoient depuis le Rhône jusqu'en Tingitane dans le continent de l'Afrique, ne fut pas de longue durée. Sa ruine parut annoncée par le règne de Witiza, rempli de dissolution & de cruauté; & la chute fut précipitée sous Rodéric, qui enleva à

Witiza la couronne, que lui-même ne porta qu'un an. Cette grande cataſtrophe eſt de l'an 711, comme on s'en expliquera plus particulièrement dans l'article ſuivant, qui amènera les Arabes en Eſpagne. Il ne s'étoit écoulé que 185 années, depuis la première du règne d'Amalaric. Mais, parce qu'on voudra peut-être remonter plus haut, & juſqu'en l'année 456, qui eſt celle où Théodoride paſſant les Pyrénées étendit les conquêtes des Goths en Eſpagne, on comptera 255 ans.

ARABES VEL MAURI.

LA conquête des provinces d'Afrique, qui conduiſit les Arabes à celle de l'Eſpagne, fut entrepriſe ſous le Khalifat d'Othman, le troiſième des ſucceſſeurs de Mahomet, en l'an 27 de l'Hégire, de J. C. 647, mais d'abord ſans grand ſuccès. Ils la reprirent ſous Moavia, le premier des Khalifs Ommiades, l'an 45. Un général nommé Ocba, pénétra juſqu'à la Mer Atlantique, qui dans la Géographie Arabe eſt appelée la Mer Ténébreuſe. Carthage qu'il n'avoit pu prendre, fut enlevée aux Grecs, & détruite l'an 79, par un autre général nommé Haſſan, qui gouverna l'Afrique juſqu'en l'an 89. Muſa qui prit ſa place, ſe rendit maître de Tinja ou Tingis, ſur le Détroit; & les Arabes, que l'ancien nom du pays, ou celui de Mauritanie, a fait appeler Maures, s'y trouvèrent ſi bien établis, que dès l'an 91 ils formèrent le projet de conquérir l'Eſpagne. Walid,

le

le septième des Ommiades, occupoit alors le Khalifat,
& résidoit à Damas en Syrie. Un comte nommé Julien,
dont il est dit dans l'histoire que le roi Rodéric avoit
déshonoré la fille ou la femme, commandoit en Afrique
à Septa ou Ceuta, & tenoit dans le continent de l'Espagne une autre place maritime, que les Arabes ont
appelée Gezirat-al-Khadra, ou Isle verte. Dans le désir
de se venger, Julien offrit à Musa de lui faciliter l'entrée
d'un pays, où l'on trouveroit d'autres mécontens, &
particulièrement les fils du roi Witiza. Musa ayant obtenu du Khalife la permission de tenter l'entreprise,
envoya d'abord avec peu de monde un nommé Tarif,
qui traversant le Détroit où il est le plus resserré (n'ayant
que deux lieues de large) aborda le rivage d'Espagne
dans l'endroit où il existe une ville de son nom, ou
Tarifa. Ce premier passage des Maures est daté de
l'an 91 de l'Hégire, qui commença en novembre de
l'an 709 de l'Ere Chrétienne. L'année suivante, un
officier nommé Tarik, qu'il ne faut point confondre
avec Tarif, l'un & l'autre se distinguant par des surnoms
différens (Tarif-ebn Zarik, & Tarik-ebn Zenat) dé-
barqua avec des forces plus considérables, au pied d'une
montagne, qui a pris le nom de Gebel Tarik, en y
employant le terme Arabe qui signifie montagne, nom
altéré par l'usage en disant Gibraltar.

Les Maures conduits par Julien, s'avançant dans le
pays, & le roi Rodéric ayant appris, qu'Eneco (ou
Iñigo) son parent, chargé de faire tête à l'ennemi avoit

. V

été tué, raffemble une armée, que le nombre des combattans rendoit confidérable. Mais, dans une action
décifive, après huit jours confécutifs de combats, trahi
par les fils de Witiza, il périt, ayant été noyé felon
quelques indices, dans le Wad-al-Lété, qui fe rend
dans la baye de Cadiz, & entre lequel & Affidona,
ou Medina Sidonia, les armées s'étoient rencontrées.
Quant à la date de ce grand évènement, Noveïri, hiftorien Arabe des plus eftimés, fixe le jour où les
armées parurent en préfence, au 28 du Ramadan de
l'an 92, ce qui répond au 17 juillet 711, comme on
peut voir dans le P. Pagi, *(tome III, p. 172)* d'après un
Mémoire compofé par le favant abbé de Longuerue,
& dont plufieurs gens de Lettres ont eu connoiffance
en manufcrit. Et il en réfulte, que le jour fatal à Rodéric, & qui fit tomber la monarchie des Goths, eft du
mois de Schawal, & le 27 de juillet. L'opinion commune des écrivains Efpagnols, & même de ceux qui
méritent le plus de confidération, retarde cette date
de trois ans, la rapportant à l'an 714.

Tarik, qui commandoit les Maures en cette expédition, s'étant immédiatement après la victoire rendu
maître d'Aftigia, ou d'Ecija, fit attaquer plufieurs places
par différens détachemens. Un Goth qui avoit apoftafié,
prit Cordoue. Malaga, & Grenade, ou plutôt Eliberis
ou Elbira, près de laquelle les Maures ont conftruit la
ville d'*Agarnata,* ou Grenade, tombèrent entre leurs
mains. Il en fut de même de Murcie, que Rodéric de

Tolede confond avec Oriola, qui eſt Orihuela. Tarik d'un autre côté marcha vers Tolede, dont il confia la garde, ainſi que de pluſieurs autres villes, à des Juifs aſſociés avec les Maures. En pouſſant au-delà, il fit un riche butin & beaucoup de priſonniers, dans une ville nommée Amaya, dont il ſera parlé dans ce que nous avons à dire ſur ce qui doit concerner la Caſtille en particulier. Enfin Tarik pénétra juſque dans l'Aſturie, & au rivage de la mer, en ſe rendant maître d'une ville nommée Gegïo, ou Gijon. Ces grands ſuccès inſpirant de la jalouſie à Muſa, ſous les ordres duquel étoit Tarik, il paſſe en Eſpagne; & prenant une autre route que ſon lieutenant, Carmona, Seville, Ilipla ou Niébla, Beija, qui eſt l'ancienne Pax Julia, Emérita ou Mérida, qui ſoutint un ſiége, furent ſes conquêtes. De-là, joignant Tarik dans Tolede, il s'en fit accompagner en s'avançant juſqu'à Saragoce. Noveïri le conduit enſuite par Barcelone juſqu'à Narbone; & pour ce qui regarde cette extenſion que la domination des Maures prit ſi rapidement, nous ſommes inſtruits par nos chroniqueurs, qu'en la neuvième année depuis l'entrée de ces Afriquains en Eſpagne, ou vers l'an 720, un de leurs généraux nommé Zama, s'empara de Narbone, & en fit ſa réſidence dans la province que les Goths avoient poſſédée en France, & qui y étoit diſtinguée par le nom de *Gothia.*

Muſa étoit dans le fond de la Galice, lorſque rappelé par des ordres réitérés, il quitta l'Eſpagne pour se rendre auprès du Khalif, dont il fut mal reçu. Entre les prisonniers de distinction, un seigneur nommé Théodémir, qui sous les règnes d'Egica & de Witiza, gouvernant la province de Murcie, avoit remporté sur mer de grands avantages sur les Maures (au rapport d'Isidore de Beija) fut très-accueilli du Khalif, qui lui permit de retourner dans son gouvernement, en ratifiant une capitulation faite avec Abdélaziz, fils de Musa. On apprend par-là, ce qui donne à la contrée de Murcie & de Carthagene le nom de province de Thademir dans la Géographie Arabe de l'Edrisi *(Climat. IV, part. I)* quoique postérieure de plus de 400 ans. M. de Marca *(hist. de Béarn, liv. II, ch. 2)* croit que ce Théodémir est un même personnage que Pélage, fondateur du royaume d'Asturie, & transporte en conséquence le gouvernement de Théodémir ou sa province, d'une des extrémités de l'Espagne à l'autre. Il est à propos de remarquer, que dans cette conquête, le peuple subjugué obtint la jouissance de ce qu'il possédoit, & le libre exercice de la religion qu'il professoit, moyennant un tribut qui lui fut imposé, selon la manière dont les Arabes en avoient usé ailleurs presque généralement.

L'Espagne eut des gouverneurs sous l'autorité des Khalifs Ommiades, jusqu'à la chute de cette dynastie, dont celle des Abbassides prit la place, ce qu'on peut fixer à l'an 132 de l'Hégire, de J. C. 749. La grande invasion des Maures dans l'Aquitaine, qui par la victoire de Charle-martel en 732, n'eut pas les suites qu'elle pouvoit faire craindre, étoit commandée par un de ces gouverneurs, sujet du Khalif, & non souverain. Dans la révolution, qui donna le Khalifat aux Abbassides, un arrière petit-fils de Mérouan, le cinquième des Beni-Ommia, nommé Abd-errahman, qui s'étoit réfugié chez les Arabes du Mogreb, ou pays occidental en Afrique, passa en Espagne l'an de l'Hégire 138, de J. C. 755. Il fut reconnu pour souverain à Séville, mais Cordoue fut sa résidence, & celle de ses successeurs. Son petit-fils portant le même nom d'Abd-errahman, envoya une ambassade à Charle le Chauve, dont l'objet étoit de con-tracter une alliance, comme on l'apprend des annales de Saint-Bertin, sous l'an 847; *pacis petendæ, fœderisque firmandi gratiâ.* Le règne de ces princes fut fréquemment troublé par des soulèvemens; & c'est durant celui-ci, & vers ce temps-là, qu'il est parlé dans la chronique de Salamanque, d'un Maure nommé Musa, qui se rendit maître d'Huesca, de Saragoce, de Tudéla, & même de Tolede. Mais, ce qui est ajouté dans la même chro-nique, sur quelques succès de ce Maure comme étant remportés sur les François, se renferma dans l'Espagne, au jugement de Moralés, contre l'opinion de Garibay & de Mariana, qui prennent ce Maure pour un Goth, sur ce qu'il est dit *natione Getulus,* ce qui le déclare Afriquain, sorti de l'ancienne Gétulie. Le premier Abd-errahman n'avoit pris dans son établissement en Espagne que le simple titre d'Emir; un troisième de même nom, & fils du second, se qualifia *Emir-al-*

Moumeniñ, ou Prince des Fidels, qui étoit le titre attaché à la dignité dont les Khalifs étoient revêtus.

Ces Ommiades avoient dominé environ 260 ans, lorfqu'un prince Afriquain, de la maifon d'Edris établie à Fez, paffa en Efpagne, & prit Cordoue. Cependant, on vit encore peu après quelques Ommiades ; fous le dernier defquels, vers le milieu du onzième fiècle, ou un peu plus tard, l'Efpagne fe trouva divifée en plufieurs États particuliers. Cordoue, Séville, Tolede, Saragoce eurent alors des rois. Mais, ces royaumes furent détruits par des Arabes fortis du Mogreb, & qui fe faifoient appeler *Morabetiñ*, c'eft-à-dire liés à la religion, d'où s'eft formé chez les écrivains Efpagnols le nom d'Al-moravides, & dans un ufage vulgaire celui de Morabouts. Leur prince, nommé Yufef-ben Teshfin, qui prit le titre d'*Emir-al-Moflemiñ*, ou de prince des Mufulmans, & qui fit conftruire Marakés, ou Maroc, conquit par les armes d'un général nommé Saïr, qu'il envoya en Efpagne l'an de l'Hégire 484, de J. C. 1091, tout ce que les Maures y occupoient, à l'exception de Saragoce. D'autres Arabes, qui commencèrent à paroître fous le règne d'Ali, fils de Yufef, détruifirent cette puiffance des Almoravides, & prirent Maroc l'an de l'Hégire 541, de J. C. 1146. Ces Arabes fe diftinguèrent par le nom de *Mohahediñ*, ce qui fignifie Unitaires, & le dogme dont ils faifoient une profeffion particulière, les rendoit plus intolérans à l'égard des Chrétiens, dont les progrès fous les rois de Caftille & de Portugal furent

l'occafion de leur entrée en Efpagne, où l'ufage a été
de les appeler Almohades. Le titre d'*Emir-al-Moumeniñ*
fut celui de leurs princes. Les Zénetes, ou Beni-Mé-
rinis, leur fuccédèrent en Efpagne comme en Afrique
dans le treizième fiècle : & c'eft ainfi que nous terminerons ce qui concerne les Maures, pour paffer à la
defcription des royaumes, qui ont remplacé en Efpagne
la domination de ces Afriquains.

LEGIO, & CASTELLA.

APRÈS avoir vu l'Efpagne au pouvoir des Maures,
il s'agit maintenant d'y voir fe former différens États,
qui foibles dans leurs commencemens, mais fortifiés
& agrandis par des progrès fucceffifs, l'ont enfin délivrée du joug de ces infidèles.

On fait que les Afturies furent le berceau du premier
de ces royaumes. Un feigneur, qui par le fang tenoit
à la maifon royale des Goths, & nommé Pélage, fe
dérobant à la cruauté du roi Witiza, s'étoit réfugié dans
ce canton reculé, dont fon père avoit eu le gouvernement. Dans la révolution qui rendit peu après les
Maures maîtres de l'Efpagne, il fe mit à la tête d'un
peuple, que groffiffoit le nombre des Chrétiens, qui
cherchoient un afyle dans un pays de difficile accès.
Attaqué par une armée envoyée de Cordoue, un antre
profond, nommé *Covadonga,* ouvert par la nature dans
le fein d'une montagne efcarpée, nommée *Aufeva,* &
dominante fur une vallée, nommée *Canecæ,* ou Cangas,

lui fervit de retraite; & cette armée fut détruite, non
fans prodige, felon qu'il en eft parlé dans l'hiftoire.
Un autre ennemi, quoique cet ennemi fut un Chrétien,
& qui occupoit une ville maritime du même pays, &
nommée *Gegio*, ou Gijon, périt également; & on trouve
la date de la défaite des Maures, comme étant du commencement de l'an 94 de l'Hégire, ce qui tombe dans
l'an de J. C. 718. Pélage fe maintint libre dans un
canton, que les montagnes féparent du plat-pays à
l'entrée duquel la ville de Leon eft fituée. Cet État
des Afturies, renfermé felon que Moralés en a jugé,
entre deux Cangas, que diftinguent les noms d'Onis
& de Tineo, avoit environ 40 lieues de longueur. On
lit que Pélage le gouverna 18 ou 19 ans. Mais, les
chroniqueurs ne font pas d'accord fur une date, qui
puiffe fixer fon règne avec précifion. L'avènement de
fon fils & fucceffeur Fafila eft de l'ère d'Efpagne 770,
felon Rodéric de Tolede; de 755, felon Sébaftien de
Salamanque, plus voifin de ce temps-là. Sandoval dit
avoir lû dans un manufcrit en langage Portugais plutôt
que Caftillan, & qui finit l'an 1404, que Pélage commença à raffembler du monde fous fon commandement
en l'ère 752, & que les fuccès qui accompagnèrent fon
entreprife, l'élevèrent à la dignité royale cinq ans après,
en l'ère 757, qui revient à l'an 719 de J. C, & qui
feroit l'époque de l'établiffement d'un royaume dans
l'Afturie, avec d'autant plus de vraifemblance, que c'eft
précifément l'année qui fuit celle que donne l'Hégire
aux victoires de Pélage.

Après

Après lui, Fafila ne régna que deux ans ; & Alfonfe, furnommé le Catholique, gendre de Pélage, & qui tiroit fon origine des rois Leûvigilde & Récarede, parvint à la royauté. Il fit irruption dans le pays occupé par les Maures, & non-feulement jufqu'au Duéro, mais encore au-delà, dans ce qui eft appelé *Extrema Durii* ou *Dorii,* fur la gauche du cours de cette rivière. On reconnoît fans peine, que de-là vient le nom d'*Eftremadura,* qui par l'agrandiffement que prit fucceffivement la domination Efpagnole, a été reculé jufqu'aux rives du Tage, & même du Guadi-Ana fur la frontière du Portugal. Dans l'impuiffance de garder un grand nombre de villes, qui tomboient entre les mains d'Alfonfe dans fes expéditions, il les rendit *yermas,* comme s'expliquent les écrivains Efpagnols, ou défertes, faifant paffer les Maures au fil de l'épée, & transférant les Chrétiens dans les terres dont la poffeffion lui étoit plus affurée. On lit dans le chroniqueur de Salamanque, qu'il s'agrandit dans la partie maritime de la Galice ; & dans Rodéric de Tolede, qu'il demeura maître *(retinuit)* de Lugo, Tuy, & Aftorga. Son règne fut de 28 ans, felon le premier chroniqueur, de 19 feulement felon Rodéric. Dans l'un Froyla fuccéda à fon père Alfonfe en l'ère 795, dans l'autre en l'ère 791, c'eft-à-dire en l'an 757 ou 753 de J. C. Il fuffit ici de remarquer ces diverfités, fans s'y arrêter, parce qu'elles ne portent point atteinte à ce qui fait effentiellement notre objet. Mais, il importe de favoir, qu'Ovrédo, qui précéda

X

Leon comme réfidence royale, n'exiftoit point avant le règne de Froyla. Une églife que des moines Bénédictins entreprirent de bâtir en l'an 761, ou l'ère 799, fur un tertre efcarpé, & alors inhabité, fut le commencement de cette ville. Les veftiges d'une ville ancienne fous le nom de Luco, à environ deux lieues d'*Ovetum,* ou Oviédo, nous indiquent le *Lucus Afturum* de l'antiquité. Oviédo fut un fiége épifcopal fous le règne d'Alfonfe furnommé le Chafte, & ce fiége eut la dignité de métropole fous Alfonfe, furnommé le Grand.

Plufieurs des règnes qui fuivent celui de Froyla, n'offrent rien qui intéreffe la matière que nous traitons. Alfonfe le Chafte, fils de Froyla, & non fon fucceffeur immédiat, avoit été contraint avant de parvenir à la royauté, & pour fe fouftraire à la tyrannie de Mauregat, qui avoit ufurpé la couronne, de fe réfugier dans l'Alava, fur la frontière de la Navarre, & il vit dans le cours de fon règne les Maures attaquer dans l'Afturie & la Galice, un État qui étoit encore foible. Selon la chronique, que des critiques attribuent au roi Alfonfe le Grand, ou troifième du nom, quoiqu'elle foit intitulée *Sebaftiani Salmanticenfis,* le roi Ordoño, premier du nom, rétablit entre les villes qu'Alfonfe le Catholique avoit dépeuplées, celles de Tuy, Aftorga, Leon, Amaya, Patricia dont le nom propre étoit Auca; & Rodéric de Tolede y eft précifément conforme. Ce prince fe maintint en poffeffion de Salamanque, dont Ramire premier du nom, fon père, s'étoit rendu maître, felon Luc de Tuy.

Ce roi Ramire, au rapport de Bernard de Brito, dans sa monarchie Lusitanique, étoit reconnu pour souverain par plusieurs seigneurs Maures, qui tenoient Callé ou Porto, Lamégo, Viseû, & qui dans une pièce alléguée sur ce sujet, sont appelés *vassalli regis Ramiri,* ou *Ranimiri.*

Alfonse III, surnommé el Mayor, succéda à son père Ordoño en l'ère 904, l'an de J. C. 866, comme la chronique qu'on estime être de ce prince, & l'inscription sépulcrale d'Ordoño le font connoître. Rodéric de Tolede est considérablement en faute sur cette date, l'attribuant à l'ère 875. Alfonse avoit régné en Galice du vivant de son père, & il en a été de même de plusieurs autres princes avant & après lui, qui ont porté le titre de roi dans la même province, avant que d'occuper le thrône dans les Asturies ou en Leon. On lit dans Sampir d'Astorga, que l'Alava disposée à la révolte fut contenue dans le devoir. Pour ce qui est des progrès dans la domination d'Alfonse, Coimbra, dont les Maures auroient voulu s'assurer la possession, leur fut enlevée, & par un affermissement de puissance, les villes de Tuy, Braga, Chavés, Porto, Lamégo, Viseû, Coimbra, eurent des évêques. Une armée de Cordoue, qui néanmoins menaçoit Leon & Astorga, fut battue près du fleuve Urbicus, ou Orbego. Ce qu'aujourd'hui on appelle Tierra de Campos de l'un & de l'autre côté du Duéro, est appelé dans les écrivains de ce temps-là *Campi Gothorum;* & dans ce canton de pays, Simancas,

Toro, & Zamora, furent des places fous le règne d'Alfonfe le Grand. Quant au nom qui mérite d'être remarqué fur cette lifière de terre limitrophe des Maures, on fait que les Chrétiens d'Efpagne, qui échappèrent au joug de ces infidèles, fe piquèrent d'être Goths, & qu'il eft refté un préjugé de nobleffe dans cette partie de l'Efpagne, comme tenant davantage, & avec moins de mélange, au fang de *los Godos.*

Sous le règne d'Ordoño, fecond du nom, fils d'Alfonfe, & qui après avoir règné en Galice, fuccéda à fon frère aîné Garfie, le fiége de la royauté fortant des lieux refferrés de l'Afturie, fut transféré à Leon, que l'on fait tirer fon nom d'une légion Romaine, appelée *Legio feptima gemma,* lorfque les Aftures alliés des Cantabres, & jaloux également de conferver leur liberté, furent réduits à l'obéiffance fous le règne d'Augufte. Depuis cette tranflation, le royaume a pris le nom de la capitale; & la fin du règne auquel ce changement doit fe rapporter, eft de l'an 924. Ramire fecond, fils d'Ordoño, ayant raffemblé une armée en 933, & traverfé l'*Eftremadura de la Sierra,* qu'une chaîne de montagnes, qui fépare ce qu'on nomme la vieille Caftille d'avec la nouvelle, fait ainfi appeler, prit & démantela *Magerit,* & c'eft la première fois qu'il eft parlé d'une ville, qui eft devenue le féjour le plus ordinaire des rois. Son nom fe lit *Magellit* dans la verfion de la Géographie Arabe de l'Edrifi, & on croiroit pouvoir fe difpenfer d'ajouter qu'il eft queftion de Madrid.

Mais, fous le règne de Vérémond, le fecond de ce
nom, un revers de fortune parut menacer d'une révolution femblable à celle que la monarchie des Goths
avoit éprouvée par la défaite du dernier roi Rodéric.
Sous Ramire III, prédéceffeur de Vérémond, Simancas,
& plufieurs autres places étoient retombées au pouvoir
des Maures, & Zamora avoit été détruite. Vérémond
régnant, & dans les premières années du onzième
fiècle, Al-hagib Al-manfor, roi des Maures, entra
dans le royaume de Leon, dont les barrières fur le
Duéro avoient été forcées, mit le fiége devant Leon,
& s'en rendit maître. Il en fut de même d'Aftorga,
& les remparts de la capitale furent détruits. L'année
fuivante, & la treizième de Vérémond, felon Rodéric
de Tolede, le Maure pénétra dans la Galice jufqu'à
Saint-Jâque de Compoftelle, après avoir pris Coimbre,
Porto, Braga. Des divifions entre les princes Chrétiens
étoient d'un grand avantage à leur ennemi commun;
& dans ces circonftances, Garfie roi de Navarre, & le
comte de Caftille Garfi-Fernandez ayant joint leurs
forces, la défaite d'Abd-el-melik, qui l'année fuivante
avoit fuccédé à fon père Al-manfor, permit à Vérémond
de rentrer dans Leon, & de travailler à réparer les dommages que l'irruption des Maures avoit caufés dans fon
royaume. Ce fut néanmoins à fon fils Alfonfe, cinquième du nom, que la ville de Leon dut fon rétablif-
fement, & ce qui peut diftinguer encore davantage le
règne de ce prince, c'eft d'avoir donné à fes fujets

un corps de loix, en recueillant celles que les Goths avoient établies, & y suppléant par de nouvelles constitutions.

Nous n'irons pas plus loin sur ce qui concerne Leon, sans parler de la Castille dans ses commencemens. Ce nom que l'on voit aujourd'hui s'étendre à un grand espace de pays au centre de l'Espagne, étoit renfermé primitivement dans un canton de montagnes, vers les sources de l'Ebre & de la rivière Pisorica ou Pisuerga. Ce n'étoit qu'un très-petit coin de terre dans le temps qu'Amaya en étoit la capitale, comme il a été d'usage de dire en Espagnol, *Harto era Castilla pequeño rincon, quando Amaya era la cabeça.* Il faut se plaindre ici, de ce que la position d'Amaya, distinguée par cet endroit, & qui avoit été qualifiée du titre de *Patritia,* selon Rodéric de Tolede, soit assez peu connue, par le défaut des cartes, qui est plus grand sur la vieille Castille & sur Leon, que sur toute autre partie du même continent. Quoique les Maures dans leur invasion eussent porté la désolation jusqu'à Amaya, on trouve dans la chronique de San-Millan ou Saint-Émilien, qu'un comte nommé Rodéric, y résidoit en l'ère 797, ou l'an 759; ce qui se rapporte au temps qu'Alfonse le Catholique régnoit en Asturie. Le canton des Asturies appelé Liébana, & celui de Santa-Juliana, ou de Santillane, jusqu'à Larédo, ville maritime aux confins de la Biscaye, ont fait partie de la Castille. Ce qui étoit appelé *Castella vetula*, ne comprenoit point l'emplacement que prit Burgos, dans le diftrict de l'ancienne ville d'Auca, & que le comte Diégo Porcellos *(Didacus Porſellus)* conftruiſit en l'ère 922, ou l'an 884, ſous le règne d'Alfonſe le Grand, *mandato Aldefonſi regis.* La diftinction eft bien marquée par la manière dont s'exprime l'auteur de la chronique de Salamanque, ou le roi Alfonſe même, *Burgis, quæ nunc vocatur Caſtella.* Et dans le partage des États, que poſſéda (comme on verra dans l'article ſuivant) Sanche, roi de Navarre, ſurnommé le Grand, Garſie ſon fils aîné régnant *in Pampilonâ & Alavâ, & in Caſtellâ vetulâ uſque in Burgis,* Ferdinand frère de Garſie, eft ſpécifié régner *in Legione & in Burgis,* ſelon un titre de l'égliſe de Nagéra, cité par Joſeph de Moret. C'eft en conſéquence, que dans un traité de limites, entre Alfonſe VIII régnant en Caftille, & Sanche le Sage roi de Navarre, qui eft de l'an 1179, la Caftille eft limitée au rio Zadorra, qui traverſe ce qu'on appelle la Buréva au nord de Burgos, pour ſe rendre dans l'Ebre; *ſicut Zadorra dividit, qui cadit in Ebrum.* Par ce qu'on lit dans la chronique de San-Millan, d'une irruption faite en Caftille en 882, par Al-mundhar, roi de Cordoue, on voit que le *Caſtrum Sigerici* (Caftro Xeriz) étoit une place de la Caftille, & en effet le rio Piſuerga ſépara dans la ſuite la Caftille d'avec Leon; & il faut reconnoître que le détail dans lequel on vient d'entrer, eft préciſément ce qui convient à l'objet qu'on s'eft propoſé dans cet ouvrage.

Plusieurs comtes entre lesquels la Castille étoit partagée, relevoient de la couronne, dont le siége fut successivement Oviédo, ou Leon, & ces comtes recevoient des rois l'investiture de leurs gouvernemens. Les monumens historiques s'accordent à dire, que le roi Ordoño second ayant renfermé à Leon & mis à mort les comtes de Castille, il en résulta qu'en l'ère 962, ou en l'année 924, en laquelle finit le règne d'Ordoño, & commença celui de Froyla second, les Castillans irrités de ce traitement envers leur noblesse la plus distinguée, se donnèrent deux *Juezés,* ou *Alcaydés,* juges, ou défenseurs. L'un de ces juges, nommé Munio, ou Nuño Nuñez Rasura, eut pour petit-fils Fernand Gonçalez, qui héritant d'un oncle nommé Nuño Fernandez, comte d'Amaya, & vers l'an 904 d'un frère aîné, nommé Gonçalo Tellez, comte d'Osma, & s'agrandissant encore par d'autres moyens, s'éleva à un tel degré de puissance, qu'il vit la Castille depuis la partie maritime de Santillane, jusqu'à la Sierra de l'Estremadure, dans sa dépendance. On remarque toutefois en plusieurs titres, qu'il reconnoissoit le roi de Leon comme seigneur dominant, & on se contentera de citer un titre de San-Pedro d'Arlança, du règne de Sanche le Gros en Leon, dont la souscription est en ces termes : *Sanctius princeps in Legione, consulque ejus Fredenandus in Castellâ.* Une place qui paroît avoir été considérable du temps des Goths, sous le nom d'Ausina, mais détruite dans l'invasion de l'Espagne,

repeuplée

repeuplée sous Alfonse le Catholique, & nommée Lara, fut enlevée aux Maures par le comte. Il tint sur sa frontière l'ancienne Clunia, aujourd'hui dans ses vestiges Coruña del Condé, Rauda, ou Roa, Septempublica, ou Sepulvéda. Il vécut jusque vers l'an 968.

La Castille passa en cet état à son fils Garsie Fernandez, & à son petit-fils Sanche Garsez, dont la fille doña Mayor Nuñez, nommée Elvira par quelques historiens, épousa Sanche el Mayor, roi de Navarre & d'Aragon, & par la mort d'un frère qu'elle avoit, nommé Garsie, hérita de la Castille. Ce qui n'étoit qu'un comté paroît un royaume entre les mains de D. Sanche, ce prince en ses lettres se disant régner en Castille, comme en Navarre & en Aragon, selon que Moret le fait connoître, par des pièces qui se rapportent aux années 1022 & 1024. Dans les titres du roi Sanche on trouve aussi Leon & les Asturies, ce qu'il faut attribuer à des entreprises sur les États de Vérémond ou Bermudo, qui fut le dernier dans la succession des rois de Leon. Vérémond fut contraint de se retirer en Galice, & de donner sa sœur & unique héritière à Ferdinand, le second des fils de Sanche. Les États que ce roi Sanche avoit réunis sur sa tête, furent partagés. Sa mort, que Rodéric de Tolede date de l'ère 1053, qui seroit l'an 1015, est retardée par les recherches de Moret jusqu'en 1034, & Zurita en a pensé de même. La Navarre avoit été destinée à l'aîné, nommé Garsie, avec ce qu'on trouve être appelé le duché de Cantabrie, par lequel la Castille

. Y

étoit refferrée de la manière qu'on a vue ci-deffus. Ferdinand régna non-feulement en Caftille, mais encore après la mort de Vérémond, en Leon & dans la Galice, qui felon les limites de l'ancienne Gallécie, s'étendoit jufqu'au Duéro, ou Douro comme ce nom s'écrit chez les Portugais. Ce que les Maures avoient repris au midi de cette rivière, Lamégo, Vifeû, Coimbra, fut reconquis par Ferdinand. Il entreprit même fur la Navarre, dont il enleva la partie fituée au midi de l'Ebre. Enfin, ce prince, que l'on peut regarder comme le premier roi de Caftille, & qui eft furnommé le Grand, acheva fon règne en nettoyant fa frontière jufqu'à Medina Célim, des poftes qu'occupoient les Maures (car cette frontière étoit continuellement difputée), & en réduifant par une irruption au-delà des montagnes qui féparent les deux Caftilles, le roi Maure de Tolede à fe rendre tributaire. Un prince dans Badalloz, ou Badajoz, & le roi de Séville furent affujettis au même devoir.

Quoique Ferdinand eut eu la fage précaution de partager fes États, donnant à Sanche, qui étoit l'aîné, la Caftille, féparée de Leon par la rivière de Pifuerga, l'Afturie de Santillane, & ce qu'il avoit pris fur la Navarre, avec le tribut d'un prince Maure de Saragoce; au fecond, nommé Alfonfe, Leon, & une partie de l'Afturie, & ce que Tolede devoit comme tributaire; au troifième, nommé Garfie, la Galice, *cum eâ parte quæ dicitur Portugale*, felon les termes de Rodéric de Tolede, y ajoutant le tribut de Badajoz: cependant l'ambition de Sanche ne souffrit point de partage. Il dépouilla ses frères de leurs États en Leon & en Galice, il affecta d'insérer dans ses titres celui de Pamplune, qui désignoit la Navarre. Mais, ayant été assassiné après six ans de règne, en 1072, Alfonse qui avoit trouvé un asyle auprès d'Almeon, roi de Tolede, fut rappelé, & réunit en sa personne la Castille, Leon, & la Galice. Il est le sixième de ce nom, & son règne est signalé par la prise de Tolede en 1085, 373 ans après que cette ville royale des Goths eut subi le joug des Maures. Alfonse y rétablit une Église avec son ancienne dignité de primatiale. L'office & les rites des Églises Romaine & Gallicane y furent substitués à ce que les Goths avoient mis en usage, le pape Grégoire VII, & son successeur Urbain second, ayant été consultés sur ce changement, qui ne se fit pas sans opposition de la part du clergé Espagnol, qui voyoit que l'archevêque, & plusieurs autres ecclésiastiques mis en place, étoient tirés du clergé de France.

Mais, il arriva qu'Alfonse ayant voulu emprunter du secours des Al-moravides d'Afrique, qui passèrent en Espagne en 1087, ces Afriquains après avoir tué le roi de Séville, allié d'Alfonse, battirent ce prince même, qui dans une autre action perdit son fils unique Sanche, ce qui remit les Maures en possession de plusieurs places des dépendances de Tolede, Uclés, Cuenca, Ocaña, Consuégra. Alfonse mourut en 1109, ayant donné sa fille & héritière doña Urraca, à Alfonse, roi d'Aragon, qui prit le titre d'emperador, comme fon beau-père avoit affeélé de le prendre. Il ne jouit pas tranquillement de la Caftille, & des autres États qu'il avoit acquis en époufant Urraca. Cette princeffe avoit eu d'un premier mari, fils d'un comte de Bourgogne, un fils nommé Alfonfe, que les Gallegos mirent fur le thrône à Compoftelle, & dont le roi d'Aragon, qui avoit répudié Urraca, reconnut les droits fur les États de fa mère, fi l'on en croit Rodéric de Tolede. Cet Alfonfe fut en effet roi de Caftille, feptième du nom, & qualifié du titre d'empereur. A fa mort en 1159, la Caftille & Leon firent deux États féparés. Sanche, l'aîné de fes fils, fut roi de Caftille, Ferdinand fut roi de Leon. Celui-ci envahit d'abord l'Eftremadure fur fon neveu Alfonfe, que Sanche n'ayant régné qu'un an, avoit laiffé en bas-âge. Il réduifit Badajoz fous fon obéiffance, & une viéloire fur un Maure, nommé Abenhut, qui s'étoit élevé en Andaloufie contre les Al-mohades, le rendit maître de Mérida. Cependant, Alfonfe fils de Sanche, régnant en Caftille, & le huitième du nom, prit Cuenca, place importante, après un long fiége, avec le fecours des rois d'Aragon & de Navarre. Quoiqu'il eut perdu une grande bataille contre les Al-mohades, l'an de l'Hégire 591, de J. C. 1195, & que la nouvelle Caftille eut été ouverte aux incurfions du vainqueur, Abu-Yufef roi de Maroc, c'eft néanmoins fous ce règne que la *Morifma* d'Efpagne fouffrit le plus grand échec; & la fameufe bataille de *las Navas de Tolofa*, au pied de la Sierra Moréna qui regarde le midi; eſt du 17 juillet 1212. Le roi de Caſtille y étoit accompagné des rois d'Aragon & de Navarre, & un grand nombre de ſeigneurs ſortis de France ſervirent en cette journée comme volontaires. La priſe de Calatrava avoit précédé la victoire; celles d'Ubéda & d'Alcaraz la ſuivirent.

Alfonſe étant mort deux ans après, & ſon fils & ſucceſſeur Henrique ne lui ayant ſurvécu que juſqu'en l'an 1216, la couronne de Caſtille paſſa ſur la tête de Ferdinand, petit-fils d'Alfonſe par ſa mère Berenguéla; & Ferdinand ayant enſuite hérité de ſon père Alfonſe, qui avoit régné à Leon, les deux royaumes occupés ſéparément pendant plus de ſoixante & dix ans, furent réunis, comme ils l'ont toujours été depuis. Sous le règne de ce Ferdinand, troiſième du nom, & ſurnommé le Saint, Cordoue fut enlevé aux Maures par ſurpriſe en 1237, Jaen par un ſiége en 1246, Séville, Carmona & pluſieurs autres places en 1248, par les armes de l'infant D. Alfonſe, qui ſuccédant à ſon père en 1252, eſt le dixième de ce nom, & connu pour avoir ſollicité la dignité impériale en Germanie. Il eſt à propos de remarquer, que dans ces conquêtes, la population Mau-riſque demeuroit la même, à peu près de la manière dont les Maures en avoient uſé à l'égard des Goths aſſujettis, & ils obtinrent une capitulation dans Tolede, comme ils l'avoient accordée lorſqu'ils en prirent poſ-ſeſſion.

Cependant, un Maure, nommé Mahomet-Alamir,

que Ferdinand avoit favorifé dans l'entreprife de s'emparer de Grenade & d'Almérie, ayant néanmoins appelé les Maures d'Afrique, & le grand Émir de Maroc Eben-Yufef, dans un temps où Alfonfe occupé de la recherche d'une couronne étrangère étoit abfent, paffant le Détroit, le royaume de Séville alloit être perdu pour la Caftille, fi le prince Afriquain mécontent du roi de Grenade, ne s'étoit retiré vers Algezira vis-à-vis de Gibraltar, & dont il a été mention fous le nom d'Ifle verte, en parlant de l'entrée des Maures en Efpagne. Alfonfe de retour dans fes États, mourut à Séville en 1284; & on ne peut s'empêcher de dire, que ce prince, qu'une légiflation qui réforma celle des Goths fait furnommer le Sage, & recommendable d'ailleurs par un travail particulier fur l'Aftronomie, pour lequel il put tirer du fecours des Arabes, manqua de prudence dans le gouvernement de fon royaume. Son petit-fils Ferdinand, quatrième du nom, étendit la domination de la Caftille jufque fur le bord du Détroit, par la prife de Gibraltar en 1309. Alfonfe XI, fils de Ferdinand, fecondé du roi de Portugal fon beau-père, dans une victoire fur le roi de Grenade & le Beni-Mérin, fe rendit maître après un long fiége de la ville d'Algezira, qui pendant les guerres entre Pierre le Cruel & Henri de Traftamare, l'un & l'autre fils d'Alfonfe, étant retombée entre les mains des Maures, fut détruite par Henri, quoique fon nom fubfifte encore dans les titres dépendans de la Caftille. Perfonne n'ignore, que

l'extinction de toute domination de la part des Maures
dans le continent de l'Espagne, est dûe au règne
d'Isabelle en Castille, & de son mari Ferdinand en
Aragon, par la prise de Grenade en 1492, 780 ans
après l'invasion de ces Afriquains.

NAVARRA, & ARAGONA.

Ces noms de Navarre & d'Aragon ne paroissent
point avant la conquête de l'Espagne par les Maures,
mais immédiatement ensuite, & avant la fin du même
siècle quant à la Navarre, celui d'Aragon étant retardé
jusqu'au siècle suivant, & on peut citer Eginhard sur
le nom des Navarrois. Selon l'étymologie d'un nom
composé, au jugement d'Oïhenart & de Moret, de
Nava, qui dans la langue Romance d'Espagne désigne
une plaine, & d'*Erri,* qui dans la langue Vascu - ence
signifie terre, le nom de Navarre ne put être primitivement propre qu'à ce qui s'étend depuis le terme du
pays montueux jusqu'à l'Ebre. Une autre remarque à
faire, c'est que les princes qui ont occupé le thrône,
se sont constamment, & sans variation intitulés *reyes de
Pamplona* jusqu'à la fin du onzième siècle. On commence à voir quelquefois l'emploi du nom de Navarre
sous le règne de Sanche surnommé le Sage, & il n'a
prévalu que depuis. La prééminence de la capitale la
faisoit appeler par les naturels du pays *Iruna,* c'est-à-
dire la Ville, & ce nom est employé dans des titres du
règne de Sanche Abarca, & de son petit-fils Sanche

le Grand, & de Garfie fils de Sanche. La foufcription d'un évêque en 958, fe lit *de Iruniâ, in Iruniâ* dans un titre de l'an 1135.

La Navarre, & quelques contrées adjacentes, Alaba, & Ipuzeoa ou Guipufcoa, compofent le pays qu'occupoient les anciens *Vafcones,* auxquels étoient adoffés les Cantabres, en remontant aux fources de l'Ebre, dans les montagnes de la Caftille en fon premier état. Ce qu'on trouve être appelé *Cantabria,* comme un titre ajouté à celui de Pamplona, dans une charte de l'an 983, & du roi Sancho Garfez, furnommé Abarca, aïeul de Sanche le Grand, ne regarde point cette ancienne demeure des Cantabres, mais une extenfion dans ce qu'on nomme la Rioxa, jufqu'aux montagnes d'Oca, qui limitoient la Caftille dont on vient de parler. Les Vafcons fouffrirent impatiemment la domination des Goths. Euric, roi des Vifigoths, dans une expédition qu'il fit en Efpagne, avant que de fe fixer dans la Gaule, prit Pamplune & Saragoce. Les incurfions des Vafcons dans l'ancienne Tarraconoife, furent réprimées par le roi Leûvigilde, qui felon la chronique de Biclar pénétra jufqu'à Amaya. Il en fut de même fous les règnes de Suenthila & de Wamba. Plufieurs des rois des Afturies, furent contraints d'armer contre les Vafcons pour les contenir; & Alfonfe III, furnommé le Grand, fit rentrer dans l'obéiffance peu après être parvenu à la royauté, en 903 de l'ère d'Efpagne, de J. C. 865, la province d'Alaba, comme on lit dans Sampir d'Aftorga,

ce

'ce que Rodéric de Tolede rapporte d'une manière vague, & moins précise, aux Navarrois. On ne voit point que la Navarre eut un roi, ou fut dans la dépendance de quelque prince, lorsque Charlemagne passant les Pyrénées, prit & démantela Pamplune; & il ne paroîtroit pas vraisemblable qu'elle fût province du royaume fondé dans les Asturies environ soixante ans auparavant, mais foible encore, & auquel les Vascons n'étoient point assujettis. Louis le Débonnaire étant roi d'Aquitaine, occupoit Pamplune en personne l'an 810. L'expédition de deux comtes envoyés dans le pays, & en 824, fut malheureuse. Il faut croire que les Navarrois des montagnes s'étoient maintenus libres & indépendans, dans la révolution arrivée en Espagne par l'invasion des Maures; & Sébastien de Salamanque, chroniqueur le plus voisin de ce temps-là, le fait entendre, en nommant Pamplona à la suite d'Alaba & de Vizcaïa, comme des cantons, qui étoient toujours demeurés au pouvoir de leurs habitans, *à suis incolis semper esse possessa reperiuntur.*

Le premier dans la suite des rois de Navarre, selon l'opinion commune, conforme à ce qu'on trouve dans Rodéric de Tolede, est Iñigo, surnommé Arista, que l'on fait sortir de la Bigorre. Il seroit moins étranger à la Navarre, en tirant son origine de Bigur, canton dans ce qu'on appelle la Basse Navarre, & dont il est mention dans un acte de la fin du dixième siècle, par lequel Arsius, évêque de Baïone, décrit les dépendances de

. Z

fon diocèfe, comme il en eft parlé dans ce qui concerne ailleurs le pays qu'ont occupé les Vafcons, en formant en France une province au nord des Pyrénées. On eft inftruit par des titres, qu'Iñigo Arifta régnoit en l'ère 877, & en l'ère 880, ce qui revient aux années 839 & 842. Mais, Jofeph de Moret donne la connoiffance d'un titre, en date de l'ère 918, ou de 880, qui fait précéder Iñigo d'un roi nommé Ximeno, comme il réfulte de la manière dont Garfia Iñiguez, fils d'Iñigo, s'explique dans ce titre : *pro remiffione parentis mei Eneconis, & avi mei Eximini regis.* Ainfi, l'établiffement d'un royaume en Navarre, poftérieur à l'an 810, pendant lequel la capitale étoit au pouvoir de Louis le Débonnaire, pourroit fe rapporter au mauvais fuccès des armes françoifes, felon qu'il en eft parlé ci-deffus fous l'an 824.

Iñigo, que l'on trouve être furnommé Arifta, & qui comme fils de Ximeno eft Iñigo Ximenez, eut pour petit-fils Sanche furnommé Abarca, qui étendit les limites de fon royaume dans l'Alaba & la Rioxa. Il y joignit l'Aragon, en époufant l'héritière de ce qui n'étoit alors qu'un comté dans des bornes très-étroites. L'époque la plus brillante de la Navarre eft du règne de Sanche, petit-fils de Sanche Abarca, & qui porte le furnom d'el Mayor. Les dépendances de ce royaume paroiffent alors confiner à ce qui s'appeloit *Caftella Vetula*, aux montagnes d'Oca, & s'étendre de l'autre côté jufqu'au Duéro, peu loin de fa fource; & felon un traité fur les limites, qui eſt de l'ère 1054, ou de l'an 1016, *ibi eſt Garrahe, antiqua civitas deferta,* ce qui répond à l'ancienne Numance, que quelques chroniqueurs d'Eſpagne rapportent mal-à-propos à Zamora. *Vizcaia & Ipuzcoa,* entrent dans les titres de cette couronne, parce que des feigneurs particuliers en ces provinces reconnoiſſoient les rois de Navarre en qualité de feigneurs dominans. Mais, on a vu en traitant de ce qui concerne Leon & la Caſtille, que Sanche le Grand ajouta à ce qu'il tenoit comme roi de Navarre, la Caſtille, & Leon du moins en partie, & il ne fut limité dans cet accroiſſement de poſſeſſion que par le Portugal, comme il en eſt parlé dans des mémoires de San-Millan. A ſa mort en l'année 1034, ou au commencement de la ſuivante, ces différens États furent partagés entre pluſieurs enfans. L'aîné, Garſia Sanchez, eut la Navarre, & l'ancienne Caſtille, en s'étendant juſqu'à la mer dans ce qu'il eſt d'uſage d'appeler les Aſturies de Santillane, comme auſſi ce qui eſt appelé *Ducatus Cantabriæ* par Rodéric de Tolede. Burgos en Caſtille fut le partage de Ferdinand, qui ayant épouſé la ſœur de Vérémond, dernier roi de Leon, acquit comme on l'a vu ailleurs, Leon & la Galice. Ce qui étoit alors Aragon paſſa à un fils naturel, nommé Ramire, qui en fit un royaume particulier, & y joignit des contrées adjacentes, nommées Sobrarbe & Ribagorça.

Mais, Garſie, roi de Navarre, eut à ſoutenir juſqu'à ſa mort en 1054, des attaques de la part de ſes frères,

Ferdinand & Ramire. Le premier étendit les limites de
fa dépendance jufqu'à l'Ebre, qui fit alors une féparation entre la Caftille & la Navarre, celle-ci étant ainfi
refferrée entre l'Ebre & les Pyrénées, felon que Rodéric de Tolede s'en explique ; & Sanche, fils de Ferdinand, ajouta Pamplona à fon titre de Caftille, du
vivant de Sanche, fils de Garfie. Ce roi Sanche de
Navarre ayant été affaffiné en 1076, les Navarrois fe
donnèrent à Sanche Ramirez, fucceffeur de Ramire
fon père en Aragon. Après la mort d'Alfonfe, frère
de Sanche, & roi d'Aragon, qui fut tué dans une bataille en 1133, les Navarrois mirent fur le thrône un
prince nommé Garfia Ramirez, dont la mère étoit fille
du fameux Cid Rodrigo Diaz. Il eut pour fucceffeur
en 1150 fon fils Sanche, furnommé le Sage, qui mourut
en 1194. On voit après fa mort, & dans les premières
années du douzième fiècle, Alfonfe IX, roi de Caftille,
fe mettre en poffeffion de l'Alava, du Guipuzcoa, &
de toutes les places maritimes des Afturies de Santillane, ce qui fut perdu fans retour pour la Navarre.
Le fucceffeur de Sanche le Sage, nommé Sanche
comme fon père, étant mort fans poftérité en 1234,
les Navarrois reconnurent pour roi Thibaud, comte
de Champagne, qui avoit époufé Blanche, fille de
Sanche le Sage. A Thibaud fuccédèrent fes deux fils,
Thibaud fecond, & Henri. Celui-ci eut fa fille Jeanne
pour héritière, & on fait qu'elle fut femme du roi de
France Philippe le Bel, dont le fils aîné Louis Hutin

prit le titre de roi de Navarre après la mort de sa mère, & du vivant de son père en 1304. Ce qui est postérieur sort des limites qu'on s'est prescrites dans cet ouvrage : & on peut se borner à dire, que depuis ce temps-là on ne voit point de changement dans ce que contenoit la Navarre, jusqu'à l'invasion de Ferdinand le Catholique, roi d'Aragon, en 1512, à l'exception de ce qui en faisoit partie au nord des Pyrénées, ce que les Espagnols appellent *de ultra puertos*, comme étant au-delà des montagnes à leur égard.

PASSONS à ce qui concerne l'Aragon. Il doit ce nom à une rivière, formée à la descente des Pyrénées de deux courans, qui se joignent au-dessous de la ville de Jaca, pour tendre vers le couchant jusqu'à la frontière de la Navarre, & se replier ensuite vers le midi en tombant dans l'Ebre. On trouve autant d'incertitude que d'obscurité, quand on veut remonter l'établissement d'un comté en Aragon au-dessus du neuvième siècle, & antérieurement au règne des premiers rois de Navarre, dont le quatrième qui soit bien connu, épousa l'héritière d'un comte établi en Aragon. Ce qui est encore plus équivoque dans quelques écrivains Espagnols, c'est un premier royaume en Aragon sous le nom de Sobrarbe, qui est propre à un canton au pied des Pyrénées, vers les sources de rio Cinca, qui se rend dans la Sègre, peu au-dessus du confluent de cette rivière avec l'Ebre. Il semble qu'on ait voulu, que ce

royaume ait précédé en Aragon celui de Navarre, &
que les premières capitulations, par lesquelles un roi qui
eft élu, ne peut former aucune entreprife que du confen-
tement de douze feigneurs, appelés *Ricos-hombrés*, font
los Fueros de Sobrarbe. Zurita, qui quoique très-judi-
cieux, ne pouvoit guère fe difpenfer dans fes Annales
de la couronne d'Aragon, de parler ainfi de Sobrarbe,
témoigne que l'ambition ou la partialité des écrivains
a pu répandre du doute fur ce fujet. Ce qui doit toutefois mériter confidération, c'eft le témoignage de
Jofeph de Moret, qu'en feuilletant toutes les archives
de ce pays adjacent aux Pyrénées, le nom de Sobrarbe
ne paroît pas, même comme province, bien loin de
figurer en qualité de royaume, avant le règne de Sanche
le Grand, & qu'on n'y rencontre d'autres titres que
ceux de Navarre & d'Aragon. On peut ajouter, qu'en
lifant dans un de nos annaliftes, *(Aftronomus)* fous l'an
809, qu'un comte François nommé Aureol, commandoit *trans Pyrenæum, contra Ofcam*, on connoît que
ce comte réfidoit précifément en Sobrarbe, comme la
pofition d'Huefca, qui eft contiguë dans le plat-pays,
& qui demeura long-temps au pouvoir des Maures, en
fait juger infailliblement. La fondation d'un évêché par
Louis le Débonnaire dans un lieu nommé Roda, entre
les rivières de Cinca & Noguera, fait bien voir que ce
prince domina pendant un temps en Ribagorça, dont
il fera parlé ci-après, comme en Sobrarbe.

Le comté d'Aragon, refferré entre les limites de la

Navarre & le canton de Sobrarbe, ne prenoit (quand on confidère le local) d'étendue en longueur que quinze à dix-huit lieues, fur environ douze de largeur depuis la cime des Pyrénées. Ramire dont il a été parlé, fe diftingua le premier en Aragon par le titre de roi. Il joignit à l'Aragon proprement ainfi appelé, Sobrarbe & Ribagorça, en fuccédant à un frère, quatrième fils de Sanche le Grand, & nommé Gonçalo, qui après la mort de fon père avoit pris le titre de roi de Sobrarbe. Ribagorça eft un canton limitrophe le long de la Noguéra, qui tombe dans la Sègre au-deffus de Lérida, & diftinguée d'une autre rivière de même nom par le fur-nom de Ribagorçana, féparant actuellement l'Aragon d'avec la Catalogne. Une circonftance remarquable du règne de Ramire, c'eft d'avoir foumis fon royaume à l'Églife de Rome fous le pontificat de Grégoire VII, & fubftitué les ufages de cette Églife à ce que celle d'Ef-pagne avoit pratiqué depuis l'établiffement des Goths, ce qu'alors on appela la fuperftition de Tolede.

Ramire eut pour fucceffeur fon fils Sanche Ramirez, qui régna en Navarre comme en Aragon, étant appelé par les Navarrois, privés de leur roi Sanche Garfez par un affaffinat en 1076. L'Aragon étoit encore affez refferré dans fes bornes, pour que la ville d'Huefca fut poffédée par un feigneur Maure. Le roi Sanche bleffé mortellement devant cette place, en laiffa la conquête à fon fils Pedro Sanchez en l'an 1096, & cette ville tint le premier rang en Aragon avant Saragoce, & fut

communément le lieu d'affemblée des États du royaume.
Alfonfe, frère du roi Pedre, lui fuccéda en 1104, &
la couronne de Caftille & de Leon fut unie fur fa tête
aux couronnes d'Aragon & de Navarre, par fon mariage avec Urraca, fille du roi Alfonfe VI de Caftille,
qui mourut en 1109. Cet Alfonfe d'Aragon fut prefque
toujours en armes, & il eft furnommé el Batallador.
Saragoce lui ouvrit fes portes en 1118; & il fut fervi
en fes guerres par de la nobleffe Françoife, & le comte
d'Alperché, comme on lit dans les écrivains Efpagnols,
eft Rotrou comte du Perche, qui fut mis en poffeffion
de Tudéla fur l'Ebre, & dans la Navarre. Alfonfe allant
en avant dans fes conquêtes, les étendit vers le midi
fur Taraçona, Calat-Aïub, Daroca, Medina-Celim.
Comme il y avoit beaucoup de Chrétiens, qui établis
dans les lieux où les Maures dominoient étoient appelés
Moz-Arabes, Alfonfe accorda des priviléges à ceux
qui voudroient habiter dans fes États. Mais, dans une
expédition entreprife en 1133 contre les Maures de
Lérida, s'étant rendu maître de Méquinença, place
fituée avantageufement à la jonction de la Sègre avec
l'Ebre, il fut tué avec plufieurs feigneurs François, dans
une grande bataille près de Fraga, qui eft un peu plus
haut fur le rio Cinca.

A fa mort, les États qu'il avoit réunis furent partagés.
La Navarre voulut avoir un roi. Alfonfe, fils d'Urraca,
régna en Caftille, & dans une invafion faite en Aragon,
il fe rendit maître de Saragoce. Les Aragonois, après

quelque

quelque incertitude fur le choix d'un roi, fe détermi-
nèrent en faveur d'un frère du feu roi Alfonfe, nommé
Ramire, & qui eft furnommé el Monjé, parce qu'il
avoit pris l'habit de Saint-Benoît dans le monaftère de
Saint-Pons de Tomiers en Languedoc. Il fut placé fur
le thrône dans la ville d'Huefca ; & quoiqu'il fut prêtre,
on lui fit époufer une fille du comte de Poitiers, de
laquelle naquit une princeffe, que fon père deftina
pour époufe en 1137, à Raimond Bérenger, comte
de Barcelone, qui la même année fut reçu dans Saragoce comme fouverain, ce qui fut fuivi de l'abdication du roi Ramire, 104 ans après que Ramire fils
de Sanche le Grand, eut pris le titre de roi en Aragon.
Le comte de Barcelone reprit les places envahies par
le roi de Caftille. Il gouverna l'Aragon fous le titre de
prince, Pétronille fa femme étant qualifiée de reine.
Par cette alliance fe forma la liaifon de la Catalogne
avec l'Aragon. Mais, pour qu'on foit également inftruit ici fur ce qui avoit compofé la Marche d'Efpagne,
qui relevoit de la couronne de France, nous remettons
d'en traiter féparément, pour fuivre ce qui regarde les
progrès de la monarchie Aragonoife.

Le prince d'Aragon, comte de Barcelone, fut maître
de Tortofe le dernier décembre 1149, après avoir pris
dans la même année Lérida & Fraga. Il eut pour fucceffeur en 1162 fon fils, qui changea de nom, en
quittant celui de Raimond pour prendre celui d'Alfonfe,
& qui fut ainfi le fecond de ce nom en Aragon. Les

. A a

places que tenoient les Maures dans ce qui fait aujourd'hui la frontière d'Aragon au midi de l'Ebre,
leur furent enlevées, & Alcañiz devint la place principale fur cette frontière. Teruel plus reculé fut fortifié
contre les Maures de Valence en 1171. Un prince
Maure des plus puiffans, nommé Lobo, ayant fait don
à un feigneur Aragonois d'une place voifine, dont le
nom purement Arabe étoit Eben-Razen, duquel s'eft
formé celui d'Albarrazin, cette place fut poffédée par
ce feigneur, & paffa à plufieurs de fes fucceffeurs,
dans une entière indépendance de tous devoirs envers
la couronne d'Aragon. Le roi D. Pedro, fecond du
nom, fucceffeur d'Alfonfe fecond, & qui avoit eu part
à une grande victoire remportée fur les Maures à las
Navas de Tolofa en 1212, fut tué l'année fuivante,
en combattant pour le comte de Touloufe, dans la
guerre des Albigeois. Il eut pour fucceffeur fon fils
Jaïmé, ou Jâque, qui en l'an 1229 paffa dans l'île de
Maïorque, dont les Maures s'étoient rendus maîtres
en 798, & fur laquelle les Génois & les Pifans avoient
formé des entreprifes en 1215 & 1217. Palma, qui
en eft la capitale ouvrit fes portes au roi d'Aragon le
dernier jour de décembre 1230. Les Maures de Mi-
norque fe foumirent en 1232, Iviça fut prife en 1235.
Mais, la principale des conquêtes de D. Jaïmé fut
celle de Valence. Cette ville avoit déjà été prife fur
les Maures, par le Cid Rodrigo Diaz, ou de Bivar,
en 1097. Sa mort arrivée peu de temps après, avoit

fait rentrer Valence fous le joug des infidèles. Le roi Maure, nommé Zaen, petit-fils de Lobo, ayant ufurpé la couronne fur Zaït-abu-zaït, qui tenoit de très-près par le fang au grand Émir de Maroc, remit Valence en 1238 au roi d'Aragon, maître d'avance de plufieurs places moins reculées. Xativa fe rendit en 1248, & Murcie fut ouverte à D. Jaïmé en 1266. Ce prince, qui eft furnommé el Conquiftador, eut pour fucceffeur en 1276, fon fils D. Pedro, troifième du nom, auquel fuccédèrent fes fils, favoir, Alfonfe III en 1285, & Jaïmé el fegundo en 1291. Celui-ci s'affura de la poffeffion de Murcie en 1296, & prit Lorca en 1300, à quoi on peut ajouter, pour terminer ce qui concerne l'agrandiffement que prit en Efpagne la couronne d'Aragon, qu'il y eut en Murcie l'an 1305, un règlement de limites entre cette couronne & celle de Caftille.

MARCHIA HISPANIÆ.

ON ignore ce qui a donné lieu au nom que porte la Catalogne, dans laquelle s'étendoit ce qui fous la domination Françoife formoit une frontière, appelée la Marche d'Efpagne. Compofer ce nom de l'union de ceux des Goths & des Alains, eft de pure invention. L'attribuer à un perfonnage nommé Oger Catalon, qui forti de France par la vallée d'Aran (où la Garonne prend fa fource) pour faire la guerre aux Maures, auroit pénétré jufqu'à Empurias par Girone, & dont la mort

est datée de l'an 735, c'est ce que des écrivains judicieux rejettent comme une fable. L'opinion de Florian
d'Ocampo, que ce nom vient d'un peuple appelé
Castellani, mais peuple obscur, & dont il n'est mention
que dans Ptolémée seul, est adoptée par Zurita. Mais,
ce qu'il est plus important de remarquer d'après Zurita,
dans ses annales d'Aragon, c'est que l'emploi du nom
de Catalogne ne se rencontre dans aucun des titres du
pays sous le règne de Louis le Débonnaire, *ni en au-
tores de aquel tiempo se lee tal nombre de Cataluña.* Il semble
même, que le nom de Catalogne étant comme attaché
à ce que tenoient des comtes établis dans la Marche
d'Espagne, & notamment ceux de Barcelone, ce nom
n'ait pris de l'étendue au-delà du Rubricat ou Llobregat,
que par quelque agrandissement sous le comte Raimond
surnommé le Vieux, depuis l'an 1035. Une distinction
de Cataluña *la Vieja* d'avec *la Nueva,* le témoigne suffi-
samment.

On lit dans les annales de Metz, que Pépin reçut
des soumissions de Soliman, prince Maure, à qui Barcelone & Girone obéissoient; & on peut croire que la
conquête de la Gothie, où Pépin se rendit maître de
Narbone en 759, engagea le prince d'un pays limitrophe à faire cette démarche, qui n'eut point de suite
dont on ait connoissance. L'Espagne en ce temps-là
venoit d'éprouver une révolution, par l'établissement
d'un prince de la maison d'Ommia en 755, & résidant
à Cordoue; & dans une pareille circonstance, des

feigneurs, appelés rois par les écrivains, paroiſſent en poſſeſſion de gouverner dans les villes principales. Un d'eux, nommé Ebn-al-Arabi, ne pouvant ſe ſoutenir dans Saragoce, ſe rendit en 777 à Paderborn, auprès de Charlemagne occupé de la guerre de Saxe, ce qui engagea ce prince à paſſer les Pyrénées l'année ſuivante, & après avoir pris Pamplune, à ſe rendre en paſſant l'Ebre devant Saragoce, pour remettre le Maure Ebn-al-Arabi, devenu ſon vaſſal, en poſſeſſion de cette ville. Mais, dans ce qui par la ſuite compoſa préciſément la Marche d'Eſpagne, Girone ſe ſoumit en 785, & Barcelone fut priſe ſur un Maure nommé Zaet, après un blocus de deux ans en 791. Louis le Débonnaire y entra, & ſoumit le pays juſqu'au-delà de Lérida. Dans une ſeconde expédition de ce prince en 798, Barcelone révoltée ayant été repriſe, un comte nommé Bernard y fut établi. L'année ſuivante, Louis fut maître de Tarragone. Son entrepriſe ſur Tortoſe en 809 n'eut point de ſuccès, & il en fut de même à l'égard d'Hueſca. Bernard, comte de Barcelone, paroît dans les premières années du règne de Louis le Débonnaire avoir le commandement ſur la frontière, en Rouſſillon & en Cerdagne, ſous le titre de marquis. On a vu dans ce qui précède touchant l'Aragon, que la ſouveraineté du prince s'étendoit ſur Sobrarbe & Ribagorça, en limitant un comté, duquel la monarchie d'Aragon tire ſon origine. Ce que la Marche comprenoit en général fut diviſé en pluſieurs comtés. Celui d'Urgel fut des plus confidérables, & un comte de Barcelone eft qualifié du titre de prince en la feptième année du règne de Louis le Débonnaire. Tous les feigneurs du pays fe reconnoiffoient pour fujets de la couronne de France; & en l'an 844, Charle le Chauve ufant d'un droit réfervé à la fouveraineté, accorde aux habitans de Barcelone & des dépendances du comté, foit anciens Efpagnols, foit Goths, comme il s'explique, les mêmes priviléges dont la jouiffance avoit été réfervée aux François. Wifrid, fecond du nom, comte de Barcelone, qui réuniffoit en fa perfonne la plus grande partie des comtés de la Catalogne, Rouffillon, Cerdagne, Urgel, Girone, partageant fes domaines entre plufieurs enfans, l'acte de partage eft daté d'une des années du règne de Charle le Simple. Des titres dont la date eft du règne de Lothaire, fils de Louis d'Outremer, témoignent que des comtes en Ribagorça, & dans le canton de Paillas, entre Ribagorça & Urgel, reconnoiffoient la fouveraineté de la France. Le paffage de la couronne dans une autre maifon que celle de Charlemagne, ne porta point de préjudice à cette fouveraineté. Le comte de Barcelone Raimond Borel, accordant quelques priviléges aux fujets de fon domaine, l'acte eft daté de l'an 28 du règne de Robert, roi de France.

Cependant, les Maures confervoient affez de forces fur la frontière de Catalogne, pour que Tarragone &

Lérida, dont Louis le Débonnaire s'étoit rendu maître,
retombaffent entre leurs mains. Le défaut d'un pafteur
dans l'Églife de Tarragone, fut fuppléé par le métropolitain de Narbone; & dans un concile tenu en 940
à Fontcouverte près de Narbone, on trouve la fouf-
cription des évêques établis dans la Marche d'Efpagne.
Tarragone ayant été reprife, le pape Urbain fecond en
fit une métropole en 1089, & la juridiction de cette
métropole s'étendit fous le règne de Jaïmé el Conquiftador à tout l'agrandiffement qu'avoit pris la couronne
d'Aragon. Alfonfe, fecond du nom, roi d'Aragon,
ajouta en 1149 le titre de comte de Rouffillon à celui
de Barcelone, ayant hérité d'un comte nommé Guinard,
dont la difpofition teftamentaire en faveur de ce prince,
& antérieure de quelques années, eft datée du règne de
Louis le Jeune. Le fucceffeur d'Alfonfe, Pierre fecond,
fut en droit de prendre le titre abfolu de prince de
Catalogne, en recueillant l'an 1208 la fucceffion du
dernier des comtes d'Urgel, qui s'étoient maintenus
plus que d'autres indépendans de quelque fujétion à
l'égard des comtes de Barcelone. Pour terminer ce
qui regarde la Marche d'Efpagne, il fuffit de dire, que
par un traité du 11 mai 1258, entre Saint-Louis &
D. Jaïmé, & dans lequel ces princes eurent pour objet
d'anéantir des prétentions refpectives, le roi de France
renonça à fon droit féodal, & de domaine fuprême,
fur les comtés de Barcelone, Urgel, Rouffillon &
Cerdagne, Girone, & autres qui avoient fait partie de

cette Marche ; le roi d'Aragon reconnoiffant de fon côté, que ce même droit d'ancienne fouveraineté demeureroit fubfiftant à l'égard de plufieurs terres & feigneuries ren-fermées dans la Guienne & dans le Languedoc.

P O R T U-C A L L É.

LE royaume de Portugal s'eft formé plus tard qu'aucun autre en Efpagne. Le nom de Lufitanie, par lequel on croit le remplacer, n'y répond pas en toutes fes parties. La Lufitanie étoit bornée par le fleuve Durius, ou Douro comme difent les Portugais, & le Portugal s'étend au-delà jufqu'au Minius ou Minho, dans ce qui faifoit partie de l'ancienne Gallécie. D'un autre côté, Emérita ou Mérida, fur le fleuve Anas, & métropole de la Lufitanie, eft hors des limites du Portugal, dans l'Eftrémadure de Caftille. Ce royaume tire fon nom de la ville de Porto, fituée peu au-deffus de l'embouchure du Douro, fur fa rive gauche en remontant. Cette ville eft connue par l'Itinéraire d'Antonin fous le nom de *Calle.* On trouve même ce nom primitif employé feul, & même affez tard, dans un titre daté de l'ère 886, ou de l'an de J. C. 848, en parlant d'un feigneur Maure, vaffal du roi des Afturies Ramire premier, en ces termes, Mahomat Cid Atauf, *dominus Cale.* Et parce que le nom de *Callé* ou *Calé,* paroît avoir été un terme appellatif propre à défigner un port, on pourroit en inférer, que de-là vient qu'en Portugais cette ville eft appelée *Porto-o-Porto,* & dans

l'ufage

l'ufage de quelques gens de mer *Port-à-Port.* Qu'on ait dit enfuite *Portugalle*, au lieu de *Portucalle*, c'eft par la même altération que fouffre le nom des anciens *Callaici* dans celui de *Gallæcia*, que conferve la Galice, limitrophe du Portugal, & l'exemple ne peut être tiré de plus près.

Ce qui eft compris aujourd'hui fous le nom de Portugal étoit au pouvoir des Maures peu d'années après leur invafion. Il eft mention de Beija, qui eft l'ancienne *Pax Julia*, entre les villes que prit Mufa dans fon expédition. On eft inftruit par un écrit inféré dans l'ouvrage d'un Maure nommé Rafis, qu'en l'ère 753, ou l'an de J. C. 715, *Ebora, Egiditania, Salaria* (Evora, Idanha, Alcacer do Sal) pafsèrent fous la même domination, & l'année fuivante *Olifbona*, & *Colimbria* (Lifbone & Coimbre) qui fe rendirent à Ab-délaziz, fils de Mufa. Il en fut de même en pouffant plus loin, de *Portucale, Braca, Tude, Lucus* (Porto, Braga, Tuy, Lugo) & d'*Auria* (Orenfé) qui fut détruite. Ces conquêtes furent concédées à des feigneurs Maures, entre lefquels on voit un petit-fils de Tarif établi à Coimbre, & puiffant aux environs. Dans un acte de l'an 147 de l'Ere Mahométane (de J. C. 772) par lequel on trouve ce Maure favorable aux Chrétiens de fa dépendance, il s'intitule *dominator Cantabriæ Gothorum.* Mais, ce partage des terres conquifes en différens domaines fut préjudiciable à la puiffance des Maures. Il n'eft pourtant guère vraifemblable, qu'Alfonfe le Chafte, dans l'état de foibleffe où l'Afturie étoit encore fous fon règne,

. B b

ait fait la conquête de Lisbone, selon ce qu'on lit dans un de nos chroniqueurs *(Astronomus)* sous l'an 798, savoir, que ce prince fit part à Charlemagne des dépouilles de cette ville, *de manubiis, quas victor apud Ulissoponam civitatem, à se expugnatam, cœperat.* La frontière, qui sur la rive méridionale du Douro étoit appelée *Extrema Dorii,* fut très-disputée entre les princes Chrétiens & les Maures. Ramire, roi des Asturies premier du nom, tint plusieurs seigneurs Maures sous son obéissance en cette partie. Alfonse le Grand fit plus, en y établissant des évêques, comme dans la partie qui est appelée *Extrema Minii,* entre Minho & Douro. Mais, Ferdinand roi de Castille, & surnommé le Grand, fut obligé de reprendre sur les Maures en 1038 & 39, ce qui étoit Estrémadure, Coimbra, qui tenoit le rang de ville royale, en 1054. Dans le partage qu'il fit de ses États, Garsie à qui la Galice avec ce qu'on appeloit dès-lors le Portugal avoit été léguée, & qui fut dépouillé par son frère Sanche, roi de Castille, est qualifié dans l'inscription de sa tombe, datée de l'ère 1128, ou de l'an 1090, *rex Portugalliæ & Galleciæ.*

Entre plusieurs princes François, qu'Alfonse sixième du nom en Castille, & frère de Garsie, reçut dans sa cour, D. Henrique, comme on lit ce nom dans les écrivains Espagnols, ou Henri, y prit un établissement. Les opinions sur ce qu'il étoit d'origine sont fort partagées ; & les plus accrédités des historiens qui ont écrit en Espagne, le disent sorti de la *casa de Lorena,* en le faisant de la parenté de Godefroi de Bouillon, qui bien

qu'invefti du duché de la baffe Lorraine, n'étoit point
de ce qu'on appelle la maifon de Lorraine. Un fragment
de chronique d'un moine de Fleuri ou de Saint-Benoît
fur Loire, qui eft du règne de Henri premier, fils du
roi Robert, fait connoître, que le prince Henri étoit
petit-fils de Robert, duc de Bourgogne, fils du roi
Robert; & le thrône de Portugal ne tirera point d'auffi
grande illuftration ailleurs que de la maifon royale de
France. Alfonfe donnant une de fes filles, Tharafie ou
Thérèfe, en mariage à D. Henrique, l'inveftit d'un
domaine avec titre de comté, auquel la ville de *Portu-*
calle donna le nom. Selon un acte cité par Bernard de
Brito, Henrique paroîtroit en poffeffion du comté de
Portugal dès l'an 1072 (en l'ère 1110) ce qui donne
la même année que celle où Alfonfe quitta Tolede
pour joindre la couronne de Caftille à celle de Leon,
comme nous l'avons dit ailleurs. Le comte rétablit des
évêques dans Lamégo, Vifeû, Coimbre; Braga, dé-
folée en différens temps, fortit de fes ruines. Des
titres témoignent que Coimbre fut de fon gouvernement: *in Colimbriâ & Portugale comes Enrichus.*

Mais, portant plus loin fon ambition, il chercha en
prenant du terrein fur les Maures, à fe faire un État
particulier; *fibi jam fpecialem vindicans principatum,* dit
Rodéric de Tolede. Son fils Alfonfe Henriquez prit
le titre de duc, & fut même proclamé roi par fon
armée, étant fur le point de livrer bataille à un roi
Maure appelé Ifmar, auquel étoient joints plufieurs
feigneurs de la même nation. On eft étonné que cet

B b ij

évènement, daté de l'an 1139 & dans les plaines d'Ouriqué, à quarante lieues au-delà du Tage, près de l'Algarve presque à l'extrémité du Portugal, ait pu dévancer les conquêtes d'Alfonse, qui dans l'histoire paroissent postérieures; savoir, celles de Leiria, Santarem, Lisbone, Sintra, dans l'Estrémadure de Portugal en-deçà du Tage, & d'Alcacer do Sal, Evora, Elvas, dans Alen-tejo au-delà du fleuve. Une entreprise sur Badajoz, qu'un Maure possédoit sous la protection de Ferdinand roi de Leon, ne réussit pas à Alfonse, qui fut fait prisonnier, ce qui fut suivi d'un traité désavantageux, mais qui ne paroît pas avoir eu d'exécution. Sanche fils d'Alfonse, prit Silvés, place importante en Algarve, avec le secours des Croisés, qui faisoient route pour la Palestine sur une flotte de Philippe, comte de Flandre. Sous le règne d'Alfonse troisième du nom, la province d'Algarve, dont le nom (al-Garb) est tiré d'un terme Arabe qui désigne le couchant, fut entièrement jointe au Portugal, par la prise de plusieurs places sur les Maures, selon Garibay, ou pour servir de dot à Beatrix, fille d'Alfonse X roi de Castille, selon Vasæus; & cet article, qui nous conduit au milieu du treizième siècle, terminera ce que nous avions à dire du Portugal. Ce qui concerne l'Espagne en son entier demandoit autant de détail que celui dans lequel on est entré, pour traiter également sous le même point de vue les différentes parties que ce sujet embrasse, & le suivre dans les vicissitudes générales ou particulières qu'il a éprouvées.

V.

BRITANNIA.

L'usage actuel d'appeler l'Isle Britannique la *Grande Bretagne*, vient de la nécessité de distinguer cette Bretagne ancienne & primitive d'avec celle, que l'émigration d'une partie de ses habitans a formée dans un canton de la Gaule, & qui devenue province de la monarchie Françoise, a dû prendre une place dans cet ouvrage sous le même nom de *Britannia*. La distinction de nom, comme auroit été celle de *Magna Britannia*, en usant de la langue propre à l'ancienne Géographie, est donc inconnue dans les temps qui ont précédé le besoin de faire cette distinction; mais, il paroît convenable de l'adopter ici. Quant au nom national, l'usage est plutôt *Britones* que *Britanni*, sur-tout dans le moyen-âge, & l'ethnique *Brito* remontant plus haut, se lit dans des inscriptions Romaines. Avec des *Britones* on trouve des *Britanniciani* comme une milice particulière dans la Notice de l'Empire.

Les provinces de l'Occident sous le règne d'Honorius, étant exposées de tous côtés aux entreprises des nations étrangères, cet état de foibleſſe porta les Bretons à ſe donner un ſouverain; & dans la plus baſſe milice un ſoldat, dont le nom de Conſtantin paroiſſoit de bonne augure, fut revêtu de la pourpre. Cet eſpèce d'empereur paſſant dans la Gaule, y vit groſſir ſon parti, & ſembloit avoir acquis aſſez de force pour s'y maintenir, lorſqu'aſſiégé dans Arles par le général Conſtance, dont nous avons eu occaſion de parler ailleurs, il y fut pris & enſuite mis à mort. Un officier nommé Victorin, envoyé dans la Grande Bretagne par Honorius, fit rentrer cette province dans le devoir, & arrêta les courſes des Pictes, qui occupoient la partie ſeptentrionale de l'île, aù-dehors des limites de la Bretagne Romaine. Mais, l'invaſion des Viſigoths en Italie, & la priſe de Rome par leur roi Alaric en 410, ayant fait rappeler Victorin, les Bretons réduits à leurs propres armes, ne pouvant ſe ſoutenir contre les attaques des barbares leurs voiſins, une légion fut envoyée à leur ſecours par Honorius. Après avoir repouſſé l'ennemi en Bretagne, cette légion repaſſant dans la Gaule pour la défendre, laiſſa les Bretons expoſés aux mêmes diſgrâces. Une ſeconde légion qu'ils obtinrent de Valentinien III, eut d'abord le même ſuccès, auquel elle ajouta la réparation du *Vallum,* ou rempart, qui couvroit le pays de la domination Romaine. On ſait qu'il y en avoit deux, l'un élevé par Adrien, entre ce qu'on appelle Solway-ſirt & Tin-mouth, l'autre plus reculé vers le nord, & dans un

efpace plus refferré entre *Glotta* & *Bodotria*, Clyd &
Firth of Forth, à la hauteur d'Édenbourg, & qui doit
être attribué à Sévère. On ne fauroit guère déterminer
auquel des deux cette réparation doit être appliquée,
& il eft affez indifférent de demeurer indécis fur cet
article. Mais il faut dire, que ce fut un dernier fervice
qu'on avoit cru devoir rendre aux Bretons, & la légion
en fe retirant leur déclara qu'ils ne devoient plus at-
tendre de fecours, & ne pouvoient devoir leur falut
qu'à la réfiftance qu'ils oppoferoient aux attaques de
l'ennemi.

Il paroît affez difficile de déterminer, en quelle année,
ou à peu près, la Grande Bretagne fut ainfi abandonnée
par les Romains; & non-feulement fur ce point, mais
encore fur l'entrée des Saxons dans le même pays,
le temps de ces évènemens confidérables eft couvert
d'une obfcurité qui femble prefque impénétrable. On
lit dans Gildas, écrivain Breton du fixième fiècle, que
fes compatriotes réduits aux plus grandes mifères par
les Piêtes & par les Scots, dont il fera parlé en traitant
de l'Écoffe de l'Hibernie, implorèrent fans fuccès le
fecours d'Aëtius, commandant en Gaule dans fon troifième confulat, qui tombe en l'an 446. Mais, on feroit
bien fondé à croire, que les Saxons étoient déjà dans
la Grande Bretagne, & précifément, comme y ayant
été appelés, felon que le veut l'hiftoire, par Vortigerne,
prince Breton de la Dumonie, ou des provinces actuelles de Dévon & de Corn-wall. Cambden rapporte

une note insérée dans quelques manuscrits de Ninnius (qui écrivoit au commencement du huitième siècle) par laquelle dans un enchaînement de plusieurs dates, la démarche de Vortigerne auprès des Saxons est rapportée au consulat de Félix & de Taurus, qui dans les Fastes donne l'année 428 ; & ce savant & judicieux investigateur des antiquités de l'Angleterre, n'hésite point à déférer au témoignage de cette note; *omnes in hac re scrupulos tollat,* comme il s'exprime. Cependant, on trouve communément ailleurs cette entrée des Saxons retardée d'une vingtaine d'années. Il faut croire que dès-lors les Romains ne regardoient plus la Bretagne comme une de leurs provinces, dans l'impuissance de la garder, & par la même raison qu'Aurélien avoit eue d'abandonner la Dace de Trajan, située au-delà du Danube. Si donc on lit dans Gildas sous une date postérieure, que les Bretons se plaignent amèrement de leurs calamités au général Romain Aëtius, c'est que dans l'histoire, les Saxons après avoir d'abord servi la nation qui les avoit reçus, en repoussant les Pictes & les Scots, paroissent ensuite d'intelligence avec eux pour opprimer cette nation, qui éprouve de leur part un ennemi plus funeste que le premier. Usserius place en l'an 431 une troisième irruption des barbares du nord, après avoir forcé le rempart. Il a paru nécessaire d'entrer dans ce détail sur des circonstances aussi notables dans notre sujet, que la retraite des Romains, & l'entrée des Saxons. Un Romain, nommé Ambrosius Aurelius,

Aurelius, ayant dans cette conjonĉture pris la pourpre,
Vortigerne qui vouloit règner, pouvoit avoir plus
d'un motif, (comme Ninnius le fait entendre) de
recourir aux armes d'une nation étrangère. Les Saxons
s'étoient affez fait connoître dans la partie maritime de
la Grande Bretagne, la plus expofée à leurs entreprifes, & qui vers le déclin de l'Empire paroît appelée
Littus Saxonicum.

SAXONES, & ANGLI.

On peut recourir à ce que nous avons dit des
Saxons en traitant de la Germanie, pour être inftruit
du pays d'où cette nation eft fortie. On ne voit
d'abord que leur nom feul dans les premiers exploits
en Grande Bretagne : celui d'une autre nation affociée,
& qui en partagea la conquête, a fait appeler colleĉti-
vement *Anglo-Saxones* le peuple qui y établit fa domination. Il y a beaucoup de vraifemblance, que ce
qui étoit diftingué par le nom d'Anglois, fortoit d'un
même pays que la nation Saxone proprement dite,
qui habitant l'entrée de la Cherfonèfe Cimbrique,
près de l'embouchure de l'Elbe, pouvoit avoir les
Anglois pour voifins de l'autre côté de cette Cherfonèfe, & dans ce qui fait aujourd'hui le duché de
Slefwig. Cambden cite un ancien auteur de la race
royale Saxone en Angleterre, qui dit expreffément,
qu'*Anglia vetus,* fituée *inter Saxones & Giotos,* a pour
capitale la ville de Slefwic : & un canton nommé *Angel*

Cc

dans ce pays (ou *Angl* comme on prononce) eſt appelé *Parva Anglia* par Lindenbrog, dont l'érudition ſur ces contrées ſpécialement eſt aſſez connue. Les *Gioti*, dont il vient d'être mention, ſont les *Jutæ*, qui conſervent leur nom dans le Jut-land, partie ſeptentrionale du Danemark, adjacente au duché de Sleſwig. C'eſt par altération que leur nom ſe lit *Vitæ*, comme d'une nation, qui de même que les Anglois eut part aux expéditions des Saxons dans la Grande Bretagne; d'où vient que ſelon les loix données aux Anglo - Saxons par Edward le Confeſſeur, les *Guti* (comme ce nom y eſt écrit) doivent être reçus & protégés en qualité d'aſſociés & de frères, *ſicut conjurati fratres*. Des Friſons, ſelon Procope *(Gothic. IV)* auroient habité ainſi que les Anglois, l'île qu'il appelle *Brittia*, conjointement avec le peuple du même nom que cette île, ou les *Brittones*. Il eſt à remarquer, que le nom des Saxons ne paroiſſant point dans Tacite, on y trouve celui des *Angli* entre pluſieurs nations qu'on a lieu de juger avoir été reculées dans le nord vers la Mer Baltique, & auxquelles le culte de *Hertha*, ou de la déeſſe de la Terre, étoit commun dans une île de l'Océan, comme Tacite s'explique, & qui paroît être *Helg-land*, ou l'île Sainte, un peu au large de l'embouchure de l'Elbe.

Les Saxons au nombre de 1600, dans trois de leurs navires appelés *Ciuli*, & commandés par Hengiſt & Horſa, dont il eſt parlé comme tenant le premier rang dans la nation, débarquèrent à la pointe du *Cantium*, ou pays de Kent, qui étant féparée du continent par un canal, eft appelée l'île de Thanet. Quelque peu confidérable que fût cette troupe auxiliaire, elle procura aux Bretons la victoire fur leurs ennemis. Mais, une victoire facile, & la foibleffe des Bretons, firent naître chez les Saxons le deffein de fe rendre maîtres du pays, & un renfort de 5000 hommes fur une flotte de dix-fept bâtimens, fut un premier moyen de mettre ce deffein à exécution. Selon les hiftoriens Bretons, ce Breton Romain nommé Ambroife Aurele, dont il a été parlé, ayant furvécu à Vortigerne, excita fes compatriotes à réfifter au joug d'une nation étrangère; & Hengift pour affoiblir cette réfiftance en la divifant, fit paffer une nouvelle bande de fes Saxons dans la partie feptentrionale de la province Romaine fur la frontière des Pictes, ce qui eft actuellement appelé Nort-humber-land. Il forma pour lui-même un royaume dans la province de Kent, & qui comprenoit ce qu'on appelle Effex & Midl-Effex, & la partie de Surrey adjacente à Kent, & dont il établit le fiége à Kenter-bury. La date de l'établiffement de ce royaume dans Cambden, comme étant de l'an 456, pourra paroître bien retardée à l'égard de l'entrée des Saxons; & Profper Tyro, chroniqueur de ce même temps, auroit fort anticipé de date, en écrivant fous l'an 443, que la Bretagne après bien des combats, étoit réduite au pouvoir des Saxons; *Britannias, poft varias clades in Saxonum poteftatem fuiffe redactas.* Au refte, quelque incertitude fur ces dates eft affez indifférente, quant au fond des objets qu'elles regardent.

Les fuccès des premiers Saxons invitèrent d'autres détachemens de la même nation à venir prendre part à la même conquête. Un de ces capitaines qui font appelés *Chieftains*, nommé Ella, fit defcente en 477 à la côte méridionale de la Grande Bretagne, où malgré une vigoureufe réfiftance de la part des Bretons, il fonda un fecond royaume, celui de *Sud-Seaxon-ric*, dans les provinces actuelles de Surrey & de Suffex. Ce royaume fut borné au couchant par un troifième, ou de *Weft-Seaxon-ric*. Cerda & fon fils Kenric, qui y prirent terre en 495, trouvèrent dans la valeur des Bretons plus de difficulté à former leur établiffement, qu'aucune autre bande Saxone n'en avoit éprouvé; & ce royaume ne prend date que de l'année 519. On lit qu'Arthur, qui commandoit les anciens Silures, au-delà de l'entrée de la Saverne, & que les romanciers ou poëtes du pays ont tant célébré, arrêta les progrès de ces Saxons occidentaux. Mais, les provinces de Hampt, Dorfet, Dévon, Somerfet, Wilts, & Berks, leur furent affujetties. Les royaumes fe multiplièrent encore fous des chefs particuliers. Offa prit le titre de roi en *Eaft-Angles-ric*, ou chez les Anglois orientaux, dans Norfolk, Suffolk, & Cambridge, en l'an 575, ou felon une autre date dès l'an 546. Le *Mirkna-ric*, communément appelé royaume de Mercie, occupé par des Anglois occidentaux à l'égard des précédens,

s'étendoit fur toutes les provinces du centre de l'Angleterre & en grand nombre; & confinant par fa fituation
& fon étendue aux autres royaumes, & particulièrement
aux Bretons cantonnés dans le pays de Galles, il en
tiroit fon nom, parce qu'en Saxon *Merc* eft la même
chofe que marche ou frontière. Il eut un premier roi
en la perfonne de Crida fon fondateur, en 585, ou
autrement dix ans plus tôt. On eft incertain fur la date
d'*Eaft-Seaxon-ric*, ou de la province d'Eft-Sex, y
compris Midl-Effex, & une partie d'Herford-shire,
quoiqu'on le trouve daté de l'an 527, fous un roi
nommé Erkenwin.

Il nous refte à parler du plus reculé des royaumes
qui s'établirent dans la Grande Bretagne. Il faut fe rappeler, qu'Hengift avoit fait paffer une troupe de Saxons
dans le nord du pays. Ces Saxons eurent beaucoup de
peine à s'y foutenir, bien loin d'y prendre de l'agrandiffement; & par fubordination à l'égard d'une puiffance
qui avoit donné lieu à cet établiffement, les Saxons n'y
eurent d'abord à leur tête que ce qu'on peut appeler
des ducs, relevant de la couronne de Kent, que portèrent les fucceffeurs d'Hengift. Mais, un Saxon non
moins qualifié qu'Hengift l'avoit été dans la nation, &
nommé Ida, fuivi d'une nouvelle bande de fes compatriotes, vint fortifier cette colonie. Il foumit avec ce
qu'on nomme aujourd'hui Nort-humber-land, la province de Durham, & d'un autre côté, ce qui adjacent
également à la mer s'étend jufqu'au rempart de Sévère.

Parvenu à cette puiffance en 547, il prit le titre de roi de Bernicie, *Berniciorum provinciæ* dans Béda, nom de pays qui n'eft point connu antérieurement, & que l'on ne connoît plus. Vers le même temps, un autre Saxon nommé Ella, s'étant rendu maître de Lancaftre, & d'une grande partie d'York-shire, fut roi dans ce qui alors étoit appelé Deiri, *Deirorum provincia*. Le petit-fils d'Ida, nommé Ethelfred, ayant époufé la fille d'Ella, réunit cette couronne à celle dont il avoit hérité de fon père, & forma un des plus puiffans royaumes qui fe fuffent élevés dans la Grande Bretagne. Sa fituation au nord de la rivière de Humber, qui fe rend dans la mer par une large embouchure, entre les provinces d'York & de Lincoln, l'a fait appeler *Nordan-Humbra-ric*, avec beaucoup plus d'étendue que n'en conferve la province actuelle de Northumber-land, féparée du Humber par deux provinces entières, York-shire & Durham. Dans ce qu'avoit renfermé la Bretagne Romaine, le nombre de fept royaumes particuliers, Saxons ou Anglois, fait défigner cette époque Britannique par le titre d'*HEPTARCHIA ANGLO-SAXONICA*.

A N G L I A.

LA conquête de la Grande Bretagne par les Saxons en changea prefque entièrement la population, mit en ufage une autre langue, d'autres coutumes, & une forme de gouvernement fort différente de ce que l'administration Romaine avoit été. On ne peut se dis-penser de remarquer, que nos Francs dans la Gaule, les Goths en Italie & en Espagne, quoique nations Germaniques comme étoit la Saxone, se montrèrent beaucoup plus humains à l'égard des peuples qu'ils soumirent, que les Saxons & les Anglois envers les Bretons. Un pays partagé en différens États par une nation qui ne connoissoit que les armes, & ne consi-déroit que ce qu'on peut acquérir par leur supériorité, vit bientôt ces États en guerre les uns contre les autres.

Sous le petit-fils d'Hengist, fondateur du premier royaume, ou de celui de Kent, les provinces d'Essex & de Midl-Essex furent enlevées à ce royaume par l'établissement des Saxons orientaux, & finalement il fut soumis aux occidentaux, lorsque le règne d'Egbert, dont nous parlerons, les fit dominer dans l'Heptarchie. La conquête de la plus grande partie du royaume de Sud-Sex, sur le successeur de son fondateur, fut le premier pas que fit le royaume de West-Sex dans son agrandissement. Est-Sex, & Est-Angles, subirent le joug de la Mercie, & la ville de Londres fut ainsi comprise dans ce royaume, dont la puissance parut éclipser tous les autres sous un roi nommé Offa. Ce prince, qui fut honoré de l'amitié de Charlemagne, chez lequel il fit passer Aleuin, si distingué par sa littérature & son savoir dans un siècle qui commençoit à sortir de la barbarie, resserra les Bretons dans leurs limites, & enleva au royaume de Weft-Sex les provinces d'Oxford & de Glocefter. Sa mort eft de l'an 794. Mais, les Saxons occidentaux, dont le royaume n'avoit pas à beaucoup près l'étendue de celui de Mercie, eurent dans la perfonne d'Egbert un roi, qui les fit dominer non-feulement en Mercie, mais fur l'Heptarchie entière. Il eft remarquable, qu'il fut l'unique rejeton forti des familles royales qui avoient partagé entr'elles la Grande Bretagne. Contraint par l'ufurpation du thrône qui lui appartenoit, de fe réfugier en France, il fut élevé à la cour de Charlemagne, où il fe façonna aux mœurs de la nation, dont Guillaume de Malmefburry, écrivain de grand mérite entre les Anglois de ces temps-là, parle *(lib. II, c. II)* comme de la plus illuftre des nations de l'occident. Egbert, rappelé en 799, porta par une première victoire en Wilt-shire, un coup mortel à la Mercie, & y pénétrant par l'Oxford-shire, il fit par fon fils Ethelwolf la conquête de Kent & d'Eft-Sex; & les Eft-Angles fecouant le joug que leur avoit impofé la Mercie, fe mirent fous fa protection. Dominant également en Mercie, les Nort-humbres tombés dans l'anarchie par une fuite des fréquentes révolutions que le thrône avoit éprouvé chez eux, fe rangèrent fans peine fous les loix d'Egbert, qui leur permit comme à ceux de Mercie & d'Eft-Angles, d'avoir des rois titulaires, fujets au tribut & dépendans. La Mercie gouvernée enfuite par des comtes, ne fut plus étroitement fujette que fous le règne d'Edward, furnommé

l'Ancien,

l'Ancien, fils du fameux Alfred petit-fils d'Egbert. On voit postérieurement des ducs en Mercie, en Est-Angles, & en quelques autres provinces. Pour ce qui est de la réunion de l'Heptarchie en Monarchie, sur la tête d'Egbert, elle peut être datée de l'an 827, environ 400 ans après qu'Hengist eut pris terre dans la Grande Bretagne.

Quand on se rappelle que dans l'entrée des nations qui conquirent ce pays, le nom des Saxons est prédominant, & que dans la dissolution de l'Heptarchie, c'est un royaume Saxon qui asservit les autres, Anglois comme Saxons; il peut paroître extraordinaire que le nom Anglois ait toutefois prévalu sur le Saxon, à l'égard de la nation & du pays également. Cambden applaudissant à cette préférence du nom Anglois, parle d'un édit du roi Egbert, comme ayant ordonné que le pays fut appelé *Engla-lond,* quoique le temps qu'il assigne à cet édit, *circa annum 800,* précède les prospérités d'Egbert, qui ne parvint à une domination presque universelle sur l'Angleterre que plus de vingt ans plus tard. Pour témoignage de la préférence que l'usage auroit pu donner d'avance à un nom plutôt qu'à l'autre, Cambden s'appuye sur l'intitulé de *Gentis Anglorum historia,* dans Béda, qui écrivoit avant le milieu du huitième siècle. C'est en cherchant de l'illustration par d'anciens noms, que le roi Edred vers l'an 948 prend le titre de *Magnæ Britanniæ rex,* & Edgard vers l'an 979 celui de *totius Albionis monarcha,* usant aussi du

D d

terme de *basileus*, & affectant encore le titre d'*imperator*, dans un acte dont il fera mention dans l'article suivant.

D A N I.

CETTE nation doit figurer ici, comme ayant dominé en Angleterre, après y avoir porté le fer & le feu. Son nom est inconnu dans les temps de l'antiquité. Il ne paroît pour la première fois qu'au sixième siècle, dans Jornandés, entre les différentes nations que renfermoit l'île *Scanzia*, ou la Scandinavie. Procope parle des Danois comme étant voisins des Varnes, & d'un autre côté peu distans de Thulé. On connoît assez la nation Germanique des Varnes, pour croire qu'elle occupoit ce qui est aujourd'hui le Meklebourg, avant que d'y être remplacée par des Slaves Obotrites; & pour ce qui est de Thulé, Procope désigne, sans qu'on en puisse douter, la Scandinavie, & particulièrement la Norwége, dont une contrée conserve le nom de Tèle-mark. Mais, un témoignage positif de l'habitation des Danois en Scandinavie, se tire d'Adam de Brème, en parlant de *Sconia*, ou Skane dans ce continent, comme d'une terre Danoise, *pulcherrima visu*, dit-il, *Daniæ provincia*. Eginhard pour faire connoître ce qu'étoient les Normans, nomme ensemble *Danos & Sueones*, ajoutant *quos Nortmannos vocamus*, & on sait assez que l'un de ces noms appartient à la nation Suédoise proprement dite. L'opinion que les Danois étoient compris sous le nom des Normans subsistoit long-temps après Eginhard, selon le témoignage que fournit Albert de Stade, écrivain du treizième siècle. Un traité fait avec Charlemagne en 811, pour régler les limites, sur la frontière des Saxons du nord de l'Elbe, est un indice que les Danois tenoient alors le pays qui a pris leur nom. Ce qu'il étoit sorti de Saxons, d'Anglois, de Jutes, dans leurs entreprises sur la Grande Bretagne, laissoit assez de vide en cette terre pour que les Danois, qui dans leur demeure en Scandinavie n'en étoient séparés que par des détroits de mer assez resserrés, vinssent s'y établir, & devenir assez puissans pour y former la nation dominante. L'illustration que tiroit ce pays d'avoir été la patrie des Cimbres, est bien marquée dans Tacite, quoique leur défaite eut extrêmement affoibli le corps de la nation: *parva nunc civitas, sed gloriâ ingens.*

Les Danois, qui dans les anciens historiens Anglois sont appelés *Wiccingi,* du terme Saxon *Wiccinga,* qui désigne un pirate, se montrèrent en quelques parages des côtes d'Angleterre dès le règne d'Egbert, dont la fin est de l'an 837. Ils prirent poste dans l'île de Thanet, & en celle de Shepey dans l'embouchure de la Tamise en 851, réduisirent en cendres Londres & Canterbury. Alfred, petit-fils d'Egbert, & qui rassembla en sa personne toutes les qualités d'un monarque accompli, montant sur le thrône en 871, ne se vit guère obéi que des seuls Saxons occidentaux, anciens sujets de sa maison. Ne pouvant se soutenir contre les forces des

Danois, groffies par de nouvelles bandes, il fut obligé
de difparoître, & un petit efpace de terre enveloppé de
marais, dans la province de Somerfet, & qui a été appelé
Etheling's-ey, ou île des nobles, lui fervit de retraite. Il en
fortit pour attaquer les Danois, & les foumettre. Leur
chef nommé Guthrum, reçu à compofition, fut placé
avec les fiens dans Eft-Angle, & dans le Nort-humbre,
provinces plus dévaftées que d'autres. Un fameux Danois, Hafting, quittant la France après l'avoir ravagée,
& paffant en Angleterre, fut battu par Alfred dans le
Kent, & contraint en évacuant l'Eft-Angle, d'abandonner la Grande Bretagne. A la mort d'Alfred en
901, toute l'Angleterre paroiffoit reconnoître fes loix.
Son fils Edward, furnommé l'Ancien, eut fouvent à
combattre les Eft-Angles & les Nort-humbres, avant
que de les fubjuguer, & les Danois du Nort-humbre
furent encore peu foumis fous le règne d'Edred. Edgar,
qui parvint à la royauté en 955, protégea fes États
contre les Danois, & fe fit même refpecter de fes
voifins, les Bretons du pays de Galles, & les Écoffois,
par une flotte confidérable; & felon une charte de ce
prince, de l'an 964, publiée par Ufferius *(in Epift.
Hibern.)* Dublin & une partie de l'Irlande furent au
pouvoir d'Edgar. L'Angleterre paroiffoit refpirer depuis
environ cent ans, elle étoit même très-puiffante, lorfque
la foibleffe du règne d'Ethelred la replongea dans l'état
le plus déplorable, par le retour des Danois. Sweyn,
roi de Danemark, & Olaw, roi de Norwége, firent

descente en plufieurs endroits. On les engagea par une groffe contribution à évacuer le pays, & cet expédient fut employé à diverfes reprifes. Le maffacre qu'Ethelred fit faire des Danois en 1002, & auquel les Anglois fe portèrent avec la fureur qu'infpire la vengeance fur un ennemi, dont on a éprouvé la cruauté, eut les fuites les plus funeftes. Sweyn revint attaquer l'Angleterre, & ce pays ayant fouffert dans toute fon étendue la plus affreufe dévaftation, le prince Danois vit la nobleffe Angloife prendre le parti de la foumiffion, & lui prêter ferment de fidélité. Edmond, fils d'Ethelred, & qu'une valeur intrépide fit furnommer Côte de fer, fut contraint d'en venir à un partage du royaume avec Knut ou Canut, fils de Sweyn, & qui fe réferva la partie du nord & la plus confidérable, compofée de la Mercie, d'Eft-Angle, & de Nort-humbre.

A la mort d'Edmond, les États convoqués par Canut lui déférèrent la couronne. Ce prince affermi fur le thrône d'Angleterre, paffa plufieurs fois dans fon royaume de Danemark; & en 1028 dépouilla Olaw de celui de Norwége. Il parut le plus grand & le plus puiffant prince de fon temps, & il fe rendit vraiment recommandable par la fageffe & l'équité de fon gouvernement, qui ne mit point de diftinction entre la nation conquife & fes fujets naturels. Il mourut en 1037; & ayant partagé fes États entre trois princes fes enfans, Harold qui n'étoit pas l'aîné lui fuccéda en Angleterre, & eut pour fucceffeur Hardi-Canut, ou

Canut le Fort, à qui le Danemark étoit échu, & à la mort duquel en 1041, les suffrages des Anglois prévalurent sur les Danois, en plaçant sur le thrône un prince de la race royale Saxone, Edward, qui est surnommé le Confesseur, fils d'Ethelred & d'Emma, fille de Richard premier du nom, duc de Normandie. Son règne fut celui d'un prince foible, qui se vit forcé en quelque manière de laisser le timon de l'État entre les mains d'un sujet ambitieux & suspect, le comte Godwin, qui avoit jeté les fondemens de son élévation sous Canut le Grand, & dont le fils nommé Harold, n'eut qu'un pas à faire pour monter sur le thrône, après la mort d'Edward, au commencement de l'an 1066.

NORMANNI.

Ils commencèrent à être connus en Angleterre sous Edward, qui ayant été élevé en Normandie, & de même sang par sa mère, attira dans sa cour, ou favorisa des Normans qui vinrent s'y faire distinguer. Ces étrangers sortis de France, & supérieurs alors au peuple Anglois par la culture de l'esprit, comme en tout ce qui tient aux arts, & à l'industrie, mirent à la mode ce que leurs coutumes montroient de nouveauté. La langue Françoise, qu'une demeure de cent cinquante ans depuis l'établissement du premier duc Rollon, leur avoit rendue propre, devint un objet d'étude chez les Anglois. Plusieurs de ces Normans parvinrent à des dignités, sur-tout dans l'Église, & l'un d'eux fut placé dans le fiége primatial de Canterbury. Edward, qui par une dévotion commune à quelques princes de ce temps-là, avoit vécu dans le célibat, quoique marié, eut en penfée de fe donner pour fucceffeur le duc Guillaume, furnommé le Bâtard & le Conquérant, qui dans fon entreprife voulut faire croire y être autorifé par un teftament. Ce prince fuivi de la nobleffe de fon duché, & accompagné de plufieurs autres feigneurs à la tête de leurs bannières, fit defcente en Suffex, dans les premiers jours d'octobre de la même année 1066; & une grande bataille le 14 du même mois, donnée près d'Haftings, peu loin du lieu du débarquement, & dans laquelle Harold, non moins vaillant que fon adverfaire, perdit la vie, décida du fort de l'Angleterre. Le vainqueur après s'être affuré de Douvre, marcha vers Londres, & y fut couronné le 26 décembre.

Guillaume traita d'abord fes nouveaux fujets de manière à leur faire croire, qu'ils n'avoient point changé de gouvernement & de fortune fous un prince étranger. Mais il défarma les villes principales, & Londres particulièrement. Il fit conftruire des citadelles dans plufieurs villes, & en confia la défenfe à des milices Normandes. Voulant repaffer l'année fuivante dans fon duché, l'adminiftration du pays conquis fut mife entre les mains de deux feigneurs choifis entre fes anciens fujets, & il fe fit accompagner de la plus haute nobleffe Angloife, pour lui répondre de la fidélité de la nation. Cependant, foit par un fond de répugnance pour une nouvelle domination, soit par raison de se plaindre de quelques premières vexations sous le joug des Normans, les Anglois parurent disposés à s'en affranchir par la révolte, jusqu'au point d'être soupçonnés de méditer un massacre de ces étrangers, comme il avoit été exécuté sur les Danois. Le prompt retour de Guillaume déconcerta les projets des mécontens; & par sa célérité, un soulèvement qui pouvoit être dangereux dans les provinces du nord, en tirant des secours de l'Écosse & du Danemark, fut étouffé. Mais, ce fut pour un temps seulement, & la rébellion éclata de nouveau & avec plus de force, dans ces provinces, dont les villes principales Durham & York, furent prises par les Northumbres, auxquels des Danois sur une flotte considérable vinrent se joindre. Ces avantages allumèrent le même feu de rébellion en Est-Angle, & dans plusieurs provinces de l'ancien royaume de West-Sex, & ce qui étoit frontière du pays de Galles fut attaqué en même temps. Guillaume vint aisément à bout de dissiper ces orages. Les principaux chefs des rébelles éprouvèrent de sa part une modération, qui ne fut que pour eux personnellement : le conquérant résolut de traiter le fond de la nation Angloise de manière à n'avoir rien à craindre de sa part. Les terres de la noblesse engagée dans ces soulèvemens, augmentèrent par confiscation le domaine royal, ou furent largement distribuées aux Normans, & à d'autres étrangers dans le même service. Il changea la constitution du royaume, en y établissant

la

la loi féodale, qui en ces temps-là faifoit la confiftance de la plupart des gouvernemens monarchiques de l'Europe, nonobftant les défordres qu'elle pouvoit y caufer. Guillaume fe rendit propriétaire univerfel des terres, privant les Anglois de leurs héritages, qui furent concédés aux militaires dont ce prince étoit fervi, pour tenir ces fonds de terre en fief du roi, comme feul & vrai feigneur & poffeffeur : *exclufis*, dit Matthieu de Weftminfter, *(lib. 11) hæreditate avitâ Anglis, agros & prædia militibus fuis affignavit ; ita tamen, ut omnia in feudo, five fide, à rege, veluti folo vero domino & poffeffore, tenerentur.* Tel fut alors l'abaiffement de la nation, qu'au mépris du nom Anglois, tout militaire voulut être appelé Normand. Les voies par lefquelles on pouvoit fortir d'un état d'infériorité ayant été fermées aux Anglois, on peut dire que ce qu'il y a de nobleffe Angloife d'ancienne chevalerie, eft Normand d'origine. Guillaume fe porta jufqu'à vouloir changer la langue du pays, ordonnant que dans les écoles publiques la jeuneffe apprit le François, ce qui a eu lieu pendant plufieurs fiècles. On plaida en François dans les tribunaux fupérieurs, des loix furent rédigées en cette langue. De-là l'ufage encore fubfiftant de quelques formules, & le nombre de mots François égalant au moins le Saxon dans la langue Angloife.

 L'Angleterre conferve un terrier fort circonftancié, fous le titre de *Dome's-day book* (ou livre du jour du Jugement) que Guillaume fit faire de fon royaume en entier. Le grand Alfred lui en avoit fourni un modèle, & pour mettre la police dans les provinces, les avoit subdivisées en districts, appelés *Hundreds*, ou centaines. C'est à ce prince qu'un ancien écrivain, Ingulf de Crowland, attribue la division de l'Angleterre en provinces, appelées *Shires*, d'un terme Saxon qui signifie diviser ou partager. Selon Guillaume de Malmesbury, on en comptoit trente-deux en 1016, sous le règne d'Ethelred, & qui se partageoient dans l'usage de trois différentes loix, des Saxons occidentaux, des Danois, & de Mercie. Ce qui en Anglois s'appele *Dane-lage*, s'étendant sur les provinces du nord, sur Est-Angle & Est-Sex, & sur une partie de la Mercie, fait voir ce que la domination Danoise conservoit de trace en Angleterre. On compte trente-quatre provinces, ou comtés, sous le règne de Guillaume, outre celles de Durham, Lancastre, Nort-humbre, West-mor, & Cumber-land, dont les trois dernières étoient tenues par les Écossois, & les deux autres exemptes de contribution, comme étant chargées de la défense de cette frontière.

Guillaume étant mort en 1087, eut pour successeur en Angleterre Guillaume, surnommé le Roux, le second de trois enfans qu'il laissoit. L'aîné nommé Robert, fut duc de Normandie, mais dépouillé de ce duché en 1106, par son frère Henri, premier du nom, roi d'Angleterre, qui avoit succédé à Guillaume le Roux en l'an 1100. On sait combien les rois d'Angleterre ont été puiſſans en France par les poſſeſſions qu'ils y avoient acquiſes. Henri ayant marié ſa fille unique Mathilde à Geofroi, ſurnommé Plante-genêt, comte d'Anjou & du Maine, un fils qui naquit de ce mariage, & nommé Henri comme ſon aïeul maternel, joignit au duché de Normandie avant que de parvenir au thrône d'Angleterre, le duché d'Aquitaine, en épouſant Éléonor, répudiée par le roi Louis le Jeune. Mais, on a vu dans ce qui concerne la France, comment ces États, que les rois d'Angleterre reconnoiſſoient tenir en fief de la couronne de France, ont été réunis à cette couronne.

CAMBRO-BRITANNI.

La province Romaine dans la Grande Bretagne étant cruellement dévaſtée par les Pictes, des lieux de difficile accès ſervirent d'aſyle à des Bretons qui échappèrent au fer ou à l'eſclavage, tandis que d'autres s'expatrioient en paſſant la mer, pour trouver une retraite dans le continent de la Gaule. Les Saxons dont l'invaſion étoit également fatale aux anciens habitans, ſe formant différens États, les Bretons furent reſſerrés dans la partie reculée vers le couchant, contraints d'abandonner à ces uſurpateurs un pays plus ouvert & de plus grande étendue. Ce qui eſt au-delà du cours de la Saverne, juſqu'à la mer qui ſépare la Grande Bretagne d'avec l'Hibernie, devint l'établiſſement le plus conſidérable que ſe procurèrent les Bretons, & dans lequel la nature du local, par la hauteur des montagnes, & la profondeur des vallées, leur permit de se maintenir en liberté, contre les attaques dont ils pouvoient être menacés. Ce canton de l'Angleterre avancé dans la mer, qui le borne au nord & au midi comme au couchant, est distingué par le nom de *Cambria* ou *Cumbria*, d'après le nom de *Kymbri* que se donne le peuple qui l'habite, dans la prononciation duquel le *b* ne se fait presque pas sentir ; *in quâ litteræ* b *vis, vix, cum profertur, sentiri potest,* selon Humfrei Lhuyd, très-savant dans les antiquités d'un pays, où il avoit pris naissance, & qu'il habitoit. La ressemblance de ce nom avec celui des Cimbres, de même que celle qu'on a cru voir entre le nom des Cimbres & celui des Cimmériens, a fait hasarder des conjectures, auxquelles il ne conviendroit pas de s'arrêter ici. Ce peuple étoit Breton, & non Germain, parlant un idiome Celtique, & non Tudesque, & fort analogue à celui que nos bas-Bretons, sortis de la Grande Bretagne, ont conservé en France. Quant au nom de *Galles,* ou plutôt *Walles,* que les Anglois donnent à cette province du royaume d'Angleterre, il est étranger aux gens du pays, quoique devenu plus commun dans l'usage, selon que Giraldus, surnommé *Cambrensis* comme patriote, & qui écrivoit il y a environ 600 ans, le dit formellement; *adulterino vocabulo, usitatoque magis, sed proprio minus, modernis diebus* Wallia *dicitur.* Les opinions sont partagées sur l'étymologie de ce nom ; & ce qui paroît plus convenable est de remarquer, qu'il se rencontre ailleurs comme pour

diftinguer une population de langage différent, & d'une
autre origine. De-là vient, que les Germains au nord
des Alpes appellent *Wallaifch*, & par contraction *Wailfch*,
le peuple qui fur leur frontière habite l'ancienne Gaule
Cis-alpine, & les Italiens en général. C'eft par la même
raifon de diftinction d'avec les Flamans Flamingants,
qui parlent un dialecte Germanique, que leurs voifins
de la Flandre Françoife font appelés *Wallons*, ce qui
s'étend au Hainau, & à une partie du Brabant. Or, ce
qui n'eft pas moins remarquable entre le peuple Anglois
& le Breton du pays de Galles, a pu faire employer
le même terme par les Anglois, dont le langage ainfi
que l'origine eft foncièrement Germanique. Il eft affez
ordinaire chez le commun peuple de ce pays de Galles
d'appeler un Anglois *Saffonoch*.

On voit les Bretons de la Cambrie avoir des princes
de leur nation dans le fixième fiècle; & une victoire
de leur roi Arthur fur les Saxons, peut fe rapporter,
felon les annales du pays, à l'an 520. Ce qu'ils avoient
pris de terrein par quelques progrès, entre le pied de
leurs montagnes & les rives de la Saverne, leur fut
enlevé par Offa, roi de Mercie, qui pour les contenir &
arrêter leurs incurfions, fit creufer en 770, un foffé large
& profond, bordé d'un rempart, dans toute la longueur
du pays du nord au fud, depuis l'embouchure de la Dée
au-deffous de Chefter, jufqu'à la jonction d'une rivière
nommée Wag avec la Saverne. Ce qu'il en refte de
veftiges en plufieurs endroits, & particulièrement en

Shrof - shire, eſt appelé *Clawdd Offa*, & *Offa's Dick*, foſſé & rempart d'Offa. La Cambrie renfermoit pluſieurs États particuliers, avant que d'être réunie en 843 ſur la tête de Rutheric, ſurnommé le Grand, qui ſuivant la diviſion du pays en trois provinces, *Gwyned*, vers le nord, *Dehenbart* (ou la gauche) vers le midi, & *Powis* intermédiairement, fit autant de principautés dans un partage entre ſes enfans. Vers l'an 875, les Danois ſous un chef nommé Hubba, portèrent la déſolation dans la Cambrie. Mais, avant la fin du même ſiècle, la puiſſance d'Alfred avoit étendu ſon autorité ſur les Bretons, & ſelon Guillaume de Malmeſbury, ils étoient tributaires des rois Saxons Athelſtan & Edred, dans le ſiècle ſuivant. Leur frontière fut entamée par les Normans ſous Guillaume le Conquérant, comme la conſtruction du château de Montgomeri le témoigne. Sous le ſecond de ſes ſucceſſeurs, Henri premier du nom, pluſieurs ſeigneurs ſortis d'Angleterre, prirent des établiſſemens dans la partie méridionale, adjacente à l'embouchure de la Saverne, & le château de Penbrok y fut conſtruit. Des Flamans Zeélandois, dont la mer avoit couvert les terres, furent placés dans un canton voiſin ſous le même règne, & ils s'y ſont conſervés de manière à demeurer diſtingués des anciens habitans du pays. Vers l'extrémité la plus reculée, aux environs de Ménévie ou de Saint-David, il y avoit des Hibernois, que déſignoit le nom de Guydhill, propre à la nation Hibernoiſe des Scots. Quoique la partie du nord eut été envahie jufqu'à l'île Moñ, ou Angle's-ey, par des comtes de Chefter, les Bretons y difputoient encore le terrein. Cependant, les rois d'Angleterre, & particulièrement Henri fecond & Henri III, avoient réduit les Bretons à quelque dépendance, felon les termes d'une charte d'Edward premier, *terram Walliam jure feudali nobis fubjectam*, lorfque fous fon règne ils fe foulevèrent de manière à vouloir reprendre leur ancienne liberté. Mais, Edward en 1282, s'étant rendu maître d'Angle's-ey par fa flotte, & ayant été joint dans le continent par une armée confidérable, les Bretons de la Cambrie fuccombèrent fous ces forces, & perdirent par un affaffinat leur prince, nommé Lewlin. Ils fubirent ainfi le joug de l'Angleterre, & ce joug fut marqué par des diftinctions d'avec les Anglois, diftinctions dont ils ont dû l'abolition à Henri VII, qui étoit de leur fang.

Les Bretons de la Cambrie ne font pas les feuls dont nous ayons à parler, parce que d'autres cantons reculés également dans la partie occidentale de l'Angleterre, ont fervi de retraite à des reftes de la même nation Britannique. L'extrémité de l'ancienne Dumnonie, dont Vortigerne étoit prince lorfque les Romains abandonnèrent la Grande Bretagne, & refferrée par la mer en aboutiffant au *Lande's-end,* ou Finis-terre de l'Angleterre, pays rude & inégal, demeura aux Bretons. Un terme du langage qui leur étoit propre, & de même fignification que celui auquel il reffemble en François

comme en Latin, a fait le nom de *Corn-wall,* en y
ajoutant ce qui a également fervi à défigner le même
peuple Breton dans la Cambrie. Le nom Latin dans
quelques écrivains affez récens eft *Cornubia,* & nous
croyons néanmoins devoir remarquer, qu'il eft le même
dans quelques titres du onzième fiècle, concernant la
province Bretone de Cornouaille dans la Bretagne
Françoife. Les Bretons de Corn-wal fe foutinrent dans
ce coin de terre contre les Saxons du royaume occidental, & n'y furent pas toujours limités par la rivière de
Tamer, qui fépare actuellement cette province d'avec
le Devon-shire. Un autre pays Breton, reculé vers
les limites de l'Écoffe, fe fait connoître par le nom
actuel de Cumber-land, comme par celui de *Kumbri,*
que fe donne le peuple de ce canton dans ce qu'il
a confervé de fon ancien langage. Ce peuple s'y
maintint, *fremente Saxone,* dit Cambden, en dépit des
Saxons. Selon Marianus Scotus, écrivain du onzième
fiècle, ces Bretons formèrent un royaume, qui s'étendoit en Écoffe dans le Gallway, & au-delà jufqu'à la
rivière de Clyd, mais que la perte d'une bataille contre
les Écoffois, & celle du roi nommé Conftantin, détruifit en 870. Et Luyd veut, que des débris de cet
État fe forma une principauté particulière dans le nord
de la Cambrie. Vers le milieu du dixième fiècle, Edred
fils d'Edward l'Ancien, foumit les Bretons du Cumberland, & inveftit de cette conquête Malcolm, roi
d'Écoffe, pour être un fief mouvant de la couronne
d'Angleterre,

d'Angleterre, & protéger cette frontière contre les entreprises des Danois.

S C O T I A.

CETTE partie septentrionale de la Grande Bretagne est l'ancienne Calédonie, dans laquelle pénétrèrent pour la première fois les armes Romaines commandées par Agricola, sous le règne de Domitien, & où Sévère porta la guerre vers l'an 209. C'est à cet empereur qu'il convient d'attribuer le *Vallum* (retranchement ou rempart) qui pour couvrir ce que son expédition avoit ajouté d'étendue au pays Romain au-delà du rempart d'Adrien, commençoit au bord du Clyd, à l'endroit appelé Peñ-wall *(caput Valli)* & alloit aboutir au rivage du golfe dont la ville d'Édenbourg est peu distante. Les Bretons Calédoniens, habitant la partie que l'on peut appeler *Barbare,* par distinction d'avec la *Romaine,* paroissent postérieurement sous le nom de *Picti,* qui se lit pour la première fois dans le panégyrique de Constance, par Mamertin. L'usage qu'avoit cette nation, & qui lui étoit commun avec d'autres peuples également sauvages dans leur premier état, Thraces, Illyriens, savoir de s'imprimer sur la peau des figures colorées, les a fait nommer ainsi Pictes, ou peints, *nec falso nomine Pictos,* selon Claudien. Et si l'on adopte la conjecture de Cambden sur le nom de *Britannia,* en le tirant d'un terme de la langue Galloise, qui est *brith,* & qui chez nos bas-Bretons est le même, *breiz* ou *britt,* désignant

F f

précifément ce qui eft peint; on pourroit croire que cet ufage chez la nation entière, dans un âge antérieur à nos connoiffances, auroit fervi à la diftinguer. Il eft remarquable dans Guillaume de Malmefbury, qu'en parlant des Anglo-Saxons & des Danois dans la Grande Bretagne, il les montre peints de la même manière de couleurs imprimées dans la peau; *picturatis ftigmatibus cutem picturatos.* Du nom de *Picti* purement latin, & par conféquent familier aux Bretons Romains, les premiers Anglois dans leur conquête ont fait *Pihits*, comme le remarque Cambden; & de-là vient qu'on lit *Pihiti* pour *Picti*, dans Witikind de Corwey, qui étoit Saxon. Quelques corps de milice, dans des levées faites chez les barbares du temps d'Honorius, & que la Notice de l'Empire diftingue par le nom d'*Honoriani*, étoient tirés de la nation des Pictes, au jugement des Savans. Les *Attacotti* de la même Notice fortoient d'une nation Britannique, felon le témoignage de Saint-Jérôme, qui dit les avoir vus dans la Gaule, & dont il parle comme d'une race très-cruelle, fe repaiffant de chair humaine. Cette nation, au rapport d'Ammien-Marcellin, avoit attaqué la province Romaine, s'étant jointe à la nation des Scots, dont il doit être queftion ici, & qui affociée avec les Pictes, porta la défolation dans tout le pays, & réduifit les Bretons aux plus grandes misères.

On verra dans l'article fuivant concernant l'Hibernie, que le nom de *Scotia* lui étoit propre long-temps avant que de le devenir à une partie de la Grande Bretagne.

Selon Giraldus Cambrensis, des *Scoti,* sous la conduite des fils d'un roi d'Ultonie, province septentrionale de l'Irlande, passèrent dans le nord de la Grande Bretagne, du temps que Nell, ou Nial, surnommé le Grand, étoit monarque ou souverain de l'Irlande, ce qui se renferme selon les annales Irlandoises, entre l'an 379 & l'an 405. Mais, il paroît qu'il y eut plusieurs invasions successives: Gildas fait retourner les Scots en Hibernie, pour les ramener bientôt après; & ce retour peut se rapporter à une expédition, dont le chef nommé Reuda, les fait appeler *Dal-Reudini,* selon Béda, en usant d'une préposition, qui dans la langue de la nation désigne la partie d'un tout, ou ce qu'on appelleroit division à l'égard d'un corps d'armée. Les histoires Irlandoises parlent des Dalriédes dans leur demeure première & d'origine en Ultonie, vers la mer qui sépare l'Irlande des parties de l'Écosse les plus voisines; elle ne les perd point de vue en Écosse sous le même nom, & les uns & les autres paroissent sujets du même prince, sous le règne de Dermod, souverain de l'Irlande, vers le milieu du sixième siècle. Il est difficile d'assigner un temps avec quelque précision au passage de Reuda. Humfrei Lhuyd paroît l'établir vers l'an 420. Ussérius *(Primord. Eccles. c. 15)* place l'expédition des Scots en l'an 431, suivie d'un retour en Hibernie, mais auquel auroit succédé une seconde émigration sous le commandement de Fergus, dont la postérité a régné sur la nation, & qui dans sa Table chronologique prend date de l'an 503.

F f ij

Ces Scots ont été appelés par les Hibernois *Gaithel*, & felon une autre manière d'écrire, en prononçant à peu près de même, *Gwydhill*; on lit dans le Cambrenfis *Gaideli*, on a dit par contraction *Gael*, & en y joignant une prépofition d'ufage dans le langage Celtique ou Breton, ce nom eft *Ar-Gathel*, ou *Ar-Gael*, duquel dérive celui de la province Écoffoife d'*Argyle*, qui dans la prononciation eft *Argheill*. C'eft-là précifément, au nord de la rivière de Clyd, qu'ils commencèrent à prendre établiffement, y comprenant Lorn & Lochaber. Fergus s'étendit dans une partie de l'Albanie, *Brun-Albain*, dont l'ethnique eft *Allabany*, & qui ne fe bornoit pas alors au canton qu'il eft d'ufage d'appeler Brayd-Alban. Ce royaume formé par les armes, autant que du gré d'un peuple limitrophe, *vel amicitiâ, vel ferro*, dit Béda, n'étoit qu'une petite partie de ce qu'embraffe actuellement le nom d'Écoffe. Il fut pris fur ce qui pouvoit appartenir aux Pictes, comme Béda le donne à entendre *(lib. 1, c. 1)* en difant que la Bretagne, outre les Bretons & les Pictes, a reçu une troifième nation, celle des Scots, dans ce que poffédoient les Pictes, *in Pictorum parte;* & nous remarquerons, que c'eft fur ce propos qu'il nous fait connoître Reuda, comme chef d'une entreprife qui précéda celle de Fergus, & auquel le nom qu'il donne aux Dalriédes dans l'origine d'une nouvelle puiffance, procure une diftinction particulière.

Ce que poffédoient les Pictes, ou Calédoniens,

compofoit un royaume plus confidérable par fon étendue, mais qui fut détruit vers l'an 840, par Kenneth,
fecond du nom, roi des Scots; & la défaite des Pictes,
après une longue guerre, & la perte de deux batailles,
fut alors fi complette, qu'elle a fait oublier leur nom.
Celui des Scots ne prévalut pas néanmoins fubitement
dans le pays, où le nom d'Albanie plus général faifoit
appeler le peuple *Allabany*. Le nom qui étoit particulier
aux Scots, ne fit donc point encore celui de *Scotia*,
ou d'Écoffe, que l'on ne trouve employé que dans le
onzième fiècle par Adam de Brème, fans qu'on puiffe
citer d'auteur plus ancien fur ce fujet. Et nonobftant
ce que le temps a pu mettre de mélange entre deux
nations d'un même continent, ce qu'on appelle *High-
landers*, c'eft-à-dire habitans du haut pays, dans la
partie occidentale, ou celle qu'occupèrent les Scots en
premier lieu, fe diftingue par des différences dans le langage & les ufages, d'avec la population du pays appelé
Law-land, ou inférieur. La puiffance des Scots prit un
nouvel accroiffement peu de temps après, vers l'an
870, en prenant fur les Bretons le pays fitué au midi
du Clyd, Gallway, & le Cumberland, comme nous
avons eu occafion de le rapporter dans l'article précédent. Ils pénétrèrent chez les Saxons Nort-humbres,
que des divifions inteftines avoient affoiblis. Et parce
que la rigueur dont ufa Guillaume dans fon gouvernement en Angleterre fit paffer des Anglo-Saxons
dans ces provinces reculées, hors des limites de cette

domination, & particulièrement de la noblesse, dont celle d'Écosse tire en partie son origine, de-là vient que le langage y est plus Anglois qu'ailleurs, & que les Écossois y sont appelés *Saffons*. Les progrès des Scots sont bien marqués par ce qui a été dit des comtés ou provinces de l'Angleterre sous le règne de Guillaume, savoir, que le Nort-humber-land, le Cumber-land, & le West-mor-land, étoient tenus par les Écossois, dont les rois reconnoissoient tenir ces provinces en fief de la couronne d'Angleterre, ce que cette couronne possédoit en toute propriété se bornant alors sur cette frontière aux comtés de Durham & de Lancastre.

Il ne paroîtra pas hors de propos de remarquer, que le droit féodal & de domaine suprême, exercé par l'Angleterre sur des provinces limitrophes des deux royaumes, ont été préjudiciables à l'Écosse en plusieurs occurrences, par la prétention des Anglois d'étendre également ce droit à une couronne indépendante. Les Écossois se croyoient fondés à demander par rapport à cette prétention, si l'état de vassalité des rois d'Angleterre, pour les grandes possessions qu'ils tenoient en fief de la couronne de France, avoit implicitement quelque influence sur celle de l'Angleterre. Guillaume, roi d'Écosse, étant prisonnier du roi d'Angleterre Henri second, & subissant la loi tyrannique du plus fort, lui fit un hommage de sa couronne, duquel Richard, successeur de Henri, ne voulut point se prévaloir. Mais, après la mort du roi d'Écosse Alexandre III, vers la fin du treizième siècle, Edward, roi d'Angleterre, premier du nom, étant pris pour arbitre entre deux prétendans à la couronne d'Écosse, se fit rendre hommage par Jean Baliol, en faveur duquel il s'étoit déclaré. Il n'en fut pas de même de la part de Robert Bruce, qui avoit pris la place de Baliol; & la résistance des Écossois pendant plus de soixante & dix ans de guerre, fit revivre l'ancienne indépendance de leur couronne. Mais, les provinces qui avoient relevé de l'Angleterre, font devenues Angloises en pleine propriété. Cette grande querelle, qui intéressoit l'honneur & la liberté de l'un des partis, a fait l'animosité des deux nations l'une contre l'autre, & n'a pas peu contribué à une liaison intime de l'Écosse avec la France, depuis le quatorzième siècle, jusqu'à l'avènement de Jâque VI, roi d'Écosse, au thrône d'Angleterre, sur lequel il fut le premier de ce nom, au commencement du siècle précédent. On sait que l'union de l'Écosse avec l'Angleterre, pour ne faire qu'une seule monarchie sous le titre de Grande Bretagne, a été consommée sous le règne d'Anne Stuard, fille de Jâque second.

HIBERNIA.

Son nom chez les naturels du pays est *Erin,* ou *Eïrin,* & l'ethnique, ou la forme du nom national, est *Erinach.* Il y a toute apparence, que c'est d'après ce nom que l'Hibernie est appelée *Ierne* dans des poësies attribuées à Orphée, dans le traité du Monde par Aristote,

& poſtérieurement dans des vers de Claudien. On lit dans Méla & dans Juvénal *Iuerne.* Les Bretons dans leur idiome diſent *Yuerdon.* L'uſage du nom d'*Iri-land* a commencé il y a ſix ou ſept cents ans chez les Anglois. Les *Scoti,* qui ont eu leur première demeure en Hibernie, lui font donner le nom de *Scotia* vers le déclin de l'Empire en occident. Saint-Jérôme *(Epiſt. ad Chef.)* parlant d'après Porphyre, qui vivoit ſous Aurélien & Dioclétien dans le troiſième ſiècle, cite les Scots, *Scoticas gentes* (& non pas *Scythicas,* comme le veut Eraſme) entre les nations barbares du nord, & juſqu'à l'Océan, qui ne connoiſſent point la loi Moſaïque ; & c'eſt la première mention qu'on ait du nom des Scots. Leur établiſſement en Écoſſe y faiſant paſſer le nom de *Scotia,* l'Hibernie en a été diſtinguée par le ſurnom de *major.* Il eſt mention des Scots de l'Hibernie dans Eginhard, ſous l'an 812, en parlant d'une invaſion des Normans *in Hiberniam, Scotorum patriam,* & de même dans Réginon, & dans Hermannus Contractus. Ce nom s'eſt perdu inſenſiblement en Hibernie, & il ne paroît point employé comme y ayant rapport plus tard que le onzième ſiècle dans les chroniques.

Si on en croit les Irlandois, une monarchie ſous une ſuite non interrompue de rois nationaux, remonte chez eux, juſqu'à 1000 ans avant l'Ere Chrétienne, ſans compter des temps antérieurs, qui à quelques ſiècles près, atteignent l'époque du Déluge univerſel : en ſorte, dit Cambden, que ce qui eſt antiquité pour toute autre nation

nation que les Hibernois, foit nouveauté par rapport à
eux ; *adeò ut præ illis, omnis omnium gentium antiquitas fit
novitas.* Mais, ce qui manque à des peuples civilifés
depuis long-temps, eft difficile à admettre à l'égard
d'une nation, que des auteurs poftérieurs aux temps de
cette antiquité Hibernoife nous peignent comme très-
fauvage, & d'une barbarie dont elle ne paroît être fortie
que depuis l'établiffement du Chriftianifme. Gildas,
furnommé le Sage, écrivain du fixième fiècle, & le
premier auteur Breton dont on ait connoiffance, doute
que les anciens de la nation dont il étoit, euffent laiffé
quelques monumens par écrit de leurs antiquités, &
convient qu'il a été obligé de fuivre des relations tirées
du continent d'outremer. Suppofera-t-on les Irlandois
dans un cas plus favorable que les Bretons ? dans des
fiècles où tout le nord paroît couvert des ténèbres de
l'ignorance. Il eft permis de foupçonner qu'ils man-
quoient d'écriture, & de caractères, avant que leur
apôtre Saint-Patrice, qui étoit Breton de nation, leur
eut communiqué dans le cinquième fiècle, ceux qui
ont beaucoup de rapport à l'alphabet Breton du moyen-
âge. Il a été commun aux nations barbares du nord de
ne point connoître l'ufage des lettres, avant que la religion Chrétienne leur ait été annoncée. Les Goths en
fourniffent un exemple dans le quatrième fiècle, & il
en fut de même chez les Ruffes vers la fin du neuvième.
Le doute que l'on témoigne ici fur cette haute antiquité
de la monarchie des Hibernois, paroît le même dans

. G g

des écrivains de la plus faine critique, dans Cambden, Spelman, & autres. Waræus, hiftorien judicieux dans le fiècle précédent, n'entame fon fujet que par le règne du prince, fous lequel Saint-Patrice vint combattre en Irlande l'idolâtrie, & les Druides, miniftres de la religion dans ce pays, comme ils l'avoient été chez les anciens Bretons. Il eft vrai que l'étude des lettres, & les progrès très-rapides de l'état monaftique, dans une première ferveur, firent de l'Hibernie en affez peu de temps, & pendant plufieurs fiècles, une école de fcience, & un modèle de pratiques religieufes.

Les Irlandois veulent être iffus d'un peuple appelé Miléfien, qui feroit forti de l'Ibérie ou de l'Efpagne, pour paffer dans l'Hibernie. Ptolémée, contemporain des Antonins dans le fecond fiècle, fait mention en Hibernie, entre plufieurs nations particulières, des *Brigantes*, qui dans la Bretagne occupoient un grand efpace d'un rivage de mer à l'autre, n'étant féparés d'une terre adjacente & en même hauteur, que par un canal; & Ptolémée paroît affez inftruit fur l'Hibernie, à en juger par quelques circonftances de détail, qui ont été remarquées dans un ouvrage fur l'ancienne Géographie, du même auteur que celui-ci. Selon l'idée générale qu'on peut fe faire de l'état du pays d'après l'hiftoire, on diftingue un fouverain dominant fur toute l'Hibernie; *totius Scotiæ regnator, deo volente, ordinatus*, comme le Cambrenfis s'explique fur un de ces princes, dont le règne eft du fixième fiècle. A ce monarque étoient ſubordonnés des rois dans les différentes provinces, Ultonie, Lagénie, Momonie, Connacie (*) en y ajoutant ſéparément ce qu'on appelle Meath, ou la Midie, dans le nord de la Lagénie, & poſſédée immédiatement par le ſouverain. Les provinces renfermoient des domaines particuliers de pluſieurs ſeigneurs, auxquels le titre de roi eſt auſſi communiqué, ſelon le ſtile de ces temps-là. Mais, paſſons à des évènemens, qui ont un rapport intime à notre objet.

Le premier eſt de l'an 684, dans lequel, ſelon Beda, Egfrid, roi des Nort-humbres, fit paſſer une armée en Hibernie, juſqu'alors très-affectionnée à la nation Angloiſe, *ſemper amiciſſimam*, & qui néanmoins fut alors dévaſtée. Quelques entrepriſes des Bretons & des Saxons, vers la fin du même ſiècle, ne leur réuſſirent point. Selon les annales Irlandoiſes, les pirates Normans parurent pour la première fois en 795, & réitérèrent leurs deſcentes dans les années ſuivantes, portant comme ailleurs, par-tout où ils pénétroient, le fer, & la dévaſtation. Vers l'an 818, Turgés, prince de Norwége, aborda dans le nord de l'Irlande avec une flotte conſidérable, & les Normans répandus par pelotons dans le pays, le reconnurent pour général. Il revint en 835, avec de nouvelles forces. L'arrivée de deux flottes, ſur les côtes de Lagénie en 838, détermina les Normans à former des établiſſemens, & ils

(*) On ſait que l'uſage chez les Anglois eſt d'appeler ces provinces Ulſter, Leinſter, Mounſter, & Connaught.

conftruifirent en divers endroits des forts, dont les veftiges font appelés *Dane's-rates.* Turgés fe fit reconnoître pour roi d'Irlande vers l'an 846, & exerça la plus cruelle tyrannie fur le peuple Irlandois pendant environ douze ans, jufqu'à ce que furpris dans fa demeure en Midie, il fut faifi & jeté dans un lac, ce qui fut fuivi du maffacre des Normans, & de l'évafion de ceux qui en échappèrent. Ils revinrent néanmoins, & le prétexte de faire le commerce les fit recevoir. Ce moyen leur réuffit au point de les mettre en poffeffion de Dublin, de Waterford, & de Limerick. Il en eft parlé fous le nom d'*Oftmanni,* (ce qui les défigne comme orientaux) en rapportant que trois chefs, qui étoient frères, eurent chacun en partage une des trois villes qu'on vient de nommer, ce qui eft du commencement du dixième fiècle, felon le témoignage de Giraldus Cambrenfis. *(in Topogr. Hibern.)* Dans les annales Irlandoifes ils font appelés Norwégiens, ainfi qu'Oftmans ; & on peut voir quelque difficulté à les tirer de l'Eftonte, & du rivage oriental de la Mer Baltique, nonobftant l'opinion d'Ufférius. La Norwége dans fa partie principale vers le midi, eft orientale autant que feptentrionale à l'égard de l'Irlande ; & les îles adjacentes à la Grande Bretagne, les Hébrides & Mañ, étoient occupées par des Norwégiens. La diftinction de ces étrangers en Irlande eft bien marquée, en ce qu'ayant des évêques dans Dublin, Waterford, & Limerick, ces évêques reconnoiffoient la primatie de Canterbury (non celle d'Armach) comme

la profeſſion qu'ils en font dans le onzième & douzième
ſiècle, & inſérée par Uſſérius *(in Epiſt. Hibern.)* ne
permet pas d'en douter. Il n'eſt point parlé dans les
hiſtoires Irlandoiſes de ce que nous avons rapporté
ailleurs, d'après une charte d'Edgar, roi des Anglo-
Saxons, en date de l'an 964, que ce prince fut maître
de Dublin, & d'une partie du pays. Les Danois jaloux
des avantages qu'avoient les Norwégiens, paroiſſent
leur avoir diſputé la poſſeſſion de cette ville, ſous un
roi nommé Harold. Mais, le nom des Oſtmans s'eſt
ſoutenu plus long-temps.

Il faut en venir à l'entrée des Anglois en Irlande.
Dermod, roi de Lagénie, ayant enlevé la femme de
Roric, prince ou roi de Midie, fut chaſſé de ſon
royaume. Il paſſa en Angleterre, & ſe rendit en Aquitaine auprès du roi Henri ſecond, de qui il obtint
la liberté de ſolliciter des ſeigneurs Anglois de le ſe-
courir, pour être remis en poſſeſſion de l'État qu'il
avoit perdu. Le plus conſidérable de ceux qu'il engagea
dans cette entrepriſe fut Richard, ſurnommé Strongbow
(ou de l'arc fort) comte de Penbrock, ſur la promeſſe
de lui donner ſa fille en mariage, avec l'expectative de
ſa ſucceſſion, & qui partant de Milford's-haven dans le
pays de Galles, prit terre en Irlande près de Waterford,
au mois d'août de l'an 1170. Dermod rétabli dans ſon
royaume, mourut l'année ſuivante, & Strongbow ſon
gendre ſe vit maître de Dublin, de Wexford, & de
Waterford. Cette puiſſance dans un ſujet devenant

fufpecte au roi d'Angleterre, il fut rappelé avec tous
ceux qui l'avoient accompagné dans fon expédition.
Strongbow ne fe croyant pas en état de défobéir impu-
nément, remit fa conquête entre les mains de Henri,
qui paffa en Irlande au mois d'octobre 1172. Les rois
de Corke & de Limerick, le prince de Midie, & plufieurs autres feigneurs, lui rendirent hommage, & il fe
vit maître d'une grande partie de l'Irlande fans tirer
l'épée. Rodéric, roi de Connacie, & qui avoit été
reconnu pour fouverain en 1166, fe rendit au bord
du Shannon dans une entrevue avec Henri, qui felon
un traité rapporté par Roger de Hoveden fous l'an
1175, laiffa Rodéric en poffeffion de fon royaume,
en le foumettant à un tribut. Il y eut quelques feigneurs
en Ultonie, de la part defquels on ne vit point les
mêmes actes de foumiffion.

Cette conquête étoit bien dûe au comte de Penbrock, qui reçut de Henri à titre de bénéfice militaire,
la Lagénie, à l'exception de Dublin, & de quelques
autres places maritimes & châteaux, que le roi fe réferva. Le comte fe fit des vaffaux par des fousinféo-
dations. La Midie, les dépendances de Corke, la ville
exceptée, & d'autres terres, furent auffi des conceffions,
qu'en dépouillant d'anciens propriétaires, Henri fit à des
capitaines Anglois; ce qui en attira d'autres en Irlande,
pour s'y procurer des établiffemens par des entreprifes
particulières, dont le détail ne conviendroit point ici.
Cependant, la province vraiment Angloife fut long-

temps renfermée dans des limites, qui avec la Momonie
vers le midi, n'embraſſoient pas tout ce qui borde
cette province dans l'étendue actuelle de la Lagénie.
L'Ultonie vers le nord, & la Connacie au couchant,
demeurèrent féparées & très-diſtinctes de la province
Angloiſe. Henri donna de ſon vivant l'Irlande, ſous
le ſimple titre de ſeigneurie, à ſon fils Jean, qui fut
depuis ſurnommé Sans-terre. Les rois d'Angleterre ne
ſe ſont point intitulés autrement que ſeigneurs d'Irlande,
juſqu'à Henri VIII, qui le premier décora cette couronne du titre de royaume; & on ſait également, que
ce n'eſt que du règne d'Éliſabeth que l'Irlande a été
entièrement ſoumiſe.

AVERTISSEMENT.

APRÈS avoir ainsi traité des différentes parties qui devoient composer cet ouvrage, selon qu'on s'en est expliqué dans son préliminaire, on y ajoute comme supplément un Mémoire tiré du volume XXX de l'Académie royale des Inscriptions & Belles-Lettres, & qui a été cité en quelques endroits de cet ouvrage même. Il présente quelques objets, qui bien loin d'être ici hors d'œuvre ou déplacés, y conviennent particulièrement. Une nation Romaine s'y voit transportée fort au loin en Tartarie, & ramenée dans les terres de son établissement primitif : des auteurs très-graves, qui la reconnoissent pour ce qu'elle est d'origine par le langage qui lui est propre, paroissent ignorer ce qu'il y a de plus singulier dans sa destinée. La nation Hongroise actuelle, sortie d'une contrée qu'on ne lui connoissoit point, pour entrer en Europe, & y occuper une ancienne province de l'Empire d'occident, contiguë à la Germanie, demande des éclaircissemens sur plusieurs des circonstances qui la regardent. On a donc cru devoir mettre ici sous les yeux, ce qui dans un Recueil vaste & très-varié par les matières qu'il renferme, peut bien n'être pas sous la main de beaucoup de personnes.

MÉMOIRE

MÉMOIRE

Sur les PEUPLES qui habitent aujourd'hui la DACE de TRAJAN.

CE Mémoire peut être regardé comme une suite de deux autres, que j'ai eu l'honneur de donner à l'Académie. Le premier de ces Mémoires traite de la nation des Gètes, & du Pontife adoré chez cette nation, qui occupoit la Dace dont Trajan fit la conquête: le second est une description positive de cette même Dace occupée par les Romains. Je ne vois point de pays, où les invasions successives de diverses nations se soient autant multipliées depuis la domination Romaine. Les migrations & le mélange des peuples me paroissent une partie essentielle des connoissances géographiques, & l'Histoire en tire de grandes lumières sur les révolutions arrivées dans les États & les Empires.

En décrivant la Dace de Trajan par le détail des positions qu'elle embrasse, j'ai fait voir que cette province Romaine ne se bornoit pas à ce qu'on nomme aujourd'hui Transilvanie, quoique la résidence de Décébale, qui régnoit sur les Daces, & la plupart des monumens Romains qui nous sont connus, y paroissent renfermés: & il ne reste aucun lieu de douter, que la Valakie entière, & qui comprend ce qui est distingué par le nom de Moldavie, ne fît également partie de la conquête de Trajan. La guerre ayant épuisé d'hommes cette contrée, Trajan la repeupla de nouveaux habitans: & quoique selon les termes d'Eutrope, *(lib. VIII)* tout l'Empire semble y avoir contribué, *totus orbis Romanus ;* on verra par la suite de ce Mémoire, que le plus grand nombre dut être tiré de l'Italie, ou des pays auxquels la langue Romaine ou Latine étoit naturelle, plutôt que de ceux où la langue Grecque étoit en ufage.

On fait qu'Adrien, accufé d'être jaloux de la gloire de fon prédé-ceffeur, abandonna les provinces conquifes au-delà de l'Euphrate; & fi nous en croyons le même hiftorien, il eût pareillement renoncé à la Dace, fans de vives repréfentations, que c'eût été laiffer à la merci des barbares un grand nombre de familles Romaines, tranf-portées & établies dans le pays. Dion-Caffius dit pofitivement, qu'Adrien détruifit le pont conftruit fur le Danube, n'en laiffant fubfifter que les piles, fous le prétexte que ce pont pouvoit fervir de paffage aux irruptions des nations étrangères.

Le peuple de cette province paroiffant prefque abandonné à lui-même, étoit peu foumis: & Lampride le dit ainfi, en parlant du règne de Commode; *in Daciâ imperium ejus recufantibus provincialibus.* On fait par Vopifque, qu'Aurélien défefpérant de conferver la Dace de Trajan, dans des conjonctures où plufieurs provinces moins reculées, l'Illyrie & la Mœfie, étoient défolées, fit paffer en-deçà du Danube les troupes & les habitans, *fublato exercitu & provincialibus*, & les plaça dans la Mœfie, formant une nouvelle province de Dace, qu'il diftingua par fon nom, *appella-vitque fuam Daciam.*

La première invafion de la Dace eft celle des Goths, nation Tudefque ou Germanique, que Jornandés, fuivi par plufieurs autres écrivains, fait fortir de la Scandinavie, *ex Scanziâ infulâ.* Les Goths s'étant mis en poffeffion d'un pays qu'avoient occupé les Gètes, & ces dénominations ayant quelque affinité, de-là vient que le nom de Gètes eft appliqué aux Goths par bien des auteurs, depuis Spartien, qui dans la vie de Caracalla, dit que ce prince paffant par la Dace dans fa marche vers l'Orient, remporta quelques avantages fur les Goths ou fur les Gètes. Mais, je me flatte d'avoir prouvé, dans le Mémoire qui concerne les Gètes, que c'eft une

race de Scythes, fortie d'une contrée de la Scythie, & qui ne
doit point être confondue avec les Nations qui tirent leur origine
du nord de l'Europe. Selon Aurelius-Victor, les Goths s'étoient
répandus jufque dans la Thrace dès le règne de Dèce, qui précède
celui d'Aurélien d'environ vingt ans. On diftingue entr'eux des
Auftrogothi, cités par Trebellius Pollio, dans la vie de Claude
fecond; ce qui doit faire préfumer, qu'ils étoient partagés, dès leur
établiffement dans la Dace, en Oftro-goths, & en Vifi-goths,
comme ils l'ont été depuis dans les royaumes qu'ils ont fondés en
Italie, dans une partie de la Gaule & en Efpagne, & comme la
Gothie l'eft encore dans l'étendue de la Suède. Plufieurs autres
peuples leur ont été affociés dans la Dace; les *Theruingi* & *Grutungi*;
auxquels Eutrope *(lib. VIII)* joint les *Thaiphali* & *Victophali*,
qui étoient Scythes. Les Vandales ayant pris pofte, au rapport de
Jornandés *(c. 24)*, fur les rivières *Marifia* & *Criffia*, Maros &
Kerés, qui tombent dans la Teiffe, furent fubjugués par les Goths.
Enfin les Goths, fous leur roi Hermanaric, étendirent leur domi-
nation dans la Sarmatie, & fur plufieurs nations de Vénèdes ou de
Slaves, jufqu'au rivage de la Mer Baltique.

Mais, avant la fin du règne d'Hermanaric, un déluge de Barbares
vint inonder l'empire que les Goths s'étoient formé au nord du
Danube, & le détruifit. Ces barbares étoient les Huns, qui fortis
de la Tartarie avoient paffé les Palus Mæotides. La manière dont
Ammien-Marcellin & Jornandés *(Am. lib. XXXI, Jor. c. 24)* les
dépeignent, une taille courte, de larges épaules, une groffe tête,
un teint bafané, de petits yeux, une face difforme, prefque point
de barbe, défigne infailliblement des Kalmoucs. Le portrait que
Jornandés *(c. 35)* fait d'Attila en particulier, retrace celui de la
nation en général : *formâ brevis, lato pectore, capite grandiori,
minutis oculis, rarus barbâ, canis afperfus, fimo nafo, teter colore;*

H h ij

& c'eſt avec raiſon que le même hiſtorien ajoute, *originis ſuæ ſigna reſtituens*. La diſtinction des nations par une différence de figure, eſt moins équivoque que tout autre indice. Il eſt parlé des Goths dans les écrivains Romains, comme étant de haute taille, & blancs de peau, ayant les yeux bleus, la chevelure blonde; ce qui, en ſe ſervant des termes de Tacite, *Germanicam originem aſſeverat*. Quoique les Alains fuſſent comme les Huns répandus dans la Scythie, où -Ammien-Marcellin les étend fort au loin, il nous les repréſente différens, non - ſeulement *victu mitiores & cultu*, mais plus particulièrement en diſant, *proceri Alani pènè ſunt omnes, & pulchri, crinibus mediocriter flavis*. Il y a entre les nations Sarmatiques & les Tartares des diſſemblances, qui ne permettent pas de les confondre.

Les alliés des Goths, *Theruingi & Grutungi*, n'ayant pu défendre le paſſage du Danaſter, derrière lequel ils s'étoient repliés, & preſſés par une multitude d'ennemis; ce fut alors que les Goths demandèrent à l'empereur Valens la liberté de paſſer le Danube, & de s'établir dans la Thrace, ce qui arriva l'an 376. Il n'eſt point de mon ſujet de ſuivre les Goths dans les établiſſemens qu'ils formèrent depuis. Mais, je crois devoir remarquer, que leur nation n'eſt point entièrement éteinte vers cette partie de l'Europe où elle a dominé. Selon Procope *(lib. IV, c. 4)*, il en exiſtoit de ſon temps près du Boſphore, par lequel les Palus Mæotides communiquent avec le Pont-Euxin. Rubruquis, qui fut envoyé vers Mangou-Khan par Saint-Louis, dit préciſément que dans la Gazarie, qui eſt la Crimée, il y a des Goths qui conſervent la langue Alemande. Joſaphat Barbaro, Venitien, témoigne dans ſon voyage, que le nom qu'ils ſe donnent, & au pays qu'ils occupent, eſt celui de Goths & de Gothie : & ce diſtrict eſt appelé *Capitaneatus Gotthiæ*, dans les archives des Génois, qui ont poſſédé Caffa dans la Crimée, juſqu'à ce que Mahomet ſecond leur ait enlevé cette place. Et parce que les Goths dont il s'agit ont confervé le Chriftianifme, que Procope a remarqué qu'ils profeffoient, l'*Oriens Chriftianus* indique la fouf-cription d'un Évêque, en date de 1721, fous le titre de *Metropolita Gotthiæ* & *Caphæ*.

On fait que c'eft par les expéditions d'Attila, que le nom des Huns a fait le plus de bruit dans le monde. Ses armes étoient accompagnées de celles de diverfes nations qu'il avoit réduites à l'obéiffance. Les Oftro-Goths, qui avoient confervé leurs établif-femens au nord du Danube, & les Gépides, nation Germanique, comme celle des Goths, eurent part à la fameufe bataille donnée dans les champs Catalauniques. Mais, la chute des Huns fut prefque auffi fubite que la mort d'Attila, arrivée l'an 454. La nation s'étant divifée en plufieurs factions, les Gépides en tirèrent avantage pour fe rendre maîtres de l'ancienne Dace, que Jornandés *(c. 50 & c. 12)* dit être appelée *Gepidia* dans le temps qu'il écrivoit, c'eft-à-dire dans le fixième fiècle, bornée, comme il le dit, par le Danube du côté du midi, & couverte du côté du nord par une chaîne de montagnes, ce qui répond exactement à la fituation de la Valakie. En fortant même de ces limites, les Gépides s'emparèrent de Sir-mium. Mais, les Lombards s'étant établis dans la Pannonie vers l'an 526, les Gépides fuccombèrent fous les armes d'Alboin, avant que ce roi Lombard entrât en Italie l'an 568; & la défaite des Gépides fut fi entière, qu'ils ne font plus aucune figure dans l'Hiftoire.

Les Huns en ceffant de dominer, comme ils avoient fait fous Attila, n'avoient point été détruits; on les voit paffer le Danube, pour infefter les provinces de l'Empire d'orient, fous les règnes de Léon de Thrace & de Zénon, & attaquer le Bofphore ou la Crimée, fous Juftinien. Mais, une autre nation de Scythes, les Avares ou Abares, qui portent auffi le nom d'Ogors dans quelques hiftoriens Byzantins, prennent la place des Huns. Le prince qui commandoit à cette nation, eft appelé *Cagan* par les écrivains du bas-Empire. Ce titre de fouveraineté venoit de la Scythie : & je fuis inftruit par des Mémoires particuliers fur l'hiftoire de Tartarie, que Toulun ou Tourun, chef d'une nation qui a été puiffante en Tartarie fous le nom de Geougen, eft le premier des monarques Tartares qui ait affecté ce titre, dans les premières années du cinquième fiècle, celui de Tcheñ-yu ayant été en ufage jufqu'alors chez les princes qui avoient dominé dans la vafte étendue du même pays. Ce qu'on écrit & qu'on prononce communément Khan, eft originairement Khahhan, par une prononciation tirée du fond de la gorge, & d'autant plus difficile à rendre, qu'en prononçant comme les Tartares, qui abforbent la voyelle du milieu, il faudroit pouvoir prononcer Kh-hhan. On doit voir, que c'eft d'après le terme primitif & propre de Khahan, que les hiftoriens Grecs ont formé Cagan.

Les Avares fecondèrent les Lombards dans la guerre qui caufa la deftruction des Gépides. Ils fe mirent en poffeffion du pays que les vaincus avoient occupé, & remplacèrent les Lombards dans la Pannonie, lorfque ceux-ci l'évacuèrent pour envahir l'Italie. Leurs armes s'étendirent au loin, ayant été en guerre avec Sigébert, roi d'Auftrafie, fils de Clotaire premier. Après que l'Empire Grec eut autant fouffert des Avares que d'aucune autre des nations qui l'avoient infefté, des guerres inteftines les affoiblirent ; & Charlemagne les ayant attaqués, fit dans les dernières années du huitième fiècle la conquête de la Pannonie, que les Avares avoient poffédée environ deux cents trente ans. Il eft remarquable dans l'hiftoire, que les richeffes immenfes accumulées par cette nation, en répandirent chez les François au-delà de ce qu'ils en connoiffoient auparavant. On voit dans Conftantin Porphyrogénète *(De Admin.*

Imp. c. 30) que de fon temps un refte des Avares fubfiftoit au milieu des Chrobates dans la Dalmatie. Il exifte encore actuellement une nation, qui conferve le nom d'*Avari*, fur le penchant du Caucafe, vers la mer Cafpienne, comme on peut voir dans la première partie de ma carte d'Afie.

Par la deftruction des Avares, on eft communément prévenu que Charlemagne recula les limites de fon Empire jufqu'à la Teiffe. Eginhard fous l'an 824, la dix ou onzième du règne de Louis le Débonnaire, parle d'une députation vers cet empereur de la part des Abotrites, appelés Prédénécens, qui, limitrophes des Bulgares, habitoient la Dace voifine du Danube : *qui vulgò Prædenecenti vocantur, & contermini Bulgaris, Daciam Danubio adjacentem incolunt.* Voilà un peuple du même nom que la nation Slavone d'Obotrites, que l'on fait avoir été établie fur le bord de la Mer Baltique, dans l'étendue du pays de Meklbourg ; & la diftance de pofition ne fait point douter de l'affinité de race, quand on connoît quelle a été la difperfion d'une infinité de nations des parties feptentrionales de l'Europe & de l'Afie. Je ne hafarderai point par conjecture, que le nom de Bodrog, que porte un diftrict de la baffe Hongrie entre le Danube & la Teiffe, pourroit venir des Abotrites dont parle Eginhard. Mais, je crois retrouver la dénomination particulière de Praeden dans celle de Pardan, qui fe conferve dans un canton du Banat de Témefwar, à l'orient de la Teiffe, défendu par une fuite prefque continue de marais depuis cette rivière jufqu'au Danube. J'ai fait voir, dans un Mémoire donné à l'Académie, que des Bulgares nommés *Timozani* & *Gudufcani,* dont il eft auffi mention dans Eginhard comme ayant été foumis à Louis le Débonnaire, devoient être placés aux environs de la rivière de Timok, & d'un lieu nommé Kutskain, au midi du Danube.

Les Bulgares qui entrent ainfi dans la fuite des divers peuples que je dois faire paroître fur la fcène, étoient fortis des environs du Volga, & du pays que Théophane nomme la grande Bulgarie. Selon Nicéphore, patriarche de Conftantinople, ils ont habité les bords du fleuve Cophin, près des Palus Mæotides; & ce fleuve, qu'on appelle communément Kuban, eft connu dans l'antiquité fous le nom d'Hypanis. Il defcend du Caucafe, & fe rend dans le Bofphore comme dans le Palus, ayant plufieurs embouchures. Les Bulgares, felon Conftantin Porphyrogénète, avoient porté le nom d'Onogondures. Ils ont fait parler d'eux dès le règne d'Anaftafe, par des incurfions dans la Thrace vers l'an 500. Une entreprife fur la Pannonie vers l'an 640 ne leur réuffit pas, & ils furent défaits par les Avares. Mais, fous le règne de Conftantin Pogonat, c'eft-à-dire entre les années 668 & 685, un prince Bulgare ayant traverfé le Dniéper & le Dniefter, vint s'établir fur le bord du Danube. Ce fleuve n'arrêtant point les Bulgares, ils entrèrent dès-lors dans la Mœfie; & parce qu'ils s'y font établis & maintenus long-temps, le pays fitué entre le Danube & le mont Hæmus a pris le nom de Bulgarie. On fait même, que par de plus grands progrès, les rois Bulgares avoient étendu leur domination dans la Macédoine, dans la Theffalie, dans l'Épire, jufqu'à ce que l'empereur Bafile, furnommé Bulgaroctone, détruifit cette puiffance en 1018 & 1019. Cependant, les Bulgares cantonnés dans le mont Hæmus, fecouèrent le joug fous le règne d'Ifaac l'Ange, vers la fin du douzième fiècle, ayant à leur tête deux princes, Pierre & Afan, iffus de leurs anciens rois; & dans cette révolte ils furent fecourus par des Tartares de la nation des Comans, dont le nom s'eft répandu dans l'étendue de l'ancienne Sarmatie, tant Européenne qu'Afiatique. On connoît encore dans la Hongrie le nom de Cumanie, fur la gauche du cours de la Teiffe, & les Cumans appelés *minores*, entre la Teiffe & le Danube. Le fecond royaume formé

par

par des Bulgares, a subfisté environ deux siècles; & la conquête
qu'en ont fait les Turcs, est attribuée à Morad ou Amurat premier.

Ce qui concerne ainsi les Bulgares descend assez bas vers le
temps présent; & il faut remonter plus haut, pour parler d'une
autre nation qui occupe aujourd'hui la Hongrie. C'est une question,
de savoir quel est le pays originaire de cette nation. Le baron
d'Herberstein fait sortir les Hongrois de la Yugarie, contrée dans
le nord de la Russie. Henri Bronner, Suédois, dans une lettre écrite
en 1723, dit avoir appris en Russie d'un Hongrois qui étoit savant,
que la langue de la Yuhorie avoit beaucoup de rapport à la langue
Hongroise; ce qui lui faisoit juger que ce pays étoit l'ancienne
demeure des Hongrois. Dans la carte de Russie dressée par Castaldo
en 1560, le pays nommé Yuhra (ou Yugra, selon la manière de
prononcer) est placé au-delà des montagnes, qui sont appelées dans
cette carte *cingoli de la Terra*, avec ces mots, *origine de Hongari*:
ce que le Géographe que je cite a tiré d'une plus ancienne Carte
du baron d'Herberstein, datée de l'an 1549. Les cartes de M.rs
Sanson marquent des *Ugritzchi* à la gauche de l'Obi, au-dessous
du confluent de l'Irtis; & cette dénomination se rapporte à celle
d'*Ugri*, employée par quelques historiens en parlant des Hongrois,
Thwrocz, dans les annales de Hongrie, décrivant la route que
tint la nation Hongroise pour arriver en Transilvanie, & nommant
le pays de Susdal en Russie, & Kiovie, donneroit lieu de croire
que cette nation partoit d'une contrée reculée vers le nord-est.

Mais, il est à remarquer que le nom de Hongrois n'est pas celui
qui est propre & particulier à la nation. C'est une dénomination
générale, tirée du nom des Huns, & qui, dans plusieurs endroits
de l'Histoire, se trouve appliquée aux Avares, avant qu'elle se
soit communiquée aux Hongrois. Ceux-ci connoissent pour nom
propre de leur nation celui de *Majar* ou *Magiar*. J'observe que

dans Conſtantin Porphyrogénète *(De Admin. Imp. c. 37)*, il eſt
mention des *Mazari;* & qu'on peut juger de leur poſition ſur ce
qu'il dit, qu'une nation qui habitoit aux environs des fleuves Atel
& Geech (le Volga & le Jaïk) étoit voiſine de celle des Mazars.
C'eſt de la nation des Patzinaces, dont il ſera queſtion dans la
ſuite de ce Mémoire, que parle le Porphyrogénète. Dans l'hiſtoire
Généalogique des Tatars, compoſée par Abulgaſi-Bahadur, Khan
de Kharas'm, les Madſars ſont nommés conjointement, & comme
contigus, avec les Uruſſes, les Baskirs & les Ulaques, nations
établies, ſelon cet hiſtorien, ſur les rivières de Tin, d'Atell &
de Jaigik, dont les deux dernières ont été citées à l'occaſion des
Patzinaces, & la première eſt le Don ou Tanaïs. Rubruquis, dans
ſon voyage vers Mangou-khan, ayant paſſé l'Étilia où le Volga,
parle du pays d'une des nations dont le nom vient de paroître,
ſavoir, des Baskirs ou Baskirski, ſous le nom de Paſcatir. On
trouve les mêmes Baskirsk appelés Baſtarques, dans la relation d'un
pareil voyage, & antérieur de quelques années à celui de Rubruquis,
par Jean du Plan-Carpin. En étudiant la Géographie Arabe de
l'Edriſi, qui eſt beaucoup plus circonſtanciée ſur les contrées ſep-
tentrionales de l'Aſie que celle d'Abulfeda, on diſtingue le pays de
Baskirsk dans ce qu'il appelle Beſeghert. Or, ſelon le témoignage
de deux voyageurs qui ont traverſé la contrée, Rubruquis & Carpin,
ce pays des Baskirsk eſt la *grande Hongrie :* & Rubruquis, dit formellement que *le langage de ceux de Paſcatir & des Hongrois eſt
le même.* Par les notions actuelles & poſitives qu'on a du pays des
Baskirsk, il s'étend à l'orient du Volga juſque vers les ſources des
rivières de Jaïk & de Tobol, dont la première ſe rend dans la
Mer Caſpienne, & l'autre dans le fleuve Irtis; & on peut fixer
la ſituation de ce pays, en diſant qu'il eſt coupé par le parallèle
du cinquante-cinquième degré de latitude.

Les Magiars, qui se sont établis dans la Hongrie, sont appelés *Turcs* dans le récit que fait Constantin Porphyrogénète de leur migration; & plusieurs écrivains Byzantins ont employé la même dénomination, quoiqu'elle fût plutôt générale, que propre à désigner une nation particulière. Chalcondyle dit précisément (*Edit. reg. p. 5*), que le nom de Turc se donne à tout homme qui mène une vie grossière, à la manière des nomades; & au rapport d'Olearius, les Persans l'appliquent indistinctement à diverses nations nomades, & sans demeure fixe. Je trouve dans le Porphyrogénète (*de Admin. Imp. c. 38*) une indication précise du lieu d'où ceux qu'il appelle Turcs étoient partis, immédiatement avant que d'entrer dans les terres que comprenoit l'ancienne Dace. Leur Boédod, (c'étoit le titre de dignité de leur chef) mais dont le nom étoit Lébédias, habitoit dans un lieu auquel il avoit communiqué son nom de Lébédias. Or, les nouvelles cartes de Russie, publiées par l'Académie de Pétersbourg, m'indiquent à la droite du Don, & à environ quatre-vingts wersts de ses sources dans les étangs d'Iwan, une ville sous le nom de Lébédian. Le Porphyrogénète ajoutant, qu'une rivière nommée Khidmas passe en ce lieu, je remarque que Lébédian est au confluent d'une rivière, dont le nom de Macz ou Mecz, selon qu'il subsiste, conserve évidemment un reste de la dénomination rapportée par le Porphyrogénète. Ce Lébédias obéissoit au Cagan de la nation Scythique des Khazars, qui étoit très-puissante. Elle dominoit aux environs des Palus Mæotides, & c'est du nom de cette nation qu'on a vu ci-dessus la Crimée être nommée Gazarie par Rubruquis. Les Khazars s'étendoient jusqu'au rivage de la Mer Caspienne, que l'Édrisi appelle mer de Khozar. Leur Cagan avoit fait construire par un officier que l'empereur Théophile lui avoit envoyé, une ville qui fut appelée Sar-selo, ou l'habitation blanche. On la retrouve actuellement sous le nom de Bielo-gorod,

I i ij

qui en langue Slavone fignifie également ville blanche: elle eft fituée dans l'Ukraine de Ruffie, près de la fource du Donec ou petit Don, entre cinquante & cinquante-un degrés de latitude, à environ deux cents quatre-vingts werfts, ou quatre-vingts & quelques lieues, entre le midi & le couchant, à l'égard de la pofition dont on vient de faire la découverte, comme ayant été la demeure de Lébédias, qui commandoit aux Turcs dont il eft ici queftion.

Je m'étends ainfi fur la nation des Magiars ou des Hongrois, en développant des circonftances qui ne l'ont point été jufqu'à préfent. L'époque de leur établiffement eft encore un fujet de difcuffion. La date de l'arrivée des *Magiari* eft de 744, felon les annales de Hongrie, écrites par Thwrocz. Rhéginon, abbé de Prum, qui écrivoit au commencement du dixième fiècle, donne une date fort différente dans fa chronique, favoir, l'an 889. Conftantin Porphyrogénète, dans fon livre de l'adminiftration de l'Empire, adreffé à Romain fon fils, dit qu'il s'eft écoulé cinquante-cinq ans depuis que les Turcs chaffés par la nation des Patzinaces, ont été obligés d'aller s'établir ailleurs. Il eft plus que probable, que le Porphyrogénète n'a compofé cet ouvrage, pour rendre fon fils habile au gouvernement, qu'après la dépofition de Romain le Vieux fon collègue, qui lui avoit enlevé toute l'autorité, ce qui arriva vers la fin de l'an 944. Il y a même un endroit où le Porphyrogénète qualifie fon fils d'Empereur; ainfi la date de cet ouvrage ne peut guère être antérieure à l'an 948, qui eft celle de l'affociation du fils à la dignité du père. En défalquant les cinquante-cinq ans fur les neuf cents quarante-quatre, on trouve précifément l'année 889 de la chronique de Rhéginon, ou 893 en rétrogradant de l'an 948.

Mais, comment concilier ces dates avec celle des annales Hongroifes? Pour y parvenir il convient de remarquer, que ces annales *(part. 1 , c. 1)* rapportent la date qui leur eſt particulière à l'arrivée des Magiars dans le pays d'Erdel ou Erdelen. Ce pays eſt la Tranſilvanie; & Chalcondyle *(lib. 11, edit. reg. p. 40)* emploie pareillement le nom d'Ardélion, pour déſigner cette partie de l'ancienne Dace. Si l'on en croit Thwrocz *(c. 29),* les Hongrois lui ont donné ce nom, *quod irrigatur plurimis fluviis, in quorum arenis aurum colligitur.* En conſultant le dictionnaire de la langue Magiarique, par Albert Molnar, je ne vois point que les termes qui déſignent de l'or, *Arani* & *Kerès,* aient aucun rapport au nom d'Erdelen. Mais, comme le mot *Erdo* (qui ſe prononce Erdeu) chez les Hongrois, répond préciſément au terme de *ſilva,* il y a toute apparence que le nom d'Erdel appliqué à la Tranſilvanie en eſt dérivé.

Or, il eſt conſtant par les faits, qu'il s'eſt écoulé un temps aſſez conſidérable entre l'entrée des Turcs, ou Magiars, dans le pays d'Erdel, & leur établiſſement dans celui qui a pris le nom de Hongrie. Ils étoient commandés par un prince nommé Arpad, dans la première invaſion; & Conſtantin Porphyrogénète *(de Adm. Imp. c. 40),* ſelon le témoignage duquel cet Arpad étoit jeune lorſque le commandement lui fut déféré, dit préciſément que les petits-fils des enfans d'Arpad étoient ſes contemporains. Ce què ne diſent point les annales Hongroiſes, que les Magiars ayant été vaincus par les Patzinaces, furent contraints de leur abandonner le pays où ils s'étoient établis, & d'en chercher un autre, le Porphyrogénète nous l'apprend. Ils entrèrent alors ſur les terres d'un prince nommé Zwatopolug, dont le nom eſt Zuentibold dans nos hiſtoriens. On ſait que l'empereur Arnoul eut guerre avec ce prince; & les années de cette guerre tombent dans celles que Conſtantin Porphyrogénète donne lieu de conclure ci-deſſus, pour déterminer l'entrée des Magiars ou Hongrois dans la Hongrie. Ce qui ôte ainſi

toute équivoque fur l'établiffement d'une nation confidérable eff
Europe, ne m'a point paru indifférent à éclaircir.

La nation qui obéïffoit à Zwatopolug, étoit Slavone; & le pays,
jufque dans la baffe Hongrie, s'appeloit alors grande Moravie.
Des Sarmates, nommés *Jazyges*, étoient depuis long-temps établis
entre le Danube & la Teiffe, ayant même fait reculer les Daces,
au rapport de Pline. On les diftingue encore dans le pays fous le
nom d'*Iaz*; & une ville, qui eft à la hauteur de Bude, conferve
ce nom dans celui d'*Iaz-berin*, où le terme de *berin* ou *brunn*
défigne une fource ou fontaine dans la langue Sarmatique, comme
dans la langue Tudefque. Les Magiars pouffés par les Patzinaces, leur
abandonnèrent le pays traverfé par plufieurs rivières que nomme le
Porphyrogénète, entre lefquelles on reconnoît diftinctement le Prut
& le Siret, Βρῦτος & Σερετος, qui coulent dans la Moldavie. Ils
fe retirèrent en remontant le long du Danube, vers l'endroit où
Trajan avoit conftruit un pont fur ce fleuve; & entrant dans le
Banat de Témefwar, ils prirent pofte fur les rivières de Témés &
de Kérés, & fur la Teiffe, felon le détail que donne le Porphyrogénète. Leurs progrès ultérieurs ne font point de mon fujet.

Il doit être maintenant queftion des Patzinaces ou Patzinacites.
Ils habitoient fur le Volga & fur le Jaïk, lorfqu'ayant été attaqués
par une nation liguée avec les Khazars, favoir, celle des Uzes,
& cette guerre leur ayant été défavantageufe, le pays qu'ils occupoient fut envahi par les Uzes. Obligés ainfi de reculer, le pays
dont les Turcs ou Magiars s'étoient mis en poffeffion, fut celui
où ils fe portèrent. Conftantin Porphyrogénète cite pour le premier
des cantons où les Turcs avoient été établis, celui qui étoit diftingué par le nom d'une rivière, favoir, *Etel-cufu*, que l'on voudroit
connoître. Quoique le nom d'Étel ou Atel foit propre au Volga,
il eft répété ici avec une épithète diftinctive, *Etel-cufu*, que je

croirois pouvoir être analogue au terme de *Kuzuk* ou *Kitzik*, qui dans le langage Turc porte la même signification que celle de *minor*. Les Magiars, dans le voisinage des Khazars, ont habité vers la partie supérieure du Don, comme la résidence de leur chef Lébédias dans un lieu où il existe une ville nommée Lébédian, ne permet pas d'en douter. Or, que le nom d'Etel ait été appliqué au Don, c'est ce que Thwrocz rapporte *(c. 5)*, dans la description qu'il fait de la Scythie, d'après les plus anciens monumens historiques des Hongrois; *secundùm priores historias Hungarorum.* Il a paru d'autant plus naturel de confondre le Don avec le Volga par le nom d'Etel, que l'on a pris le Don pour une branche du Volga, parce que ces fleuves dans un endroit de leur cours, qui est à la hauteur de quarante-neuf degrés, s'approchent de si près, que fort écartés l'un de l'autre par-tout ailleurs, il n'y a qu'un espace de sept ou huit lieues qui les sépare. L'Édrisi *(ubi suprà)* parle formellement du Don comme de la branche occidentale du fleuve Atel, laquelle se rend dans la mer qu'il nomme Nités, & qui est le Pont-Euxin, au lieu que la branche orientale va se perdre dans la mer de Khozar. Entre les historiens Byzantins, on peut citer Théophane, comme ayant opinion que le cours du Don tient à celui du Volga.

Les Patzinaces ayant d'abord remplacé les Turcs ou Magiars sur l'Etel-cusu, s'étendirent ensuite sur le Dniéper & le Dniester, jusqu'au Danube qui les séparoit des Bulgares. Ils confinoient aux Russes du côté du nord. Suidas dit, que de son temps les Daces se nommoient Patzinacites; ce qui veut dire, exactement parlant, que les Patzinacites occupoient le pays des Daces. Leur nom est *Pyeczinigi* dans Luitprand de Pavie, & dans d'autres historiens qui parlent des guerres qu'ils ont eues avec les Russes leurs voisins: & Vapovius, auteur Polonois, veut que ce nom soit celui des *Peucini*, ce que je ne crois pas hors de vraisemblance. Quoique

Tacite *(de mor. German. fect. 46)* paroiffe prendre les *Peucini* pour des Germains fur quelques indices, cependant la manière dont il s'exprime à leur égard, comme des *Venedi* & des *Fenni*, en difant, *Germanis, an Sarmatis adfcribam, dubito*, laiffe de l'incertitude de fa part ; & il eft conftant d'ailleurs, que les nations Vénédiques & Finoifes n'étoient point Germaniques. Les Vénèdes, & autres peuples Slavons, étoient Sarmates ; & il y a des raifons de préfumer que les Finois tirent leur origine des Scythes. Les *Peucini*, felon Strabon *(lib. VII, p. 305)* avoient pris leur nom de l'île *Peuce*, renfermée entre les bouches de l'Ifter ou du Danube. On fait que la contrée étoit nommée *Scythia :* & le nom de *Piczina*, que conferve la même île, comme la carte manufcrite de Moldavie, dreffée par le prince Démétrius Cantémir, me l'apprend, eft autant conforme qu'on peut le defirer au nom de *Piczinigi*, en forte que ce nom paroiffe dérivé de *Piczina*. Les déplacemens habituels & fucceffifs des nations Scythiques, ne permettent point de trouver fort extraordinaire, que celle qui habitoit aux bouches du Danube dans le fiècle d'Augufte, fût fur les bouches du Volga dans celui de Conftantin Porphyrogénète.

Sous le règne de Conftantin Monomaque, vers le milieu du onzième fiècle, les Patzinaces pafsèrent le Danube, & pénétrèrent dans la Bulgarie & dans la Thrace. Alexis Comnène *(in Alex. Comn.)* ayant remporté fur eux une grande victoire, on lit dans Zonaras, que ce prince tranfporta l'élite des prifonniers qu'il fit fur cette nation, avec leurs femmes & leurs enfans, dans une province appelée *Moglena*, où ces nouveaux habitans étoient diftingués par le nom de Patzinaces Moglénites. Nicétas parle d'une multitude de Patzinaces, fous le nom de Scythes, & fous celui d'*Hamaxobii*, parce qu'ils vivoient dans des chariots ; & il dit qu'ayant traverfé le Danube, ces Patzinaces furent entièrement

défaits

défaits par Jean Comnène, fils d'Alexis, l'an 1123, & qu'on
en fit paſſer un grand nombre dans une province occidentale de
l'Empire. Cette province, du nom de *Moglena*, conſiſtoit dans
ce que la Macédoine, la Theſſalie, & l'Épire, ont de limitrophe:
& la princeſſe Anne Comnène, dans ſon Alexiade *(lib. v)*, dit
que la partie montueuſe de ce pays aux environs de Caſtorie, fut
dévaſtée par le duc de Calabre, Robert Guiſcard. Dans une
table ou nomenclature, que Sophianus, au rapport d'Ortelius
(Theſ. Geogr. verbo Edeſſa), avoit jointe à ſa carte de l'ancienne
Grèce, Édeſſe, ville de Macédoine, étoit nommée Μόγλαινα.

Or, il eſt à remarquer, que les Patzinaces vaincus par Alexis
& Jean Comnène, étoient dans le langage ordinaire, comme s'exprime Anne Comnène, appelés Vlakes: & ce pays de Macédoine
& de Theſſalie où ils ont été établis, porte le nom de grande
Blachie, Μεγαλοβλαχια, dans Pachymer *(lib. 1, c. 30)*, & dans
pluſieurs autres auteurs Byzantins. George Acropolite y comprend
Lariſſe, Pharſale, & Demetrias, ce qui déſigne le plat-pays de
la Theſſalie. Lucius, auteur d'un très-bon ouvrage ſur la Dalmatie,
nous apprend *(p. 282)* que ces Vlakes, qui habitent actuellement
le mont Pindus, comme Chalcondyle les y place en effet, ſont
appelés en Grec vulgaire *Cuzzo Vlachi*, ou Vlakes eſtropiés,
parce que dans le nombre de ceux qui y furent tranſportés, il y
en avoit que la guerre & leur défaite avoient mis dans cet état.
Wheler, dans la ſeconde partie de ſon voyage *(lib. 1)*, dit avoir
rencontré ſur le chemin de Thèbes à Athènes, & vers le mont
Parnès qui ſépare la Béotie de l'Attique, l'habitation d'un peuple
qui ſe donne le nom de *Vlaki*.

Mais, on ne préſumeroit pas, qu'en trouvant les Vlakes compris
ou cachés en quelques endroits ſous le nom de Patzinaces, ce fût
une erreur de croire que les Patzinaces & les Vlakes ſont une

. K k

feule & même nation. Les noms qui diftinguent les différens
cantons des Patzinaces, felon Conftantin Porphyrogénète, ceux
de plufieurs chefs des Patzinaces, dont il eft mention dans Ce-
drenus, fous le règne de Conftantin Monomaque, font étrangers
au langage qui étoit particulier à la race des Valakes : ils font
barbares par rapport à ce langage, & c'eft une circonftance très-
propre à diftinguer des races différentes.

Les Vlakes étoient réputés tirer leur origine des Romains.
Cinnamus *(lib. VI, edit. reg. p. 152)*, fous Manuel Comnène,
s'en exprime ainfi : ὁι τῶ δὲ Ἰταλίας ἄποικοι πάλαι εἶναι λέγονται.
Si dans cet hiftorien il paroît qu'il eft particulièrement queftion
des Vlakes au nord du Danube, parce qu'il eft dit que l'empereur
Manuel engagea les Vlakes, pour faire diverfion, à attaquer les
Hongrois ; on n'en fauroit féparer les Vlakes tranfplantés ailleurs,
auxquels le même langage aura été commun. Lucius *(p. 283)*
ne permet point qu'on diftingue par cet endroit les Vlakes des
montagnes de la Theffalie, de ceux qui font au-delà du Danube :
Univerfam latè patentem utriufque Valachiæ regionem, ultra Iftrum,
& Theffaliæ montanam citra, Valachicâ tantùm, non aliâ linguâ
uti, certum eft omnibus, qui eafdem regiones peragrarunt. Chalcondyle avoit dit avant Lucius, que les Vlakes du Pinde ne
diffèrent en rien de ceux qui font établis fur le Danube.

La langue qui diftingue les Vlakes eft un dialecte corrompu
de la langue Latine : & de-là vient qu'on lit dans Chalcondyle
(edit. reg. p. 40), que la langue des Daces eft femblable à la
langue des Italiens. Mais, pour ne point douter que ce dialecte
ne foit forti du Latin, il fuffit de parcourir un extrait de termes
& de phrafes du langage Valake, que rapporte Lucius *(p. 285)*,
qui dit tenir cet extrait d'un archevêque d'Achride, favant dans
plufieurs langues ; & il eft à remarquer, que cette ville d'Achride

eſt voiſine des Vlakes tranſplantés, étant frontière de la Macédoine & de l'Épire. On ſait d'ailleurs, que les rois Bulgares en
avoient fait leur capitale, avant que leur domination fût anéantie
par l'empereur Baſile le Bulgaroctone. En rapportant pour exemple
une de ces phraſes familières aux Valakes, *noi ſentem de ſangue
Rumena*, je crois qu'on n'y trouvera pas une plus grande altération
de la phraſe Latine, *nos ſumus de ſanguine Romano*, qu'en l'ex-
primant dans quelqu'autre des idiomes également dérivés du Latin,
ſoit Italien, ſoit Eſpagnol, ſoit François.

Mais, comment les Vlakes, que l'on voit unis avec une nation
Scythique, & ſous les enſeignes des Patzinaces courir la même
fortune, peuvent-ils être de ſang Romain? Chalcondyle en remarquant dans ces Vlakes, qu'il appelle Daces, divers rapports
avec le peuple de l'Italie, indépendamment du langage, avoue
qu'il ignore ce qui les a amenés dans le pays qu'ils occupent, &
que perſonne n'a pu l'en inſtruire. Cromer, évêque de Warmie,
& ſans contredit le meilleur hiſtorien de Pologne, s'exprime ſur
le compte des Valakes en ces termes : *unde verò, & quando Valachi
dici ceperint, non comperio.* L'opinion d'Æneas Sylvius & de Bon-
finius, ſur le nom des Valakes, en le tirant de celui d'un Romain
nommé Flaccus, a été rejetée comme abſurde & inepte par pluſieurs
Savans *(Cromer, Zamoſius, Leunclavius).* Il eſt vrai qu'Ovide
cite un Flaccus, comme ayant gouverné le pays voiſin du Danube.
Mais, il falloit obſerver, que les Daces n'ayant point été ſujets
de l'Empire, ni Romains avant Trajan, ils n'ont pu emprunter le
nom d'un officier auquel ils n'obéiſſoient pas. Quant à ce que les
Vlakes ſont Romains d'origine, Lucius s'eſt flatté d'indiquer par
quel endroit cela pouvoit être, en diſant, que les Bulgares ayant
ſucceſſivement envahi la Mœſie, la Thrace, la Macédoine, ils y
ont enlevé un peuple de Romains, qu'ils ont fait paſſer au-delà

K k ij

du Danube. Ce favant critique n'a pas fait attention, que le lan-gage d'ufage dans ces provinces, fur-tout fous le bas-Empire, étant Grec, les fujets qu'on en auroit tirés devoient porter avec eux dans leur nouvelle demeure, non la langue Latine ; mais la Grecque.

Il eft très-vraifemblable, que lorfque la Dace de Trajan fut abandonnée par Aurélien, le pays ne fut pas tellement évacué & déferté, que des familles en grand nombre, attachées depuis plus de cent cinquante ans à cette terre par leurs poffeffions, n'y foient demeurées. Mais, on n'eft point inftruit pofitivement de ce que ce peuple dut éprouver par les invafions fucceffives de plufieurs nations, qui après les Goths ont inondé le même pays, Huns, Avares, Magiars, Bulgares. Ce qu'il y a de plus fingulier, & ce qui néanmoins paroîtra indubitable, c'eft que les Vlakes, que nous voyons accompagner les Patzinaces, & quoique de race Romaine, être confondus avec eux, fortoient également de la Tartarie. La vafte étendue de cette partie de l'Afie eft femblable à une mer orageufe, dont les vagues fe meuvent au gré des tempêtes qui l'agitent. Les Romains reftés dans la Dace, mais qui fe font trouvés inveftis d'une multitude de Scythes, & comme affujétis aux mouvemens de cette multitude, auront été entraînés fort au loin ; & c'eft un autre flot, fi l'on peut s'exprimer ainfi, qui les a reportés dans la contrée d'où ils avoient été enlevés.

Je ne vois point qu'entre les Savans, ceux qui ont parlé des Valakes, aient été informés qu'il y avoit une Valakie dans la Tartarie. L'Édrifi, qui a compofé fa Géographie dans le douzième fiècle, fait mention expreffe d'une nation fous le nom de Turcs *Valakites :* & en plaçant cette nation dans la huitième partie du neuvième climat, après avoir placé le pays de Befeghert dans la partie antérieure, ou la feptième du même climat, il nous fait connoître que la nation dont il parle, fuit immédiatement, & en même hauteur, le pays des Baskirsk, dont le nom eſt Beſeghert dans la Géographie Arabe, Paſcatir dans Rubruquis. Cette poſi-tion eſt tout-à-fait convenable à ce que dans l'hiſtoire généalogique des Tatars, que j'ai déjà citée, les *Ulaques* ſe trouvent joints aux Bashkirs comme aux Madſars. Rubruquis, qui en ſe rendant vers Mangou-khan, petit-fils de Zinghiz-khan, l'an 1253, traverſa le pays ſitué au-delà du Volga, & au nord de la Mer Caſpienne, veut que ce qu'on appelle *Ilak,* qui eſt le même nom que *Blac,* parce que les Tartares ne peuvent prononcer la lettre *B* (en quoi nous remarquerons qu'ils reſſemblent aux Chinois) ſoit en même temps ce qu'on nomme Paſcatir. Le moine Roger Bacon, dans ſes obſervations ſur les pays ſeptentrionaux, diſtingue bien Paſcatir, qu'il appelle la grande Hongrie, d'avec Blac : mais il ajoute, que près de cette terre de Paſcatir ſont les *Blacians,* ainſi nommés de la *grande Blacie,* d'où étoient ſortis ceux qui ſont voiſins de Conſtantinople & de la Bulgarie.

Le rapport de cette Vlakie de la Tartarie avec les Vlakes établis en Europe, eſt appuyé de plus d'une preuve. Rubruquis partant d'auprès du prince Baatou, qui campoit ſur le bord ulté-rieur de l'Étilia ou du Volga, & prenant ſon chemin vers l'orient, trouve que le pays qu'il traverſe eſt occupé par un peuple qu'on dit être *ſorti des anciens Romains.* En parlant enſuite de Blac, il dit poſitivement que les ſujets du Soudan (ou prince) Aſſan ſont ſortis du même pays ; & que chez les nations Slavones, l'un & l'autre peuple de Blac eſt également appelé Ilak. J'ai eu occaſion de faire mention du prince nommé Aſſan, en parlant du ſoulè-vement des Bulgares, ſous le règne d'Iſaac l'Ange, vers la fin du douzième ſiècle. Une partie des Vlaques étoit alors unie aux Bul-gares. On lit dans le premier chapitre de la relation de Rubruquis, que la Valakie eſt le pays d'Aſſan. Un frère & ſucceſſeur de ce

prince, & nommé Joannitius, est appelé roi de Blakie par Villehardouin. Il prend le titre d'*imperator Bulgarorum & Blacorum*,
dans une lettre écrite au pape Innocent III. Et on voit par
une autre lettre de ce pape, que Joannitius vouloit personnellement être issu des Romains, comme la nation des Vlakes en
général en étoit sortie : *expedit tibi* (en parlant au prince de
Bulgarie) *tam ad temporalem gloriam, quam ad salutem æternam,*
ut sicut genere, sic etiam sis imitatione Romanus; & populus terræ
tuæ, qui de sanguine Romanorum se asserit descendisse, Ecclesiæ
Romanæ instituta sequatur, ut etiam in cultu divino mores videantur
patrios redolere. Ces Vlakes de Bulgarie étoient cantonnés dans
le mont Hæmus, au rapport de Nicétas : & le canton qu'ils
occupoient est appelé *Blanchis Blakie* par Villehardouin.

Selon Rubruquis, les habitans du pays qu'il traversa au-delà
du Volga, & issus des Romains, étoient appelés Cangles, & ce
nom est le même dans Bacon : on lit Cangites dans le voyage
de Carpin. Cette circonstance de la relation de Rubruquis se
vérifie par la connoissance qu'on a du même peuple sous le nom
de Kanglis, dans l'histoire de Zinghiz-kan, tirée des écrivains
Chinois. Ce peuple, qui étoit allié à des puissances ennemies de
l'empereur Mogol, & particulièrement au sultan de Kharas'm,
Alaeddin Mohammed, souffrit alors beaucoup; &, selon l'histoire
généalogique des Tatars, les Kanklis, dont une partie habitoit
aux environs de la rivière de Talas, qui tombe dans le fleuve
Sir ou Sihon, le Jaxarte des anciens, furent passés au fil de l'épée.
Or, je crois pouvoir remarquer, que dans cette contrée près du
Sihon & de Talas, on connoît un canton sous le nom d'Ilak,
qui est le même que Blak, selon Rubruquis, & plus conforme
à la manière de prononcer qui est propre aux Tartares.

Cette manière d'user de cette dénomination, en commençant

par le fon d'une voyelle, plutôt que d'y employer une confonne en difant Blak ou Vlak, fe trouve répétée ailleurs. Les Hongrois, ou Magiars, difent Olah ; & felon l'orthographe Tartare, la lettre finale afpirée fe prononce à peu près comme le k. Dans l'hiftoire écrite par Abulgafi-Bahadur, fultan d'une contrée voifine de ce canton qui porte le nom d'Ilak, il convient de lire Ulaques, comme on lit en effet, & non pas Vlaques, de même qu'il faut lire au même endroit de cette hiftoire le nom d'Uruffes, qui feroit dénaturé fi on lifoit Vruffes. Les Polonois emploient la confonne, en difant Vloh ; les Croates, Serviens, & Bulgares, en difant Vlah. Mais, ce qui eft plus digne de remarque, & ce qui a fon fondement fur l'affinité reconnue entre la nation des Vlakes & les Romains ; c'eft que tous les peuples dont je viens de parler, Hongrois, Polonois, Croates, Serviens, Bulgares, appliquent également la même dénomination à la nation Romaine ou Ita-lienne, dont le langage eft réputé Latin. En confidérant même combien le nom de Velfch ou de Vlaifch, que les Suiffes, & d'autres peuples Germaniques donnent à l'Italie & aux Italiens, reffemble à celui dont il s'agit, on feroit tenté de croire qu'il eft foncièrement le même.

Au refte, il ne faut pas omettre de dire, que le nom de Valak a été mis en ufage d'une manière impropre. La nation Romaine des Vlakes tranfportée dans la Tartarie, étoit devenue au milieu des nations Scythiques un peuple de pâtres, & n'ayant point de demeure fixe. C'eft avec ce genre de vie que cette nation revint en Europe, mêlée avec les Bulgares & les Patzinaces ; & ce qu'Anne Comnène dit des Vlakes y eft formel. La première mention qui foit faite de leur nom lui eft dûe, comme à Ni-cétas. Or, il eft arrivé, que le nom de Valak eft devenu propre à la condition même de pâtre. On ne peut l'entendre autrement, de la manière dont il eſt employé par Thwroks *(lib. 1, c. 17)*, en parlant des Pannoniens qui abandonnent leur pays, pour ſe ſouſtraire au joug d'Attila : *ſolis Walachis ipſorum, qui erant paſtores, ſponté in Pannoniâ remanentibus.* Car, il eſt évident, que pour le temps dont il s'agit dans l'hiſtorien Hongrois, il ne ſauroit être queſtion que de l'état de ces pâtres, & non de leur conſanguinité avec les Vlakes, dont il n'étoit point encore mention. Le même genre de vie agreſte & ſervile, a fait paſſer le nom de Valakes aux montagnards de la Croatie, & qui ſont limitrophes de la Boſnie & de la Dalmatie. Ce ſont eux qu'on nomme communément Morlakes, par une contraction du nom de *Mauro-Vlaki*, ou de Vlakes noirs. On connoît encore un canton de ces Vlakes dans les montagnes de la Slavonie, entre la Drave & la Save, & que l'on nomme *Vlakia minor.* Mais, pour ne point confondre ces Vlakes avec ceux auxquels ce nom appartient ſpécialement, il faut s'en rapporter au témoignage de Lucius, qui contre l'opinion qu'en avoit le prêtre Diocléate, dont il a publié un écrit intitulé *Regnum Slavorum*, aſſure que les Morlakes n'ont dans leur langage rien de commun avec la langue Latine ou Romaine, qui diſtingue d'une manière ſi particulière les Vlakes naturels.

Le pays qu'occupent dans la Dace de Trajan ces Vlakes, ou Valakes ſelon qu'il eſt établi par l'uſage de prononcer leur nom, ſe partage en deux provinces, Valakie, & Moldavie. Celle qui conſerve en particulier le nom de Valakie, eſt, par comparaiſon d'étendue avec l'autre province, nommée petite Valakie. On la trouve diſtinguée auſſi par le nom d'*Iſtriana*, vu ſa ſituation le long du Danube ; & par celui de *Trans-Alpina*, eu égard à la Tranſilvanie, dont elle eſt ſéparée par une chaîne de montagnes, auxquelles le nom générique d'*Alpes* eſt appliqué. Quand les

Valakes

Valakes défignent cette Valakie par le nom de *Muntena*, on voit que c'eft avec peu d'altération du terme Latin dont cette dénomination eft dérivée. Le nom d'*Ungaro-Blakia*, que l'on trouve dans la Notice de Codin, convient auffi plus étroitement à cette Valakie qu'au refte du pays, puifqu'elle touche à la Hongrie; & le prince qui y commande, fous le bon plaifir du Grand-Seigneur, prend le titre de *Voivoda Ugro-Vlafchi.* Celui d'un autre prince, que la même puiffance établit en Moldavie, eft *Voivoda MoldoVlafchi.* Le nom de Moldavie vient de la rivière de Moldava, qui tombe dans le Siret fur fa rive droite, près d'une ville dont le nom eft Roman. Je fuis furpris que Zamofius, qui fait preuve de favoir & de critique dans l'ouvrage intitulé, *Analecta Lapidum vetuflorum in Daciâ,* ait imaginé que ce nom peut dériver de *Mæotavia,* par une raifon de voifinage avec les Palus Mæotides, qui n'exifte pas. Chez les Grecs, la Moldavie eft diftinguée par le nom de *Mavro-Vlachia,* ce que les Turcs rendent par *KaraIflak,* c'eft-à-dire Noire-Vlakie; & Leunclavius, dans fes Pandectes fur l'hiftoire Turque *(num. 77),* en apporte pour raifon que ce pays produit du bled noir. Le Mémoire que j'ai donné fur le Pontife des Gètes, fait encore mention d'une autre dénomination propre à la Moldavie, favoir, celle de *Bogdania,* tirée du titre de *Bog-dan,* ou de Dieu-donné, qu'ont porté les princes de ce pays; & j'ai fait entrevoir de quelle fource ce titre fingulier pouvoit emprunter fon origine. Dans la Notice de Chryfanthe, patriarche de Jérufalem, le métropolitain de la Valakie eft appelé ἔξαρχος Πλαγηνῶν, & les mêmes termes font employés par Codin Curopalate. Or, d'où vient cette dénomination? nous fera-t-il permis de conjecturer que *Plagenæ* pourroit dériver de quelque altération du nom de *Pyaczenæ,* puifque le pays a été occupé par les Piecziniges ou Patzinaces, ainfi que par les Vlakes?

L l

Le mélange de divers peuples dans la Tranfilvanie, exige qu'on en faffe une diftinction particulière. Les Hongrois occupent toute la partie occidentale, limitrophe du pays qui porte leur nom, & du Banat de Temefwar. Une nation, qui ne fe confond avec aucune autre, habite dans les montagnes de l'intérieur du pays, fur la frontière de Moldavie. Le nom de *Szek-hel*, qu'on donne à cette nation, fignifie proprement *fedium five comitiorum locum*. C'eft d'une manière incorrecte que ce nom eft écrit *Sicules* dans les cartes. Zamofius rapporte une circonftance à remarquer chez cette nation, & tout-à-fait étrangère à l'Europe, c'eft que la manière d'écrire qui lui a été propre, eft de haut en bas. L'opinion commune veut, que ce foit un refte des Huns d'Attila, que la difficulté des lieux où ce peuple s'eft cantonné, a protégé & mis à couvert. L'auteur d'une defcription de la Tranfilvanie, *(Script. rer. Hungar. p. 570)* George de Reicherfdorf, qui étoit Tranfilvain, obferve que toute condition eft égale chez les Szek-hels : *Nemo apud illos ignobilis cenfetur, etiamfi manu aratrum tractet, aut caprino gregi præfit.* Or, il eft conftant qu'Ammien-Marcellin *(lib. XXXI)* dit quelque chofe de femblable en parlant des Huns : *fervitus quid fit ignorabant, omnes generofo fanguine procreati.*

Une partie de la Tranfilvanie eft habitée par des Saxons. Qu'il y en ait eu de tranfplantés, c'eft ce que l'hiftoire d'une guerre de plus de trente ans que Charlemagne fit aux Saxons, témoigne pofitivement. Selon les annales de Fulde, *tertius ex eis homo eft tranflatus.* Eginhart, fous l'an 804, parle de dix mille Saxons qui furent difperfés en divers lieux de la Gaule comme de la Germanie. C'eft vraifemblablement une de ces colonies, qui dans un diftrict de la haute Hongrie, nommé comté de Scepus, au pied du mont Carpath ou Krapak, conferve le nom

de *Nemet-Saß*, comme le dit Leunclavius. Car, dans cette dénomination, le nom de *Nemetes*, *Nemitzi* dans Zonaras, & qui
chez les nations Slavones défigne les nations Germaniques en
général, eft fuivi du nom qui défigne les Saxons en particulier.
Dans une efpèce de chronique, infcrite fur le mur d'une églife
à Braßow ou Cronftat, dans le fond de la Tranfilvanie, on lit
fous l'an 1143, par laquelle commence cette chronique *(Script.
rer. Hungar. p. 629)*, qu'alors les Saxons furent appelés dans le
pays : *Geiza II, avus Andreæ regis, Saxones evocavit in Tranfil-
vaniam.* Ils en occupent actuellement la partie méridionale, entre les
rivières de Maros & d'Aluta, & bordent toute la frontière de la
Valakie. Un diftrict particulier (Biftritz) reculé vers le nord, &
au pied des montagnes d'où fort la Moldava fur le penchant
oppofé, appartient encore aux Saxons. Je penfe même qu'ils ont
pénétré en Moldavie ; & cette opinion eft fondée fur ce qu'un
diftrict de Moldavie, limitrophe de celui que je viens de diftinguer en Tranfilvanie, eft appelé *Nemcii*, ou des Nemetes, &
la ville principale *Niemcz*, ce qui eft conforme à l'ufage des Polonois de dire *Niemiecz*, les Turcs *Nemce*. Un auteur que j'ai
cité plus haut, Reicherfdorf, parlant de la Moldavie, nomme
précifément des Saxons Tranfilvains, entre des races différentes
qui y font établies ; mais fans en indiquer la pofition, comme le
diftrict que je cite, fert à la déterminer. Qu'il y ait des Bulgares
dans l'un & dans l'autre Valakie, cela eft d'autant plus naturel,
que les actes publics font écrits en langue Bulgare, & avec les
caractères Gothiques, dont on attribue l'invention à Ulphilas ou
Cyrille, qui fut évêque des Goths fous le règne de Valens. Des
Grecs fe font répandus dans la Moldavie, & il y eft entré des
Arméniens par la Pologne.

Pour achever ce qui concerne la Tranfilvanie, il faut dire qu'on

y connoît des Valakes, sur-tout dans la partie méridionale, contiguë
à la Valakie, & notamment dans les environs du lieu qu'occupoit
Ulpia-Trajana, qui sous le nom de *Zarmigethusa*, étoit la résidence
de Décébale, vaincu par Trajan. Mais, l'état où sont réduits ces
Valakes les a bien fait dégénérer de la noblesse de leur origine.
Il faut sur ce sujet entendre Zamosius : *Quæ sanè gens (Valachorum)
nunc soli nata servituti, nihil est aliud quam Davorum, Parmeno-
numque turba* (en faisant allusion aux noms que les Grecs donnoient
à des esclaves tirés de la nation des Daces ou des Gètes) : *ut non
temerè*, continue Zamosius, *veterum Davorum regionem, unà cum
fortunâ, occupasse videantur. . . . . . Nec eos quisquam colonos Romanos fuisse unquam censeret, nisi lingua originem proderet; quæ,
licet tot seculorum spatio in catalectum quemdam degeneraverit, non
obscurè tamen Latinus sermo in eâ agnosci potest. Quin etiam sese
adhuc Romanos appellant, cùm tamen nihil Romanæ indolis habeant.*
Au reste, il faut croire qu'il y a des Valakes, qui dans une condition moins malheureuse que ceux de Transilvanie, méritent qu'on
en pense plus avantageusement.

On ne me saura point mauvais gré d'avertir en terminant ce
Mémoire, que ces pays de Transilvanie, de Valakie, de Moldavie, sont représentés d'une manière très-imparfaite dans les cartes
qui peuvent être entre les mains de tout le monde. Les morceaux
particuliers de Géographie que j'ai eu le bonheur de rassembler
sur ces objets, ont dû me convaincre de ce que j'avance. Une
grande carte manuscrite de la Transilvanie, dressée dans le pays,
m'ayant été communiquée, j'ai eu le loisir d'en faire une réduc-
tion, qui renferme ce que l'original contenoit d'essentiel, & de
plus intéressant pour notre curiosité. J'ai connu par ce moyen,
que dans la grande carte de Hongrie par Muller, il y avoit beaucoup à redire sur la Transilvanie. Il existe une carte particulière

de la Valakie, dont l'auteur porte le nom de Cantacuzène, &
qui eſt dédiée à un Comnène, archevêque de Driſtra. Enfin, il
m'a été permis par le prince Antiochus Cantémir, ambaſſadeur
de Ruſſie auprès du Roi, de copier en entier la carte de Moldavie dreſſée par Démétrius Cantémir ſon père, dans le temps
qu'il gouvernoit cette province en qualité de Hoſpodar ou de
Voïvode. Comme ces morceaux, ainſi que beaucoup d'autres ne
ſont pas aſſujétis à une rigueur géométrique; j'ai ſenti qu'on ne
pouvoit les allier, pour en compoſer un tout aſſez régulier, ſans
y employer du travail & de l'intelligence. Mais, il en réſulteroit
un morceau précieux pour la Géographie: & en repréſentant dans
un coin de la carte les mêmes contrées réduites à ce qu'on connoît
de poſitions dans l'antiquité, cette carte pourroit être intitulée,
Dacia vetus & nova.

 Nota. L'auteur de ce Mémoire a fait uſage des morceaux de
Géographie dont il eſt parlé ci-deſſus, en dreſſant la troiſième partie
de ſa carte de l'Europe, publiée en 1761.

LE LECTEUR peut être prévenu, que l'AVER-TISSEMENT à la tête de ce volume, tient lieu d'une TABLE des Matières contenues dans le corps de l'Ouvrage.